科举传奇

THE LEGEND OF IMPERIAL CIVIL EXAMINATION

周文杰 编著

山西出版传媒集团
山西教育出版社

图书在版编目（CIP）数据

科举传奇 / 周文洁编著. —太原 ：山西教育出版社，2020. 1
ISBN 978 -7 -5440 -9071 -1

Ⅰ. ①科… Ⅱ. ①周… Ⅲ. ①科举制度—中国—通俗读物 Ⅳ. ①D691. 3 -49

中国版本图书馆 CIP 数据核字（2017）第 013509 号

科举传奇
KEJU CHUANQI

责任编辑 郭志强
助理编辑 晋晓敏
复　　审 刘晓露
终　　审 康　健
装帧设计 薛　菲
印装监制 蔡　洁

出版发行 山西出版传媒集团・山西教育出版社
（太原市水西门街馒头巷 7 号 电话：0351 -4729801 邮编：030002）
印　　装 山西新华印业有限公司
开　　本 890 mm × 1240 mm 1/32
印　　张 9. 875
字　　数 250 千字
版　　次 2020 年 1 月第 1 版 2020 年 1 月山西第 1 次印刷
印　　数 1—5 000 册
书　　号 ISBN 978 -7 -5440 -9071 -1
定　　价 29. 80 元

目　录

上编:风华初露——隋唐宋元科举那些事儿

01 开天辟地头一遭

——第一个进士和状元

科举制度是中国古代社会中一种通过公开考试选拔人才的制度，历史十分悠久。它萌芽于隋朝，确立于唐代，经过宋、元、明、清历代的完善与发展，日臻完备。直到光绪三十一年（1905），清政府宣布废科举兴学校，历时1300余年的科举制度才正式退出历史舞台。科举制度在1300余年的发展历史中，始终贯穿着中华文明史，成为我国传统文化必不可少的组成部分，被外国人誉为“中国第五大发明”。西方近代的文官考试制度就是根据我国古代科举制度设立的。可以说，不了解科举制度，就不能透彻了解隋唐以来的社会发展状况，也就不能深刻认识中国的传统文化。

一、一个天才的创造

说到科举制度的发明，不能不说它是古往今来的一大创举。可能有些人很不以为然，不就是通过考试选拔人才么，现在干什么事不需要考试呢？入学、求职，只要我们想更上一层楼，哪个人不需要考试？这么普通的事情哪里算是什么创举！其实不然，要知道，早在我国西周奴隶社会时期，社会等级森严，想要做官全靠血缘，如果你的祖辈是贵族，那你一出生也一定是贵族，那就祝你好运了；但若你的祖辈是奴隶，那你就命苦了，你也只能一辈子做奴隶，永远不会翻身的。即使你有天大的才华，远远胜过那些贵族，那也无济于事，只能怪你命不好，出生在这样的家庭，注定一辈子被欺压，毫无翻身农奴把歌唱的机会。

这种情况一直延续到了隋唐，在这漫长的将近 2000 年里，人们一直过着这种壮志难酬的憋屈生活。其间经历了汉朝的察举制和魏晋的九品中正制（它们是一种推荐制度，由朝廷高官在全国各地物色人才，最后推荐给皇帝，由皇帝拍板决定，直接授予官职），这两种制度很不正规，暗箱操作的机会很大，很多有才能的人都被埋没了，不能一展抱负。魏晋有句俗语：“上品无寒门，下品无士族。”就是说，上流社会与平民社会之间丝毫不交流，互相隔阂。就在这个尴尬的时刻，科举制应运而生了。而同时代，西方还处在茹毛饮血的野蛮时代，等级鸿沟比我国西周时还要巨大，而他们为后人津津乐道的文官考试制度直到 1870 年才得以确立，比我国整整晚了 1000 多年，如此说来，科举制度难道不是一项创举吗？

西晋著名文学家左思就是寒门精英的代表。左思，字太冲，家世寒微，父亲是小吏出身。他写的《三都赋》是古代著名文学名篇，一经出版，马上成为洛阳各大书店的畅销书，一时间出现“洛阳纸贵”的盛况，洛阳各大官邸的纸全部用来抄写左思的大作。但是左思本人却并没有随着他大作的畅销而闻名遐迩，反而因为他寒微的家世和丑陋的相貌，被上流社会所鄙视。曾经有一次，他出门效仿同时代第一美男潘安坐着油壁香车在洛阳逛街，满以为会因自己的诗作而被人们追捧，没想到，东施效颦的行为没有引来欢呼，反而却遭到了袭击，有臭鸡蛋、烂菜叶，甚至还有大石块，把他的车砸得稀巴烂，他只得狼狈地逃回了家里，闭门不出。他的这次遭遇不单是因为他的相貌，其实更重要的是因为他的家世。潘安是名门望族，长得又帅，所以会受到人们的追捧；而左思只是一介平民，且还长得相貌丑陋，当然不会受重视。左思虽然才高，但因为寒微的家世而郁郁不得志，如果他生在隋唐以后的科举时代，或许就会有另一段光明的人生。

“洛阳纸贵”

隋文帝开皇七年（587），杨坚已经当皇帝七年了，这时天下太平，五谷丰登，人民安居乐业。在这样一个开国盛世里，文帝却遇到了有史以来最大的瓶颈——人才匮乏，他突然发现找不到合适的治国辅政的人，满朝官员不是开国贵族，就是官宦子弟。文帝的家族是北周的贵族，家世优越，但是他曾经也是从基层慢慢坐上高位的，而且他手下也有很多寒门精英，若不是这些寒门精英的鼎力相助，他也不会结束乱世，建立大一统王朝，所以他深知贫寒学子的苦恼，决心要改变这一现状。经过杨坚数月的苦思冥想，他终于想出了一个绝妙的主意，那就是以公开考试取代暗箱推荐。于是文帝下令全国各地的官员在本地物色人才，专门找那些德才兼备的全才，每年向中央推荐三个人去参加全国公开考试，就像现在的干部推荐考试一样，合格者马上录用。开皇十八年（598），又下圣旨，强调了先前的命令，让各级官员再次推荐品学兼优的士子去参加全国公开考试，全程公开透明，绝不徇私。到了隋炀帝大业二年（606），正式创办进士科，以后定期举行，成为一项制度，这就是科举制创立的开始。隋王朝虽然短命，却开创了一个科举的时代。

二、第一个“吃螃蟹”的进士

由于隋朝很短命，所以科举考试的次数很少，算来只有四五次，有名可考的只有12个人，而在这12个人中，最早的要属杜正玄了。一开始考试并不排名次，只论考中与否，直到唐朝时期才出现了状元这个称号。

开皇十五年（595），杨素任主考官。由于科举刚开始实行，还是个新生事物，上至考官，下至考生，都不知道这种新生的考试能持续多久，所以那年并没有多少人报名参加秀才科考试，他们宁愿循旧例找后台保送做官。据说那年科举考试只有一个学子勇敢地报了名，他就是杜正玄。杨素也是第一次主持科举，原本期待有好多考生争着交卷，他从中选择，好享受一下操纵别人命运的快感。谁知等他兴冲冲地来到考场时，却大失所望，他并没有看到想象中的一大群学子巴结他的场景，相反，偌大的考场里，只有一位年轻学子孤零零地坐在桌前答题。杨素失望至极，怒火中烧，顿时迁怒于杜正玄，心想，小子等着吧，你还是灰溜溜地回家吧。杨素打定主意要给杜正玄一点颜色看看，于是在收卷后，对他的卷子大加批评，横挑鼻子竖挑眼，总之就是通不过，还嘲讽推荐杜正玄的官员："哪位大人推荐的这个人，真是有眼无珠！下次官员考核，我一定要评他为下等。"当时的题目其实很简单，问题是杨素根本就没有好好看过杜正玄的试卷，铁了心要黜落他，看来杜正玄这回是遇到难缠鬼了。

杨素的这种粗暴做法，连周围的办事官员也看不过眼了。眼看着考试就要结束了，如果一个考生也不录取，他们的差事就办砸了，下次的科举考试会不会就没有人报名了？于是他们把这件事的利害详细讲给杨素听，希望杨大人顾全大局，顺利完成皇帝的嘱托。但杨素这回是铁了心不想让杜正玄通过。百般劝说无效后，办事官员们只得恳求杨素再给杜正玄一次机会，加试一场。于是，杜正玄有机会又考了一回。这回杨素没有再出简单的题目，而是选了一些艰涩生僻的题目专门刁难杜正玄。杨素精挑细选了五篇经典名著，有司马相如的《上林赋》、王褒的《圣主得贤臣颂》、班固的《封燕然山铭》、张载的《剑阁铭》以及《白鹦鹉赋》。杨素要求他默写并照着这五篇文章的风格再各仿写一篇，还要有新意，不能重复前人的词调。这五篇全是很长的文章，还有很多生僻字，普通人连顺利朗读都很困难，更别说默写了，更何况还要再仿写出新意，真是难于上青天。为了保险起见，杨素还特别限定了截稿时间，要求杜正玄必须在下午四点之前完成所有的文章。周围监考的官员听到这样高难度的题目，直接绝望了，同时也"佩服"杨素的狠心，真是逼死人不偿命呀！没想到，结果让人大跌眼镜，杜正玄居然完成了这项不可能完成的任务。他真是好样的！不仅按时完成了所有任务，而且字体娟秀，毫不走形。杨素看了后惊呼：“真是好人物！我差点就犯了大错！”随后指示手下把试卷保存起来，当场录取了他。杜正玄就这样成为了古往今来科举录取的第一人，成了第一个吃螃蟹的人。三年后，杜正玄被推荐为晋王杨广的参军，晋王就是后来的隋炀帝。

无独有偶，杜正玄的弟弟在第二年也遭遇了类似的事情。开皇十六年（596），杜正玄的弟弟杜正藏也报名参加了科举考试，这次是苏威主考。可能是听说了杜正玄那次考试的光荣事迹，这次他也出了和杨素一样难的题目。他让杜正藏默写并仿写六篇文章，有《过秦论》《尚书·汤誓》《匠人箴》《连理树赋》《几赋》《弓铭》。有其兄就有其弟，兄弟二人一样出色。杜正藏完美地完成了这个任务。不知是不是杜家天生与考官犯冲，杜正藏居然莫名其妙地从优组一下子降到差组，没有考上，真是无妄之灾！

但是金子总会发光的。隋炀帝即位后，杜正藏应诏被举。这时，他的弟弟杜正仪被贡举为进士，杜正伦被贡举为秀才。兄弟三人同时应诏，令时人惊叹不已。

据说杜正玄才思敏捷，笔下生花。有一次，杨素故意刁难杜正玄，要他默写那篇传说中谁也无法默写的文章《官人有奇器》。这并没有难倒杜正玄，他很快就默写完毕，一个字也没有出错，字迹尤其工整，像印刷出来的一样，杨素这才服气了他的捷才。杜正玄说，这不算什么，我弟弟们比我强多了，个个都是作文快手。杜正玄是邺郡人，有兄弟四人，尤以其弟杜正藏为胜。曾经令好几个人一起执笔作文，每个人随机作一篇文章，正藏按照他们的题目，当场构思，之后口授其文，篇篇言之有物，颇有文采，仿佛是早就构思好的。有人问他，为什么作文写得又快又好，是因为天赋奇才吗？正藏回答道：“我哪里有什么才华，不过是靠苦读罢了。书读得多了，又烂熟于心，到了作文的时候，自然文思如泉涌，下笔如有神了。”杜正藏还把自己的读书和写作经验写成了一本书。据说该书一面世，便受到读书人的青睐，甚至传到了海外。高丽、百济人更是奉为至宝，称为《杜家新书》。杜家四兄弟的故事可能有些夸大，但从一方面说明了天才出自勤奋，想要取得成就，不下一番苦功是不可能成功的，杜家四兄弟就是很好的例子。

隋朝科举出身可考的除了杜氏四兄弟外，还有九人，分别是刘焯、王贞、许敬宗、孙伏伽、房玄龄、侯君集、杨纂、韦云起、孔颖达，人数虽少，但个个是精英。

三、第一个摘得头名的幸运儿

上文提到唐朝时科举才开始排列名次，才出现了状元的名号，而孙伏伽就是第一个摘得此桂冠的幸运儿，是我国第一个有名可考的状元。他在唐初参加进士科考试中状元前，还参加过隋朝秀才科的考试，在两次考试中都取得了不错的名次，可以说是考试达人了！放在现在，绝对有一大群记者追着采访他的考试秘籍，然后还会出一本类似于《状元炼成日记》之类的回忆录，成为每一个备战学子床头必备的书籍。

孙伏伽

孙伏伽，贝州武城（今山东德州武城）人，家境贫寒，是名副其实的贫民出身。他小时候家里很穷，家乡武城是山东、河北两省三市的交界处，也算是交通要道，沿路有很多行商客旅。孙伏伽由于家里穷，很小就开始自立了，在学校放假之余，经常利用空闲时间挑着担子做些小买卖，来赚取读书的费用。他每天白天忙着赚钱，晚上挑灯夜战，加紧备战考试。就这样，年幼的孙伏伽渐渐长成了一个有才有貌的儒雅君子。

孙伏伽从学校毕业的时候正好是隋炀帝末年。隋炀帝是历史上有名的暴君，他三征高丽，修建大运河，虽然造福后世，但是劳民伤财，惹得百姓怨声载道，苦不堪言，纷纷揭起义旗反抗暴君。瓦岗寨的翟让、李密首先在山东掀起反隋大业。这场起义的风暴也传到了孙伏伽的家乡，而这时，孙伏伽仅是一个刚毕业的学生，工作都没有找到，自然对起义这种杀头的事情没有兴趣，所以他还是沿着读书人的旧路，走上了科举之路。他报名参加了隋朝新设的进士科考试，据地保说，皇帝新设进士科，就是为了鼓励学子们向学，若是不响应朝廷的号召，就形同叛逆。孙伏伽听了这一番言语，本来就想参加的热情又多了几分慎重，他决定要严肃对待这次的新科举考试。

进士科考试那天，孙伏伽怀着忐忑不安的心情来到考场，他到得比较早，所以没有多少人。后来快到考试时间了，才稀稀拉拉来了一些人。他看到考场中冷清的场面很是奇怪，偌大的考场只有零星几个考生，甚至连他们学校平时小考的规模都比不上。于是就问其他考生这是怎么回事，这才得知，原来，由于动乱，许多地方都闹独立，学生自然也不想报名参加这个没有什么意义的考试，因此朝廷强迫地方官选派考生来参加，他们好多人都是被迫来的。孙伏伽明白了其中的原因后，考试时间也到了，他便不再理会周围的情况，马上整理好心情准备考试。一接到试卷，审题之后马上开始构思，不到半个时辰，一篇文理兼备的作文就完成了，他检查了一番就交卷了。由于其他人发挥不佳，所以孙伏伽凭着优良的成绩中了进士，那一科只录取了几个人，而孙伏伽就是其中之一。

孙伏伽中进士后，被朝廷任命为京畿万年县的法曹，即法院的长官。孙伏伽为官正直，看不惯那些贪官污吏为害百姓，遇到不平事就拔刀相助，扶弱济贫。他任职期间拯救了许多受难的老百姓，深受百姓爱戴。但是由于他经常为民做主，所以得罪了大批权贵，仕途上一直不顺利，在官场上干了几年，职位还是原地踏步，停滞不前。就在他准备辞官回乡的时候，腐朽的隋王朝被李渊推翻了，他的辞职信还没交出去，就成了大唐王朝的官员，他想先看看风向，再决定辞职与否，所以继续坚守着本职。

新朝新气象，大唐初建之时，正要树立自己高大光辉的形象，所以积极鼓励官员进谏，纠正执政中的错误。这下孙伏伽可有了精神，他重拾往日失落的热情，干劲十足地发挥自己司法官员的优势，希望可以主持正义，做一个为民请命的好官。就在唐高祖武德元年（618），他特意写了一篇激情洋溢的文章献给高祖，赤裸裸地揭露朝廷的弊政。唐高祖看完后大喜，一直感慨："孙伏伽这样的忠臣，幸亏是出在我大唐呀！如果这样敢于直谏朕的过失的忠臣能再多一点，就是我大唐的幸事了！"李渊高度赞扬了孙伏伽的这种精神，当众表扬了他。并给他升了官，专门担任可以弹劾议政的侍御史，同时赏赐了大量金银珠宝。面对重赏，孙伏伽没有得意忘形，继续勤恳办事，赢得了皇帝的高度信任。

唐高祖

但言多必失。武德五年（622），他因上疏揭露皇帝的家丑遭到了皇帝的报复，一下子就免掉了所有差事，失去了官职，成了一介平民。就在孙伏伽被罢官的那一年，唐高祖举办了开国以来的第一次科举考试。由于科举是新鲜事物，所以各项规定都很不完善，并没有什么报名的限制。这时的孙伏伽已经是平民一个，他又参加过前朝的科举考试，积累了很多成功经验，在短时间找不到合适工作的情况下，孙伏伽毫不犹豫地报名参加了唐朝的进士科考试。孙伏伽可是公认的考试达人，又曾经在朝廷供过职，所以很清楚朝廷的政策，他在答卷的时候，结合时政和多年来的从政经验，一篇文笔犀利的时政评论就这样新鲜出炉了，比起其他的考生来有先天的优势。

唐高祖十分重视他主持的第一次科举，亲自翻阅了每一份考卷，对每一份考卷都作了细心的点评。当李渊看到孙伏伽的名字时，十分惊奇，回想起他被自己罢了官。李渊仔细看了他的试卷，每一句都针砭时弊，建言十分中肯，不禁想到他以往的铮铮直言，原谅了他先前揭自己隐私的事，还将孙伏伽的名字列在录取名单的第一位。就这样，中国第一位状元诞生了，状元也开始成了天下读书人梦寐以求的奋斗目标。在“玄武门之变”中，孙伏伽支持李世民，李世民即位后，还赐了孙伏伽爵位。贞观元年（627），又提升他为大理寺少卿，专门审理不法之事。孙伏伽中状元后，仍不改谏官本色，与魏徵同为初唐有名的铁汉子谏官，为世人所敬重。

孙伏伽向皇帝进谏

唐高宗永徽五年（654），孙伏伽年老辞官，四年后，孙伏伽于山东武城家中寿终正寝。孙伏伽以其高尚的品格诠释了什么才是状元，这样的精神值得我们每个人学习。

02 大唐科举中的创意自荐

——唐代行卷趣闻

◇ ……………………

在现代社会，若想顺利地找到工作，如何推销自己是关键。为了更好地推销自己，人们绞尽脑汁，挖空心思来博大众眼球，各种手段不一而足。不只在现代社会需要积极巧妙的自我推荐，就连古代社会也不能免俗。在唐代，就有许多考生运用各种奇招来炒作，成功地推销了自己，通过巧妙的行卷获得了进入大唐官场的门票，做出了一番事业，实现了自己的人生价值。

一、陈子昂摔琴自荐

茅台酒是我国有名的宴会酒，也是世界名酒之一。说到它的成名还有一段趣事，据说，贵州茅台酒1915年在美国旧金山巴拿马世博会上展览时由于包装平凡，并不为人所注意，当时，中国代表做了一个惊人之举，他假意摔碎了茅台酒瓶，酒香四溢，顿时引起了与会人员的关注。茅台酒从此“一摔成名”，不仅因此获得了金奖，还被评为世界名酒之一。其实“摔酒”这一举动并不是突发奇想，早在唐朝就有一位大才子做过类似的事情，他就是陈子昂。

陈子昂，字伯玉，四川省射洪县人。他家是当地的大富翁，在本地财富榜上绝对可以列前几名，就算在全国富豪榜中也排得上名号。有一件事可以证明陈家的富有，有一年射洪县发生灾害，陈子昂的老爹一下子就拿出上万石粮食救灾，几百万斤粮食说散就散了，眼睛都不眨一下，仿佛那些粮食仅是几粒尘土，这件事足见陈家的富有。陈子昂从小就生活在这样安逸奢华的环境中，以大侠自居是陈家几代的家风，传到陈子昂这里也没有辱没了祖宗。陈子昂从小就不爱读书，成天赌博打猎，要挥金如土的游侠派头，自小便有一副小霸王的样子，是纨绔中的首领。他十分酷爱游侠生活，在弱冠之年便只身游历四方，在一次游历中，陈子昂突然领悟了人生的意义，下定决心弃武从文，从此诀别旧友，发奋读书。他在几年里博览群书，积累了许多知识。

就这样，时间到了公元 683 年，唐高宗永淳二年，陈子昂已经 23 岁了，他从一个玩世不恭的纨绔子弟蜕变为一个文质彬彬的俊朗少年，堪称古代的“高富帅”典型，有钱又帅还很有内涵。那年秋天，陈子昂带着仆人陈福踌躇满志地再次从四川来到长安，决心大展拳脚，以施展他的抱负。唐代科举向来有行卷的传统，考生们通常会在考前几个月提前赶到京城，押宝似的选择几位大人物作为投卷候选人，将自己的得意大作编成卷轴，恭恭敬敬地送到他们的府中，希望他们青眼相加，从而向主持考试的礼部侍郎推荐自己，此后在中晚唐时形成一种风尚，时人称之为“行卷”。如果投递的稿子被大人物看重，那么进士就是板上钉钉了。

陈子昂按照行卷的惯例，在长安各府邸进行文章大派送，以求得到名流的强力推荐。刚来长安城的时候，他想得很美好，想着就凭自己的才华与抱负，只要一投行卷，定会遇到伯乐，不管送给哪位名流看，定会惊为天人，抢着推荐自己，功名还不是手到擒来的事情，到时自己的抱负也尽可以实现。可惜残酷的现实如当头棒喝，给了这个毛头小子重重的一击。陈子昂一连谒见了三位大人物，其中两位是国子监司业，但得到的结果却令他失望透顶，三人都认为他的诗文很一般。他精心准备的诗文得到的却是如此不痛不痒的评价，彻底浇灭了他的热情，本来自信满满的他现在如同干枯的落叶，满腹凄凉，无处诉说。

就这样，他浑浑噩噩度过了几个月，成了地地道道的“京漂族”。折腾了几个月，一无所成，自己仍是个毫无名气的小人物，自费出版的诗集在长安反响平平，更别提在文坛扬名立万了。在这“京漂”的岁月里，陈子昂苦心思索成名的道路，既然求名士推荐这条路已经走不通，那就要另辟蹊径。转眼已经到了永淳三年(684)，眼看就要正式考试了，陈子昂的未来却仍然像一团迷雾，捉摸不定。有一次，陈子昂郁闷地在街上闲逛，那天春光明媚，而陈子昂的心却感受不到一点温暖。他看到路边的店铺热火朝天，许多货物一售即空，不禁心里暗自叹息，我腹中的才华价值千金，不知何时才能卖出去呢！正当此时，他听到一阵奇怪的叫卖声，主仆两人循声而去，看到街角有一名长相怪异的西域胡商，操着生硬的汉语高声叫卖一把胡琴，一口价一百万钱。围观的群众听到这么昂贵的报价，都觉得那个胡商的脑袋有问题，一把破琴哪里值这么多钱，以为我们是“人傻钱多”的二愣子呀。陈子昂看出了这把琴的价值，看到这一场景，马上心生一计，他决心借琴扬名。陈子昂假装兴奋地对众人说："好一把古琴，终于让我寻觅到了！不管多少钱我都要了，希望各位忍痛割爱，不要和我争抢，在下拜谢了！"当然也没人和他抢。陈子昂顺利地买下了那把胡琴，同时四处张扬，说自己精通胡琴，并与在场众人约定，明日将在长安最大的酒楼——迎宾楼为知音们现场演奏，希望各位捧场。

长安也不乏狗仔队。当晚这条消息就传遍了全长安城，众人哄传有一个来自四川的傻子花了百万钱买了一把破琴，还要当场演奏给众人。这条新闻吸引了全长安城的人。第二天，长安城里众多人如期前来欣赏陈子昂的琴声。陈子昂在迎宾楼中大摆宴席，招待各位听众。在客人的期待下，陈子昂举琴坐在席中，弹起胡琴来。琴声仿佛天籁之音，直入云霄，听得人如痴如醉，令人心动，一曲未了，众人便由衷地为他喝彩。

正在众人意犹未尽的时候，戏剧性的一幕发生了，刚弹罢琴的陈子昂开始了一场激情的演说。他激愤地说："我陈子昂这个草根才子，创作了那么多诗文，在京城居住了这么久却无人理睬，而这把胡琴，却引来各位这么大的兴致。我真的很失望，这简直是对我的品位的严重侮辱。"语罢，陈子昂便将高价买来的胡琴高高举起，愤然摔在地上，胡琴当场断裂，不再有动人的琴音了。在众人错愕之时，陈子昂将自己的诗文免费送给他们，人手一份。结果可想而知，琴会散后，陈子昂一夜成名，顿时成为街谈巷议的话题人物。他的作品《登幽州台歌》也迅速走红："前不见古人，后不见来

陈子昂登幽州台歌

者。念天地之悠悠，独怆然而涕下。”一夜之间都城处处传唱。

陈子昂的这次自我炒作堪称经典，不久之后，他果然名列桂榜，成了一名光荣的进士。考中不久，陈子昂就被建安王聘为记室，后来在武周又做到了拾遗的中高级官位。

连陈子昂这样的大才子都需要靠炒作出名，也就无怪乎今日炒作之盛啦！

二、王维巧扮乐师中状元

唐代行卷之风极盛，各人有各人的手段和方法，陈子昂借琴扬名，王维虽然也是借琴立名，却是靠假扮乐师才成功的，真可谓为名牺“身”的典型。

王维

王维河东蒲州（今山西运城）人，祖籍山西祁县，是唐代著名的诗人和画家，有“诗佛”之称。宋代大文豪苏轼评价王维的作品为“诗中有画，画中有诗”。王维从小多才多艺，十几岁的时候已经是有名的诗人了，同时他还精通书画，尤其擅长琵琶。王维少年时也曾经向往游侠生活，为此特别写下《少年行》组诗四首，其一主要写的是“少年游侠”：“新丰美酒斗十千，咸阳游侠多少年。相逢意气为君饮，系马高楼垂柳边。”一群少年游侠相逢片刻，便意气相投，相聚共饮美酒，有时不需长期交往，只凭数语，便已倾心，显示出了少年游侠的潇洒豪迈、富有青春的生活气息。

王维正是在这样的年纪进京赶考的。开元八年（720），当时20岁的王维，正意气风发，满怀抱负。那年秋天，王维赴京参加进士考试，也依照旧例向权贵投递行卷，他的情况比陈子昂要好得多，当时王维已经小有名气，在进京之后，也受到了许多权贵的欢迎和赞赏。他比陈子昂的目标更高，非状元不考。王维拿着自己精心准备的行卷投递在唐玄宗的弟弟岐王的门下。王维长得很帅，又多才多艺，尤其擅长琵琶，与岐王因为音乐而结缘，二人很快就成了无话不说的好朋友。岐王欣赏王维的才华，为了帮助他得到高位，每次宴饮都带着王维一起去。由于岐王的大力提携，王维很快成了权贵府上的座上宾，在京城名声大噪。王维自以为胜券在握，便每天悠游于公卿之门，与众人谈诗赏乐，过着神仙般的生活。

王维少时仗剑天涯

快乐的日子总是那么短暂，王维悠闲的生活在某一天突然被一个不好的消息破坏了。就在考前几个月的一天，王维在一次聚会上，听到人们谈论张九皋的诗作，同时说起太平公主已经内定张生为头名状元，席间响起一片艳羡之声。王维听到这一消息，如遭雷击，欢乐的心情顿时荡然无存，整个人陷入了一片迷茫，他昏昏沉沉地离开了宴会。回到旅社后，王维坐卧不安，焦急地连夜离开旅社前往岐王的府第。他将这条消息告诉了好朋友岐王，希望岐王帮助他夺回状元之位。岐王听后为难地说：“这件事不太好办呀，等我想好了再跟你说。”王维怀着惴惴不安的心情离开了岐王府，再也无心参加宴会，整日打听状元的归属消息。

王维就这样煎熬了数天，终于等来了岐王的消息。他匆忙赶赴岐王府，岐王对他说：“这件事应该还有转机，再过几天皇姑府中要办一次宴会，邀请我去参加，你跟我一起去，到时候见机行事吧。但在这之前，你要先选十首风格清新脱俗的旧作，然后精心去创作一首幽怨动人的琵琶曲，五天后再来见我。”王维听后心情稍微平复了一些。

五天过后，王维依约前来，岐王对他说：“你现在仅是一个白身文士，虽然小有名气，但是贸然要求谒见贵主，门卫不会放行的。你要想见到公主，就要乔装改扮一番。你既然擅长音律，那就扮作乐师去参加吧！”要扮作伶人这一低贱的身份，有损士人的形象，何况王维还是一个小有名气的诗人。王维内心挣扎了一番，最后状元的无上荣耀战胜了身为士人的自尊，王维狠下心来，答应了岐王的建议。

终于到了太平公主举办宴会的日子。宴会当晚，岐王穿上了华丽的衣服，叫王维穿上伶人的衣服混入乐队中，和他一起参加公主举行的宴会。王维长得英俊潇洒，即使身穿伶人的衣服，也掩盖不住他帅气的面孔，太平公主一眼便注意到了王维的存在，她指着王维问岐王：“这位帅气的乐师是谁呀？是新来的吗？我怎么从来没有看见过呀？”岐王回答说：“这位乐师特别擅长弹琵琶，是我特意请来为皇姑助兴的。”太平公主听后很高兴，便命王维在席前独自弹奏琵琶。王维便弹奏起新作的琵琶曲，那首曲子曲调哀怨，如杜鹃泣血，湘竹垂泪，惹得席中人人落泪，感同身受。公主听后，赞叹不已，急忙叫王维到近前来，向他询问这首曲子的名字。王维回答说：《郁轮袍》。公主近前细观王维，更觉其风流倜傥，仿佛仙人下凡，心生爱慕。岐王趁此机会把王维推荐给公主，说：“这个人并非只会弹琵琶，他的学问也很不错，至少当世的人很少有人及得上他的。”公主再问王维：“你会作文吗？”王维马上取出怀中的诗卷递给公主。公主览诵未毕，就大惊道：“这些诗作都是我平素所喜爱的，本来以为是古人所作，原来都是你作的，太令我惊叹了！”

于是马上给王维换上华丽的衣服，请他坐上座。

席间，王维风流蕴藉，言语幽默，他的卓然气质一下子就倾倒了席上诸位权贵。岐王见此情景，心里很高兴，知道时机已经成熟，便开口对太平公主说："马上就要到礼部试的时间了，如果让这位大才子当上头名状元，那真是我大唐的荣幸呀！"公主听罢，急忙问："那么这位先生怎么不去应试呢？以先生的大才，中状元是一件轻而易举的事呀！"岐王答道："这位先生没有得到头名状元的推荐，所以不愿去应试。听说皇姑已经告诉主考官，将状元给了张九皋了。"公主听罢，笑道："这哪里是我的安排，只是受人之托罢了。"说罢，又对王维说："此次状元，非你莫属，我一定会帮助你的。"王维再次起身拜谢。随后，公主让宫女将主考官召至府第，警告他必须要以第一名录取王维，否则就等着去岭南数星星吧。在之后的考试中，王维果然中了第一名状元，得偿所愿。

太平公主的倩影

王维因为这次状元事件，与太平公主结下了不解之缘。后人因此传出一段凄美的爱情故事，在《大明宫词》中便演绎了这样一段遗憾的忘年之恋。传说毕竟是传说，但王维中举这件事确有其事。

三、卢延让借猫狗扬名

在唐代科举中，提前"走后门"已经成了公开的秘密。在中唐时期，考官们还比较守规矩，推荐的免试生大部分都是有真才实学的真才子，那时候行卷还算是一件风雅的事情；但是到了晚唐，这种行卷的雅事已经成了一种恶俗的形式，许多世家子弟托人代写行卷，最后也轻而易举地高中进士，而那些寒门子弟依旧怀才不遇，潦倒终身。在这样恶劣的情形下，寒门学子想要通过行卷中进士，就得推陈出新，挖空心思发掘新的题材，制造噱头，以炫考官眼球，这样才有可能成功。晚唐诗人卢延让就是借畜生博取了珍贵的进士名额。

卢延让是范阳人，很有才华，师从薛能，与贾岛同为苦吟派诗人。他平日最喜欢写那些清新冷僻的诗句，和贾岛有着共同的爱好，那就是推敲字句。卢延让每天的工作就是念着重复枯燥的诗句，念了一遍又一遍，仔细考察其中有什么不妥的地方，乐此不疲。有一年，卢延让当时还是布衣，他正在西南一带游学，当时吴融为侍御史，也在西南任官。那时候卢延让也算当地一个小有名气的才子，周围也有一些狂热的追随者，而吴融的弟弟就是其中之一。

那年吴融正在西南为官，他的弟弟前去拜访，特意带了偶像卢延让一些的诗作给哥哥看。吴融看到很多熟悉的诗句，例如，《宿东林》中的“两三条电欲为雨，七八个星犹在天”，《赠元上人》中的“高僧解语牙无水，老鹤能飞骨有风”，《蜀道》中的“云间闹铎骡驮去，雪里残骸虎拽来”等，这些诗句虽然朴素，但风格十分独特，让人一见倾心。吴融高兴地对弟弟说：“小弟，这些诗是哪位大神写的？我以前在朝廷做官的时候，陛下曾经拿‘臂鹰健卒横毡帽，骑马佳人卷画衫’一联来举例，说此联虽然浅近，但是自成一派名家，那时我根本不相信，如今亲眼看到才相信陛下说的话。”于是十分礼遇卢延让，对他多方接济。卢延让后来夺得科第，与吴融的大力提携有很大的关系。

虽然有吴融的大力提携，但是吴融不是什么举足轻重的大官，并不能对卢延让的前途起决定性的作用，所以卢延让还得靠自己。前几次科举考试，他以为靠自己的苦吟功夫一定能光荣上榜，所以考卷上写的诗还是以前冷僻的词调。要知道，他写的诗属于小众诗，读者十分有限，这样的非主流诗当然入不了考官的法眼。须知他的前辈贾岛也是如此，屡试不第，最后还是一改往日风格，写了一首主旋律十足的诗才勉强中举。卢延让也延续了前辈贾岛的命运，多次落榜。

后来，卢延让吸取教训，也学前辈写了一首主流诗。可是，今非昔比，考官见多了“高大上”的主流诗，早已见怪不怪了，所以并没有认可，他虽然改了自己的风格，最后还是一无所得。就这样卢延让连考了二十五次，每次都是落榜。在这二十五次落榜的经历中，卢延让积累了很多经验，最后他总结了一下自己失败的原因，就是没有打开自己的名声，没有更有力的权臣为他扬名。就在他惆怅的时候，吴融给了他一个启发。吴融为了鼓励卢延让，给他讲了当时皇帝十分喜欢“臂鹰健卒横毡帽，骑马佳人卷画衫”这样的句子，希望他不要改变自己的风格。

卢延让听后深受启发，灵光一现，他想起了长安城的大官都有养猫养狗的喜好，不如自己另辟蹊径，专门写一些和猫儿狗儿有关的诗夺人眼球，送给长安名流欣赏，说不定可以得到他们的大力推荐。于是，卢延让发挥自己奇诡诗的特长，写了许多猫狗诗，例如“狐冲官道过，狗触店门开”“饿猫临鼠穴，馋犬舐鱼砧”“栗爆烧毡破，猫跳触鼎翻”等。结果不出所料，这些诗句受到权贵们的高度赞赏，卢延让也因此名声大噪，最后在唐昭宗光化三年（900）高中裴格榜进士，得偿所愿。他深有感触地说：“我平生投谒各位公卿无果，没想到得第竟得益于那些猫儿狗儿。”时人笑称卢延让为“猫狗进士”。

卢延让书画欣赏

03 “宝剑锋从磨砺出”
——武举英雄榜

◇ ……………

早在公元前776年，希腊伯罗奔尼撒统治者伊菲图斯就举办了第一届古代奥运会，这场奥运会只有三个参加国，那就是伯罗奔尼撒、伊斯利和斯巴达，比赛项目也仅有一项，200米短跑。这就是古代奥运会的雏形。奥运会发展到了现在，已经举办了无数次，它是人类社会罕见的一项杰作，如今它已不仅仅是一项竞技比赛，更反映了一种积极向上的精神——更高、更快、更强。其实在我国古代，尚武的古人也举办过类似的运动会，只是范围、内容都要小一些罢了。

一、古代的全运会——武举考试

武则天

在我国古代，也曾经存在着一种竞技“运动会”，那就是自唐开始创办的武举考试。在武举考试中，参与者要挑战各种项目，有骑马、射箭、举重等，最后还要排出名次，成绩优异者可以直接授予官职。武举的创立者是中国历史上唯一的女皇帝武则天。武则天以女人的身份登上皇帝之位，想法自然与众不同，她认为既然文人选官要通过考试，那么武人也要通过考试来选拔，这样才算公平。更何况她自己本身也姓武，自然要高举武家的尚武精神了。另外，当时唐王朝外围还不是很安稳，西有吐蕃，北有突厥，南方还有少数民族时不时闹一下小脾气，起兵造反，武则天希望通过武举的选拔，增强军事上的核心竞争力。于是武皇帝大笔一挥，颁布诏令，命令兵部正式接棒第一届“运动会”——武举的筹备工作。

武则天长安二年（702），武举正式召开了，这次比赛项目有射箭和举重两项。其中射箭可是重头戏，有很多小项目，例如长垛、骑射、马射、步射。长垛是考查武生射箭的准确性，要求参赛者在一定的距离射中草垛，距离当然越远越好。而马射，顾名思义就是边骑马边射箭，在途中设置障碍物草垛，要求参赛者准确命中目标，同时顺利绕过障碍物，完成规定路径，才算成功。唐人个个都是马术高手，这一点当然难不倒他们。至于步射就是以草人为箭靶，在考场周围散布着各式各样的稻草人，站在规定范围内射击周围的稻草人。参赛者不仅要准确命中每一个稻草人，重要的是动作要标准，若动作不标准，射得再准也是白搭。最后一项是扛沙包比赛，每个人扛 5 斛米（1 斛等于 5 斗，1 斗等于 10 升，每升约为 1.5 千克），放在今天大概有 375 千克，然后举子们负重走 20 步就算合格。如果古代的武进士真能扛得了这么重的东西，那真是当之无愧的大力士！若派他们去参加奥运会举重比赛，冠军一定非他莫属！

武举实战演习图

武举射箭比赛图

当然这毕竟是考试，最后的优异者代表着朝廷，相貌一定得过得去，如果你长得过于丑陋，一出现都能吓死个人，当然就不能录取你了。即使你武艺超群，也无济于事。唐朝的造反头子黄巢就是这样被逼上梁山的，因为他长得太丑被取消了进士资格，因此愤而起义，结果把大唐搞得濒临灭亡。

武举考试步战图

五代十国没有举行过武举，因为那时各地割据势力林立，如果举行的话就是“奥运会”而不是“全运会”。千辛万苦挑选半天，万一到头来招了一个间谍，那真是瞎子点灯——白费蜡了，还不如不办呢！

到了宋朝，武举才被纳入整个科举体系之中，武举制度臻于规整。在几千年儒家思想一统天下的古代社会中，只会练武的莽汉自然是很难跻身主流社会的。毕竟文武双全，一直是古代将帅追求的人生目标。那时的武将十分崇拜像诸葛亮那样“运筹帷幄之中，决胜千里之外”的儒将，所以，宋朝之后，统治者在骑射之外，特意加设了文化课的考试，就像现在的学生想要考体育专业，还要加试文化课一样。宋代简化了考试项目，就只有两条，一是射箭，二是兵法谋略。宋代武举考试中的射箭分步射和骑射，对射箭的要求比唐朝要容易得多。把广大武举考生拒之门外的是文化课考核，考生要写出《武经七书》（包括《孙子兵法》《吴子兵法》《司马法》《尉缭子》《黄石公三略》《姜太公六韬》《唐李问对》）的重要观点，还要回答一些简单的问答题。这些对于长期埋头书本的儒生或许不是什么难题，但对于天天练武的汉子们来说就是天大的难题了。他们本来就不是读书的料，要不然也不会去参加较为容易的武举考试。如今武举考试加了这么一个紧箍咒，真是愁死那些胸无点墨的武生了。每次文化课考试都会拦下一大批武生，让他们铩羽而归。

元朝是以武力立国的，十分轻视汉人，当然就连武举也停止了。直到明朝中期才正式恢复了武举，但朝廷有个规定，那就是先考文化课，文化课不及格的话，你就可以收拾东西回家了，下一场武试你就不能参加了。清朝时，这样的规定才取消。就这样，我国古代“全运会”时断时续，不定期举行，培养了一大批勇将，为国家和人民做出了重要的贡献，起到了保境安民的重要作用。郭子仪就是其中的典型代表。

二、一代儒将郭子仪

郭子仪

说起郭子仪，他可是唐代有名的将领，曾经平定了祸害大唐长达八年的“安史之乱”，战功赫赫，是拯救大唐于危难的大英雄。唐肃宗曾经说过：“我大唐得以继续延续下去，都是你的功劳呀!”但是，大家可能还不知道，郭子仪的地位也是他通过武举考试从草根一步一步奋斗上来的。

郭子仪，陕西华县人，身长六尺（放在现在也就一米五六左右），他体格健硕，是个标准的关西大汉。他的父亲郭敬之本来是文官，但却十分热爱军事。郭子仪在父亲的教育和影响下，从小就喜欢听父亲讲一些名将的故事，他最佩服那些文武双全的儒将，所以无论读书还是习武都十分刻苦认真。郭子仪在少年时代就熟读兵书，武艺高强，弓马骑射样样精通。传说他 20 岁时，在山西服兵役的时候，曾经因为触犯军纪差一点被杀了头。郭子仪正满脸绝望地被押赴刑场的时候，遇到了贵人。原来当时著名大诗人李白正好在山西采风创作，碰巧看到了郭子仪被押赴刑场。以前的人或许都会看相，李白从人群中一下子看到了少年郭子仪卓越的气质，似乎在他头上看到一束光，这束光仿佛穿透了满地黄沙，直冲云霄。李白看到这一奇异的景象，深感此人不凡，将来一定会创造辉煌的功业，照耀大唐苍穹。于是，他走上前去，向行刑的官员求情，希望能饶他一命。由于李白当时是大唐文学界的领军人物，很受玄宗的欣赏，所以军官看在大作家的面子上，便饶恕郭子仪的死罪，从轻处罚。李白可能不会想到，因为他的求情，真的保住了大唐的天空免受战争的侵袭。

郭子仪死里逃生之后，立志要规范自己的行为，再也不轻易违反律法了，从此他变得更加自律。在这种精神的鞭策之下，郭子仪渐渐成为一位儒雅方正、文武双全的君子。唐玄宗开元初年，郭子仪报名参加了长安举行的武举考试，在这次考试中他表现出色，得到考官的高度赞扬，而且他长得又很英俊，十分符合大唐盛世蓬勃向上的气象，因而被评为特优（具体名次不清楚）。就这样，郭子仪成为大唐武将的一员。在“安史之乱”前，他并没有打过什么仗，但是也很快升到了地方高级军事指挥官，统领一方兵马。

郭子仪真正崭露头角、大放异彩是在“安史之乱”爆发以后。

由于战乱，唐王朝启用了大量武将，不管是骡子还是马，都被皇帝拉出来遛了一圈，用来应付突如其来的叛乱。郭子仪就是其中的一员，他多次率军平叛，在全国各地都取得了辉煌的战绩，威名赫赫。郭子仪大军的常胜之名使得敌人闻风丧胆，到了后期，叛军只要一听到是郭子仪的大军，便纷纷躲着他走，不敢与之交战。最终郭子仪收复大唐首都，为平定“安史之乱”做出了极其突出的贡献，因功被封为汾阳郡王。唐肃宗李亨十分依赖并信任郭子仪，视他为国之柱石。

郭子仪不愧是一代儒将，宠辱不惊。正所谓：“木秀于林，风必摧之。”郭子仪因为功劳太大，时常被嫉妒他的人恶意诋毁。面对恶毒的中伤，郭子仪始终保持着一种淡然的态度，“任敌军围困千万重，我自岿然不动”。

唐肃宗乾元元年（758）七月，朝廷下令讨伐安禄山余党，指派太监鱼朝恩担任监军，职位虽小权力却大，相当于现在的中央特派员，可以直接密报最高领导。鱼朝恩狐假虎威，大摆领导派头，照自己的心意随意指使几十万大军，好好过了一把元帅的瘾。可是鱼朝恩根本就是个军事“菜鸟”，丝毫不懂排兵布阵，在他的瞎指挥下，本来胜券在握的唐军大败。鱼朝恩恶人先告状，他把战败的责任全部推给了当时的名誉统帅郭子仪。那时郭子仪刚刚立下收复西京长安的天大功劳，其他大臣都嫉妒郭子仪的好运，恨不得立下大功的是自己，虽然他们也知道郭子仪是冤枉的，但是都抱着一种幸灾乐祸的心情，谁也不愿意向皇帝求情。最后，肃宗撤了郭子仪的元帅之职，郭子仪听到这一消息后，坦然离开了军营，没有一句怨言。后来因为失去了郭子仪的高超指挥，朝廷的军队兵败如山倒，被叛军打得溃不成军，狼狈逃窜。危难时思大将，这时朝廷又想起了被闲置的郭子仪，以他的本事，击溃叛军绰绰有余。当朝廷的复职诏书送到郭子仪的手中时，他并没有怨恨皇帝的薄情寡义，反而心有国难，立刻收拾行装赶赴战场，拯救国家危难于水火之中，万死不辞。

郭子仪以他高尚的品德赢得了上至皇帝、下至百姓的尊敬，吐蕃、回纥人把他奉为神人，甚至很多安史叛将也很尊重他。安禄山以前的下属田承嗣一向狂妄，桀骜不驯，他的治所如同国中之国，自己则像土皇帝一样，为所欲为，朝廷的诏令根本就进不去他的辖区，但是田承嗣却十分尊敬郭子仪。有一次郭子仪的使者来看他的时候，田承嗣说：“我的膝盖上不跪天，下不跪地，中间不跪皇帝，可是郭大帅的高尚品德值得我屈膝一跪。”郭子仪以前的部下都已经是权重一方的高官显贵了，但是看到郭子仪这个老长官，他们依然十分尊敬，就像郭子仪的奴仆一样，听从他的安排和指挥。

郭子仪既富贵又长寿，多子多福，儿女成群，四世同堂。在他 70 大寿时，全家人都来祝寿，唯独他的公主儿媳却迟迟未到。驸马郭暧十分气愤，酒后一怒之下回去打了皇帝的千金，还骂公主说：“你仗着你父皇的龙威就不把我父亲放在眼里，要知道大唐天下可是我父亲保下来的，皇帝有什么稀罕，让给我父亲，他也不干！”公主听到丈夫的悖逆之言，哭着跑进了皇宫，向皇帝哭诉。郭子仪知道儿子打了公主之后，离席亲自绑了儿子上殿向代宗皇帝请罪，好端端的一场寿宴就这样被搅了。当郭子仪绑着儿子上殿请罪时，没想到代宗轻描淡写地对郭子仪说：“这不过是夫妻间的小打小闹，床头打架床尾和，没什么大不

戏台上郭老令公的形象

了的。你就假装没有听见，左耳朵进右耳朵出，他们小夫妻闹闹就好了。”郭子仪谢过皇恩，回家后把儿子痛打了一顿。不久，小两口果然又和好如初了。后来，郭暧与公主生的女儿嫁给了唐宪宗，生下了穆宗皇帝。

戏曲名段醉打金枝

唐德宗建中二年（781）六月初十，郭子仪以 85 岁的高龄辞世。德宗沉痛悲悼，废朝五日。郭子仪以其崇高的品德感动了全大唐的臣民，人们至今都很怀念他。

三、为国捐躯的武状元——马全

清代是在马背上打下的天下，本来就比汉人更有尚武精神，统治者比以前任何朝代都重视武举考试。清代沿袭明代的考试方法，分内外两场，外场比武，内场比文。清代一共出了 112 个武状元，其中乾隆时期的武状元马全中举的经历十分富有传奇色彩。马全，本名马瑔，山西阳曲人，他生性耿直，武勇超群，是受人敬仰的英雄人物。他曾经两登鼎甲。

乾隆十七年（1752），马璟凭着一身出色的武艺，在众多竞争者中名列前茅，考中武探花（第三名）。之后去金殿面圣，被任命为福建游击将军。马璟是武人，性子比较直，学不来文人的花花肠子，一有些纠纷，习惯性地就想用武力解决。有一次，他与同僚去酒馆喝酒，二人都喝多了，一时间发生了口角，谁都知道醉酒的人是最讲不清理的。他们两个醉汉在酒馆里当场拼起了武功，打得天昏地暗，不亦乐乎。这真刀实枪的打斗可比街上耍把式的看得过瘾，周围的观众看得是津津有味，连连叫好，兴致很高，压根没有想过要报官，这就耽误了大事了。两人酒劲上头，打过了头，这个同僚是凭关系当上军官的权贵子弟，武艺自然比不上从小习武的马璟。结果，他被马璟连连追赶，从城中央的酒馆一路逃窜到城外，狼狈不堪，一直喊饶命。马璟被酒精冲昏了头，根本不理会同僚的求饶，骑马一路追到城壕的桥上。两人再次一阵肉搏，后来竟一起滚到了护城河里面。因为这次打斗事件，他被朝廷罢了官，辛苦得到的功名自然也就打了水漂，而他的同僚因为有背景只是略受薄惩。

马璟经过这次事件，没脸回家乡了，只好流落京师。在流落京师的生涯中，他每天为了生活打拼，机械般地重复着昨天的生活，心里阵阵空虚。他每天催命般地赶场子打工，有时在街上耍把式卖艺，有时给别人当私人教练，居无定所，生活十分窘迫。过了一年多，他借着军中老朋友的关系，终于在军队里谋到了一个职位，做专门的武术指导。马璟安安稳稳过了几年，生活才勉强稳定下来。在几年的教练生涯中渐渐消磨了自己往日的雄心壮志。刚来北京的时候，他满脑子想的都是洗心革面，重新做人，靠着一双手打出自己的一片天地，但是现在的他渐渐偏离了自己的预定轨道，走一步看一步，完全不知道未来是怎样的。

马璟毕竟拥有一颗年轻的心，消沉的日子过久了，他不禁怀念起从前激情燃烧的戎马生涯。于是他兴起了一个大胆的念头，那就是继续考试，重新做一个光荣的武进士。但他已经上了朝廷的黑名单，没有报名资格。马瑔想了半天，决定冒险改名去考试。于是他改名马全，篡改了身份信息，变为了京城户口，重新参加了乾隆二十四年（1759）的武乡试，他本来就很有实力，理所当然地取得了武举人的资格。第二年（1760）又再接再厉参加了武会试、殿试，居然以优异的成绩获取一甲一名武状元。殿试的时候，乾隆皇帝一下子就认出了这位武艺出众的新科状元马全，就是前几年的武探花马瑔。乾隆皇帝对他说："马爱卿身手依旧呀，前几年你的武艺就让朕惊艳，没想到爱卿的武艺更加精进了。"马全没有想到皇帝还记得他，心里十分害怕，担心因此获罪。但出乎他意料的是，乾隆皇帝非但没有追究他前面的过失，还勉励了他一番，要他好好为国效力，不要再犯以前那种低级错误了。马全重新获得为国效力的机会，被乾隆皇帝授予头等侍卫一职。后来，他果然不负众望，积极为国效力，在平定金川叛乱的战争中，为了掩护大军撤退，独自留在战场上殿后，最后英勇殉职。乾隆皇帝听到他的事迹后，感叹道："提督马全乃国家出力有用之人，今力战死事，实堪轸惜!"还特别优待了他的家属。武状元马全的经历激励了许多爱国志士的斗志，一时传为佳话。

04 难搞的师生关系
——唐代的座主与门生

◇

中国自古就是个人情社会，每个中国人都很重视人际关系的维护，而如何恰当地处理好人际关系却是一门十分深奥的学问。我们与周围的人组成了庞大的人际关系网络，覆盖了社会生活的各个方面。在家庭里，要搞好亲属关系；到了学校读书的时候，还要学会处理好朋友和师生的关系；一旦进入了官场、职场，更要处理好与上司和同事的关系。身处各个复杂的人际关系网里的人们，要想将这些关系处理得十分完美，实在是一件十分艰难的事，更何况是初入职场的新人。在各种复杂的人际关系中，师生关系就是其中重要的一环。

一、滴水之恩涌泉报

唐代进士及第后的第一件事就是拜谒主考官和宰相，正所谓：“滴水之恩，当涌泉相报。”一个人无论多么有才，总会受到社会环境的制约。俗话说：“千里马常有，而伯乐不常有。”就算你是一条龙，没有人赏识，也只能弯曲着身子在这个世界存活。即使学子满腹才华，但是若无贵人赏识，也只能空叹时运不济。主考官的赏识是进士及第的决定性因素，因此，新科进士真心感激主考官在众多举子中选择了自己，使得自己从草根阶层一下子跃入上流社会。所以考生视主考官为恩人，拜见主考官时口称谢恩。新进士与主考官因此形成利益攸关的师生关系，这种关系通常贯穿他们的整个政治生涯。座师把亲自录取的门生当作自己的财富，有保护和提携门生的义务；而门生不能背叛座师，他的政治生涯也会随着座师的权势而沉浮升降。柳宗元在《与顾十郎书》中写道：“凡号门生而不知恩之所自者，非人也。”就是说，门生如果不记得老师的恩惠，不竭力报恩的话，他就不配为人，丧失了做人的资格。这话就说得很严重了，可见师生关系在唐代时是官场人际网中重要的一环。

“南宫主文为座主，登第进士为门生。”这种门生与座主关系的确立大概萌芽于唐玄宗时期，到了唐代宗大历年间、唐德宗贞元年间的时候已经很普遍了，主考官与及第者的关系由原来的松散结合渐渐演变为功利色彩浓厚的师生纽带，并成为人们普遍认同的科场共识。由于科举的主考官都是从朝廷直接派下来的高官，而进士科录取的人数稀少而珍贵，每一个中举的都是万里挑一的人中之龙，一般只要能被录取，就踏入了进入官场的捷径，只要不犯错误，就很容易做上高官。所以，门生十分感激主考官，恩同再造，尊称其为恩师。“虽知珠树悬天上，终赖银河接世间。”这句诗生动地描绘出学子对考官的感激之情。在世人普遍看来，门生应该终生铭记座主的恩德，时刻想方设法报答，否则就会遭到世人唾弃；反过来，座主也要庇护扶持弟子，甚至要为门生的言行负一定的责任。这种双向的关系是整个社会意识的一方面的反映。许多人因为在座师患难时，不忘大恩，雪中送炭，从而受到了社会的一致好评。田敦就是一个典型的例子。

唐德宗建中元年（780），令狐峘主持大唐科举考试，当时一共取中了 21 人。本来他可以就此享受主考官的禄位，收获他应得之物，但是令狐大人真是十分倒霉，就在他暗自得意的时候，因为触怒了皇帝的霉头，德宗一生气就把他贬出长安，连新考中的 21 名学生的面也没见着就离开了长安。其中一个学生田敦很遗憾没有亲自感谢老师的恩惠，这成了他多年的心病，始终萦绕在他的心头。

不知过了几年，曾经年少的田敦经过自己的奋斗，已经成为节制一州的地方大员。当时他身为衢州刺史，而他的恩师令狐峘却又一次被贬，到偏僻的小地方做一个低品小官别驾，目的地正好是他的治所衢州。现实就是这样奇妙，别驾是州刺史的手下，曾经的学生做了老师的上司。田敦听说令狐峘来到衢州做他的手下，十分生气，心想，朝廷真是昏庸，老师这样的大才竟然要做我的手下，我怎么担当得起呢？不过转念一想，要不是这次被贬，老师也不会屈尊来到我这里，我也不会亲眼见到恩师的面。上天一定是看我虔诚，特意赐给我这次报恩的机会，我一定乘此良机好好报答他的大恩大德。令狐峘还没到衢州，田敦就派属吏去前方驿站迎接恩师。田敦十分隆重地迎接了恩师，不以上官之礼要求恩师，反而以学生的身份拜见老师，恭敬有加。他让老师住在上房，每天好酒好菜地招待老师，就像侍奉双亲一样，执礼甚恭。田敦报恩这件事赢得了世人的称许，他也因而获利，最后顺利升了官，成全了一对师生佳话。

二、门生如田产，转手卖座师

由于唐代的门生与座师的关系是建立在利益互惠的功利基础之上的，这种关系看似亲密无间，实则脆弱不堪。座主大权在握的时候，门生故吏便如苍蝇般蜂拥而至，门庭若市，一旦失势，马上树倒猢狲散，门可罗雀，取中的那一点恩情自然随风而逝，不见踪影。知恩图报如田敦那样的毕竟只是少数，忘恩负义的倒是屡见不鲜。崔群和陆贽这对师生就是这样的关系。

崔群是中晚唐名臣，与白居易、刘禹锡都是好朋友，他对朋友仗义，却辜负了恩师的情谊

《南部新书》记载了唐中期的一件事，崔群是唐德宗贞元八年进士，他的座师是著名宰相陆贽，同年还有一位牛人韩愈。崔群与刘禹锡、白居易关系很好，在唐宪宗元和年间升任宰相，曾经主持过几次科举考试，是一个比较公正的人。按理说，这样的人物应该不会做什么缺德的事才对，但是没有想到，崔群也曾经做过一次“背德者”，他在升上高位的时候，丝毫不顾及恩师的面子，不但不雪中送炭，反而落井下石，为社会所不齿。

唐宪宗元和十年，崔群被任命为主考官。那一年，他的恩师陆贽已经被赶到重庆一个小县城做县令的手下，而崔群则青云直上，做到了翰林学士这个准宰相的官职，只要不犯什么大错误，很快就可以升到一人之下万人之上的文官顶峰，成为一名光荣的宰相。师生二人地位颠倒，判若云泥，结果崔群就变了心思。那年科举考试，陆贽的儿子陆简礼也报名参加了。考前陆简礼曾经拿着父亲的名帖去拜见崔群，希望他能通融，崔群满口答应，还对他说：“世兄放宽心，正所谓虎父无犬子，恩师才高八斗，想必世兄也不输老师，这次科举对于你只是小菜一碟，不会有问题的。”崔群信誓旦旦地打着包票，仿佛这次进士就是陆简礼的囊中之物。就这样陆简礼放心地离开了崔府。哪里知道，崔群翻脸如翻书，比川剧变脸谱变得还快，他根本没有把老师的信放在心上，随手丢到了一边，继续处理手头的工作。

陆贽

希望越大，失望越大。终于到了元和十年科举考试发榜的日子，那年崔群取中了三十名新进士，可在那三十人中，唯独没有恩师陆贽的儿子陆简礼。陆简礼在落榜后又去求见崔群，这次连崔群的面都没有见着。原来，崔群早就预料到这一局面，提前嘱咐门房，如果陆简礼来的话，就说自己有事，不要开门。陆简礼站在漆黑的大门外，心如死灰，等了一个时辰又一个时辰，一直等到天亮，也没有等到大门打开，失望地离开了崔府。

就在那晚，崔群拒不接见恩师的儿子，非但没有愧疚，反而得意扬扬地向他的妻子李氏炫耀，指着新出炉的进士名单对李夫人说："夫人啊，我们家的财产又多了 30 个庄园，照现在的发展趋势，如果再主持几次科举考试，我们家马上就可以成为大富翁了！"看着丈夫那张得意的脸，李夫人不禁一阵反胃，忍不住嘲讽道："我们的田地是富有了，可恩师陆贽大人的田地却荒芜了，你这科主考白当了，明知道其中有恩师的儿子，却假装铁面不录取。如果恩师现在还是宰相，你还会这样做吗？你空有 30 座田宅，却不想你的后辈能有一座就不错了。善有善报，恶有恶报，不是不报，时候未到。"崔群听后心中很是羞愧，但木已成舟，虽然无言面对恩师，也只得就此作罢，还是没有接见陆简礼。这件事反映了唐代人对师生关系的认识。崔群视他的门生如他的私有财富，比喻为 30 座田宅。而夫人讽刺他不录取恩师的儿子时，他虽然羞愧不语，但也无可奈何。可以看出，随着科举制的发展，师生关系也在不断淡化，连崔群这样还算正直的人也受到了一些影响。

崔群在唐宪宗元和十年背叛了自己的恩师，夫人讥讽他会遭到报应，没想到一语成谶，崔群真的在日后也遭到了同样的下场，真是风水轮流转。原来崔群的铁哥们儿刘禹锡一直很心烦，他有个令人头疼的儿子咸允，平日不努力，考前抱佛脚。刘咸允参加过很多科举考试都未考中，是个标准的落榜专业户。刘禹锡对他是又气又恨，恨铁不成钢，一直说虎父犬子，感慨做官实在是太艰难了。刘禹锡是个正直的人，平时也不喜欢巴结上司，所以和同僚们相处得很一般，落落寡合。但是他十分疼爱儿子咸允，想转变一下自己跟同僚们的关系，为儿子谋一个前程。可是他平日并不擅长走后门，一下子也学不来其他人灵活的手段，事情进行得很不顺利。

有一次，崔群去拜访老朋友刘禹锡，看到他愁眉苦脸，仿佛很苦恼的样子，就问他最近有什么烦心事。刘禹锡就说起他的宝贝儿子科考失败的事情，即使儿子再不行，也是自己的孩子，怎么样也要帮他一下，可就是想不出办法来。崔群听后说，侄儿的事情包在我身上，你就放心吧。那年正值唐文宗太和四年，崔群的学生张正谟正好调到京兆府担任主考官，所以崔群才敢做如此保证。崔群为了刘禹锡儿子的事特意去见了他的得意门生张正谟，当面将咸允的功名托付给他，希望可以将咸允排一个好的名次。张正谟满口答应，崔群放心地离开了。

没有想到公布考试录取名单及名次时，刘咸允的名次排在很后面。崔群大怒，告诉府中门房说："如果是张正谟来了，不要让他进门。"又过了几年，有一位叫张正矩的官员来拜见崔群，进府时他首先开口说："滴水之恩涌泉相报，我们兄弟二人若不是得到您的推荐，怎么也不可能取得如今的成就。您的大恩大德，我粉身碎骨也无法报答。"他痛哭流涕的表演还没有结束，崔群忽然想到张正矩乃是张正谟的哥哥，勃然大怒说："你是张正谟的哥哥吧，你的弟弟没有良心，把持考试，贩卖功名，禽兽才做得出这样缺德的事。你哥哥这样做和贼有什么两样？你被推荐和我没有一点关系，马上离开，我再也不想见到你。"说完，便马上赶张正矩出府。崔群到了老的时候，遭到自己的门人亲信的背叛，居然还迁怒到其他人身上，回想起自己当年对恩师做的事情，想必会更加后悔。

三、为门生背黑锅的座师

像崔群这样的还算幸运，只不过遭到门生的背叛，并没有伤筋动骨。更有不幸的是还要为门生不良的行为背黑锅，摊上这种事，真是躺着也中枪，倒霉至极。高锴就是那个倒霉的代表。高锴是唐宪宗元和九年的进士，曾经在唐文宗开成年间三次主持科举考试，录取了120名进士。桃李满天下，却没有几个成才的，反而由于招了几个奇葩弟子，最后还要被弟子拖累，为他们背黑锅。

唐文宗开成二年（837），柳棠进士及第，高锴正好是他的座师。柳棠平素就放荡不羁，尤其喜欢去花街柳巷寻花问柳，四处招蜂引蝶，私生活很不检点。柳棠中举之后回到家乡四川，当了一个小官。他回到家乡后，非但不去上级杨汝士那里报到，反而天天去寻花问柳，杨大人对他非常不满。杨公对其他下属说：“我以前听别人说，柳棠私生活很不检点，还以为是他们说笑，没想到事实比传言更不堪，连上级都不放在眼里。过几日的宴会一定要叫他来见我。”过了几天，柳棠果然来参加宴会了，但是由于连日流连于花街柳巷，筋疲力尽，表现得有气无力。酒杯里放着一条鱼，柳棠坚决不喝。杨公嘲笑说：“文章漫道能吞凤，杯酒何曾解吃鱼。今日梓州张社会，应须遭这老尚书。”柳棠好像刻意炫耀自己的才华，马上反唇相讥：“未向燕台逢厚礼，幸因社会接余欢。一鱼吃了终无愧，鲲化为鹏也不难。”杨汝士大怒，聚会不欢而散。

之后，两人便结下了恩怨，柳棠在各种不同的场合屡次冒犯杨公。柳棠恃才傲物，曾经作了一首诗，嘲讽道：“莫言名位未相侔，风月何曾阻献酬。前辈不须轻后辈，靖安今日在衡州。”靖安是李宗闵尚书，是杨汝士的亲戚、好友。杨公看到柳棠这个狂生连自己的亲戚也不放过，怒火中烧，想起了如今在朝为官的柳棠的老师高错。杨汝士直接给柳棠的座主，时任礼部侍郎的高锴写了一封信，信中写道："柳棠这个人，嚣张又狂妄，认识他的人都很讨厌他。以先生这样高洁的才华品行，怎么会收这样卑劣的学生呢？你要好好管教一下。"高锴看到柳棠这个名字，一点印象也没有，也不想得罪杨大人，无奈回信说："自从我主持科举考试之后，每日提心吊胆，生怕遗漏一个人才。柳棠我之前也没有见过，只是看他的文章还不错，就录取了他。"杨汝士又回复说："选人要先看德行，再看文学才华。你上次说'不敢蔽才'，何必非要取中这样的顽劣之徒呢？为国举才岂可只凭一篇文章？"高公看到来信，实在觉得很无辜，但也不想继续纠缠下去，最后回信直截了当地承认了自己的责任，信中写道："即使是尧那样的圣人都有子朱那样的逆子，如果人人都可以教化，那还要刑法干什么？就像柳棠那样的人，犯了这样严重的错误，都是我荐举失误的责任。"柳棠虽然进士及第，却没有给恩师增添一丝荣耀，反而惹下了无数麻烦，就像一个随时可能爆炸的定时炸弹。如果招收到柳棠这样的弟子，只会拖累座主，成为恩师的负担。

就在同一年科举考试，高锴还遇到一个奇葩弟子，他就是裴思谦。裴思谦在唐文宗开成二年投靠了当时权势滔天的太监头子仇士良（他发动了甘露之变，囚禁了文宗，成了站着的皇帝，实际上的太上皇）。裴思谦仗着后台硬，公开向考官高锴索要状元，遭到高锴严词拒绝。高锴也公开指责裴思谦，裴思谦气愤地说："高老头，等着吧，明年我再来，状元还是我的！"开成三年，高锴又一次主持科举考试，裴思谦这回大摇大摆地穿着只有三品以上的高官才能穿的紫衣，得意扬扬地走到高锴面前，拿出仇士良的推荐信，指名要状元，高锴无奈地说："今年状元已经有人选了，你可以做第二名。"裴思谦说："仇大人的命令是状元，你不给也得给。"最后高错还是屈从了。裴思谦实在是一个小人，他倚仗权宦的势力，胁迫考官，当上状元后，还恬不知耻地到处赋诗自夸，去妓院淫乐。想必高锴还得再一次为这个无良弟子背黑锅。

高锴在文宗开成年间三次主持科举考试，录取进士 120 名，而他的儿子高涣却屡试不第。桃李满天下，却没有一个人略施绵薄之力，也实在是可悲！当时市井流传着一则歌谣，将君子和小人各打一棒，“一百二十个蜣螂，推一个屎块不上”，说的就是高锴。

05 人生得意须尽欢
——新进士的风流韵事

宋人洪迈在《容斋随笔》中提到人生四大乐事："久旱逢甘雨，他乡遇故知，洞房花烛夜，金榜题名时。"相比前三个乐事，第四个更称得上是人间至乐。金榜题名只有极少数人才可以享受到这一荣耀，因而更加珍贵。在金榜题名后，新进士们自发开展了一系列集体狂欢活动，一方面尽情宣泄考前被压抑的紧张心情，另一方面为他们这些官场新人步入上流社会进行了排练预演，绝对是具有中国特色的士人嘉年华。

一、长安骑马采花忙

唐、宋的进士及第后，从放榜到吏部选官前后，都会自发举行一系列庆祝性的宴游活动。在王定保的《唐摭言》中记载了许多新进士宴游的名目，如“大相识”“小相识”“次相识”“闻喜”“樱桃”“牡丹”“杏园关宴”“月灯打球”“看佛牙”“杏园探花”“雁塔题名”等等。放榜之后，新鲜出炉的进士们在拜见座主和宰相后便聚集在期集院，院中有宴席供进士享用，进士们的宴游生活正式开始。

现在的曲江

曲江在长安城南，汉武帝造宜春苑于此，隋朝改名芙蓉园。唐复名曲江，号称长安城中最著名的游乐胜地。它的上游是皇家园林芙蓉园里的芙蓉池，曲江池下游还有两条支渠，其中一条名曲江，总面积有三百余亩。曲江附近还有慈恩寺、大雁塔和杏园等景点。杏园在长安城西南的通善坊，在曲江的西面，与慈恩寺南北相望。

曲江的活动很多，最盛大的要属春季的进士狂欢节——曲江大会。每年春二月，是录取进士的放榜时节，两千多名举子只录取三十多人为进士，很多中试者成绩斐然，有的踏上仕途，成为宰相、尚书、刺史，还有的走向文学之路，成为著名诗人。在曲江宴会之前，新进士们通常要举行一场热身运动，那就是“杏园探花”。

宴会开始的时候，新进士们先举办一次选秀大会，比相貌，比才学，最后投票推选出两个代表，作为探花使者，骑马到全长安的名家名园去采撷名花，以供各位风流才子赏花、饮酒、赋诗。在日落之前，各位采花大使带着自己的丰硕成果，让其他同学品评，根据采摘的花的珍贵程度和数量多少判定名次。当然这场采花比赛，还有一项特别规定，那就是允许其他人同时竞争，但是只能步行。如果别的同行者先于探花使者采摘到奇花异草，两位探花使者就要被罚酒作诗，反之其他人也要受到惩罚。

曲江夜景

张籍有诗云：“谁家不借名园看，到处多将酒器行。”在这一天，每家每户都大开家门，恭候探花郎的到来。由于探花郎选拔严格，经过层层拣选，最后选中的两人一定都是年少英俊、才学过人的人中龙凤，被选中探花郎是每个新进士抢破头的头等美差。当天分给每个采花使者一个篮子和一个袋子，袋子里面装着钱绢和酒器，每个人都穿着华丽的衣服，两位探花代表骑马，其他竞争者步行，众人分头前往长安各处名园，采撷名花异草。一旦遇到好花就停下来赏花饮酒，真是头一件风流韵事。

关于探花宴，最有名的是孟郊的采花经历。孟郊是浙江人，46岁进士及第，是中唐著名的苦吟诗人，他作诗时有强迫症，诗不作得十分完美，就不离开房门，被后人称为“诗囚”。唐代进士科最重要，有俗语说：“三十老明经，五十少进士。”孟郊在46岁考中进士科，在当时可谓十分“年少”。孟郊也参加了那一年的选秀大赛，或许是那一届新进士们都是白发苍苍，老态龙钟，凸显了他的“年少”多才，结果雀屏中选，成了骑马游街的幸运儿。孟郊那天压抑着自己内心的兴奋，骑着白马，披着红袍，头上插了一朵大红花，兴致勃勃地到各处名园采花，身后有众多热心的追随者，心中得意非凡。他每到一个园子，都有大批观众欢呼喝彩，配合着周围美丽的景色，孟郊仿佛与周围的美景融为一体。一边欣赏美丽的景色，一边饮酒与周围人同乐，诗兴一发，就张口赋诗，结果又引来一众人的热烈欢呼。就这样，孟郊一路骑着马，一路喝着酒，看到美景就下马，和热心的追随者互动。

快乐的时光总是那么短暂，日落黄昏，孟郊骑着马满载而归，最后众人清点战利品，可能是孟郊酒喝得有点多，醉得一塌糊涂，没有采到多少名贵的品种。孟郊只得乖乖接受惩罚，本来已经很醉的他，后来又被灌了一肚子酒，彻底醉得不省人事了。醒了以后，他作了一首诗，充分地表达了他激动的心情：“昔日龌龊不足夸，今朝放荡思无涯。春风得意马蹄疾，一日看尽长安花。”一向以苦吟自称的孟郊在那一刻，都有如此豪放的举动，看来杏园宴真是魅力无穷啊！

杏园探花之后，新进士们又在晚上继续狂欢，饮酒作乐不止。

这样的狂欢会一般要持续几个月。

二、月灯打球吓军酋

除了杏园探花外，士子们还自发安排了许多其他活动，例如“樱桃宴”“牡丹宴”“月灯打球”“看佛牙”“雁塔题名”“乐游原登高”等宴会，这些宴会不定期举行，时间、地点、参加人数由士子们随兴决定。“樱桃宴”是士子们举办的以樱桃为主食的美食大会。春季正是樱桃成熟的季节，进士们头戴簪花，随手采撷新鲜的樱桃品尝，举手投足尽显风流韵味，这项庆祝活动有时与其他活动同时进行，例如“杏园关宴”“牡丹宴”，还有“看佛牙”等等。

“月灯打球”是新进士们晚上的余兴活动，他们聚集在长安城有名的马球场里打马球。唐王朝胡风盛行，几乎人人都会骑马。马球是一种在马上用球杖击球的运动，它从吐蕃传入大唐。唐代很盛行这一运动，上至王公大臣，下至平民百姓，全民为之疯狂，就像如今的世界杯和NBA比赛一样，当然这一项风靡全国的娱乐项目，士子们自然也不会错过。

在王定保的《唐摭言》里记载了唐末的一次马球盛会。唐僖宗乾符四年（877），有一回新进士们在月灯阁集会进行马球比赛，球场四周看客云集，热闹非凡。正在兴致高昂的时候，忽然球场里闯进来一群士兵，他们手持棍棒，强占了球场。大唐士子虽然爱好运动，但身体素质毕竟比不上每天操练的士兵，况且士兵们还拿着武器，正所谓“秀才遇上兵，有理说不清”。他们正打算忍气吞声，默默地离去的时候，其中一个叫刘覃的进士大为气愤，叫住了大家。刘覃平时豪爽大方，家里很有钱，又很讲义气，类似于水浒传里小旋风柴进的角色，曾经单独出资主办过“樱桃宴”，在同年取中的进士中很有威望。刘覃叫住了转身欲走的士子们，对他们说：

“你们先不要走，让我来煞一煞他们的威风。一会儿我们再大战三百回合。”说罢，刘覃便高高擎起了手中的鞠杖，骑马冲进球场。轻伸右臂用鞠杖将球往空中一磕，球被击出了一道漂亮的弧线，随后用一个漂亮的燕子抄水，将球准确地打入了球洞。刘覃大秀球技，将那些狂傲的士兵打了个落花流水，大挫士兵们的锐气。士兵们只得认输，垂头丧气灰溜溜地离开了球场。刘覃打败了那些士兵后，马球迷们为刘覃喝彩，欢呼不已。

在刘覃赶走闹场的士兵们后，士子们又重新开始了令人热血沸腾的马球赛。经历了刚才的小风波之后，场内的气氛更加热烈了，士子们展现着自己高超的球技，观众们大声呐喊助威，使得黑色的夜格外热闹，仿佛白昼一样。听到那些热情的呐喊，士子们更加起劲，勾球、追击、掩护、时间差……一个个战术在几个队员的联袂演绎下，别有一种酣畅淋漓的感觉。整个场面热火朝天，人人大汗淋漓，一直打到凌晨才结束。冷清的夜晚里由于有了这么一批青春年少的进士们变得热火朝天，许多老少妇孺被观众的掌声惊醒，纷纷从被窝里爬起来，一齐为这些士子们助威，颇有现在球迷熬夜看世界杯的疯狂热情，为万物复苏的春天平添了许多绿色气息。

唐人打马球图

打马球也是唐代武举的必考项目。曾经有一个考生为了取得功名，竟然在球杖上安装了铁钩，使许多考生的眼睛都被这种损招废掉了。当然，月灯打球是进士们的余兴活动，自然不会发生这样的惨剧。大唐的文人并不像后世一心只读圣贤书的文弱书生，他们拥有强健的体魄，昂扬的精神，文能论政作文，武能上马打仗。他们充满青春活力的精神面貌，值得我们每一位学习。

三、榜下抢婿贵人急

“杏园关宴”当天，意气风发的新科进士个个身着盛装，春风满面，气宇轩昂。他们首先在曲江亭举行酒宴，饱尝美酒佳肴，然后再登画舟泛流于曲江池面，一边饮酒赋诗，一边欣赏湖光山色。同时，歌舞音乐伴随左右，围观群众的欢呼声也是不绝于耳，那些准官员们纷纷陶醉在美酒仙乐的盛宴之中。

唐时新科进士得中，皇帝通常要在曲江池赐宴，将酒杯放在曲江水上，杯随水势，流至谁面前，谁就要饮完，然后再倒满酒，让杯子继续漂下去，并随之即兴赋诗一首，由众人点评，如果作不出诗来，就要罚酒一杯。这种类似于王羲之时的兰亭集会，被当时人称为“曲江流饮”。在众多皇亲国戚和达官贵人的注目下，能参加这样的活动，成为其中的一员，不仅是一种身份的象征，更是新进士同别人炫耀的一大资本。

曲江宴会不仅是规模盛大的新进士的考后狂欢节，也是一个举国欢庆的节日，上至皇帝百官公卿，下到商人平民百姓，每个人都很重视这一节日。它不仅是一个热闹的商贸集会，还是一场盛大的相亲会，带动了周边产业的繁荣。

早在宴会举行的前一个月里，曲江就涌入了大批游人。许多小商贩乘此良机，来曲江抛售各类商品，吃喝玩乐，样样俱全。而公卿贵族也带着妻子和儿女们来曲江观光，中年人希望一睹进士的风采，借此机会教育子女，希望他们能以那些新进士为榜样，好好读书，今后也能受到这样华丽的招待。同时，还为自己的女儿物色未来的夫婿。

而那些待字闺中的“凤凰女”们，也竭尽所能吸引令自己满意的新科进士，她们满身珠翠，浑身珠光宝气，身边跟着花红柳绿的丫鬟们，她们手里都拿着各类名贵花朵和香囊，一遇到意中人，就偷偷将鲜花送给心中的白马王子。另外，一些喜欢招蜂引蝶的进士也花样百出地吸引名媛的注意力，频频向路边的美人朗诵情诗，希望赢得美人芳心。整个长安一派其乐融融的景象。

在曲江大会上，也曾发生过一件趣事：有一位多次落第的举子温定，为了报复那些考中的进士，曾在曲江大会上，身着女装，巧遮面目，雇了一辆名贵的车马和一群丫鬟仆妇，装作豪门千金，引得几位进士在他跟前频频吟诗献媚，将那些眼高于顶、牛气哄哄的新进士们大大作弄了一番。事后引发长安城热议，成为街头巷尾的趣闻。

士子看榜图

宋代的士子狂欢节更加疯狂，宋代的贵人们可比唐代的要豪放得多。唐代时，要等到放榜之后数天，佳人们才羞答答地出门物色如意郎君；到了宋朝，那些贵人们连几天都等不及了，一到发榜的日子，京城的王公大臣、豪门富翁便纷纷派遣手下，撒网捞鱼，虎视眈眈地在发榜的地方盯梢，千金小姐们则在轿子里暗中观察，只等榜单一出，就开始抢夺自己中意的如意佳婿。

为什么会有这样的反差呢？原来北宋的时候，科举不断扩招，录取的进士人数要比唐代时庞大得多，更重要的是年龄普遍下降。唐代时进士科录取人数很少，等学子们费尽力气考中进士的时候，多半已经垂垂老矣，所以有“三十老明经，五十少进士”的俗语。五十岁的进士已经很年轻了，少女们当然不会对老头子心生爱意。但是宋朝之后，情况就大大改变了。由于宋朝科举大量扩招，年轻士子层出不穷，很多都是年少未婚的青年才俊，自然吸引了众多千金少女的爱恋。况且进士及第的士子在当时社会上可是一只价值不断攀升的潜力股，鉴于新进士潜在的巨大价值，以至于权贵们纷纷赤膊上阵，公开抢婿，为了女儿的美好未来，丝毫不顾及自己的颜面。

这场轰轰烈烈的女婿争夺大战就这样在汴梁城如火如荼地开始了，各府家丁蓄势待发，伴随着发榜的哨声一响，花名榜一出，纷纷冲出去抢夺女婿候选人，你拥我挤，毫不相让。在这场激烈的争夺战过后，相貌稍微端正的新进士都被家丁们抢走了。那些豪门家丁你争我抢，捉下了三四个上门女婿后，闺中的小姐再挑选一番，合适的就现场订下婚约，进士的命运就这样决定了。堂堂宰相王安石也干过这种打劫女婿的事情，他的女婿蔡卞（权相蔡京的弟弟）就是在三年一度的抢婿大战上抓来的。而其中最传奇的就是被几家权贵争抢的冯京了。

冯京

冯京可是宋朝的科场大牛人，他在宋仁宗庆历八年（1048）到皇祐元年（1049）举行的科举考试中连中三元。冯京是有史以来为数不多的三元及第的状元，真可谓凤毛麟角。要知道古代科举考试程序很多，有乡试、会试、殿试三个步骤，其中有数不尽的竞争者，想要考中都很困难，更别提每次都考第一了。冯京居然从中脱颖而出，次次拔得头筹。他在考中状元时还有一段小插曲。仁宗的宠妃张贵妃的哥哥张尧佐听说了冯京的大名，正好他的外甥也要参加考试，认为冯京是他外甥夺魁的头等障碍，坚决不让他考中。冯京听说这件事后，想出了一个绝妙的主意，他化名马凉，张尧佐果然打落了所有叫冯京的卷子，定了马凉为状元。最后，他发现状元竟然是那个讨厌的冯京，无可奈何临时决定抢他做女婿，化敌为友。

揭榜那天，当皇榜张贴出来时，冯京果然列在第一位。每个汴梁权贵都听说过他的鼎鼎大名，早就对他虎视眈眈，誓要将他抢到自己府上做上门女婿，当然也包括临时起意的张国舅张尧佐。皇榜刚下，冯京就被外戚张尧佐的一帮家丁捷足先登，抢先捉到张府。冯京早就听说了张国舅的名声，以命相抵，坚决不从，也亏得他身体还算健壮，奋力挣脱开家丁的束缚，逃出了张府。谁知刚离虎爪，又进狼窝，他刚逃出国舅府，就被另一位张姓高官的家丁团团围住，冯京很鄙视张姓官员的德行，又是一番搏命。经过几番激烈的争夺大战之后，最后冯京成功被宰相富弼的家丁“捉”去，这次他并没有拒绝，顺利成为了富弼的女婿。冯京深受老泰山器重，多年后，在他的妻子死后，富弼又把另外一个女儿许配给冯大才子，继续做富弼的女婿。当时人称“两娶宰相女，三魁天下元”，一时传为佳话，为后人津津乐道。

榜下捉婿，七十老翁也惨遭绑架

唐、宋进士科备受推崇，千辛万苦考中进士，他们所得到的荣耀也是前所未有的，使得每一个梦想成真的学子铭记终生。每次考中发榜后，都会举行规模宏大的狂欢会，他们在会上尽情享受成功的喜悦，因为这是出仕前的最后一次狂欢，就在他们恣意放纵之后，马上就要各奔东西走马上任了。这些新出炉的进士享受到天堂一般的待遇，也难怪他们对进士科孜孜以求，为之奋斗终生！

06 “书中自有颜如玉”
——唐代科举与婚姻

◇ ……………

自隋代创立科举制度以来，科举考试就成为大多数普通读书人做官的唯一途径，他们通过科举不仅成就了自己的事业，还成全了自己的婚姻。科举制度深深地影响了唐代社会，科举入仕不仅成为所有有志男子的终极目标，也是男子背后的女人们追求的目标之一。围绕着男人们的科举之争，女人们也在进行着一场没有硝烟的战争。他们为了丈夫的成才，演出了一幕幕可歌可泣的悲喜剧。

一、李翱女慧眼择夫

李翱，字习之，甘肃人，他是大文豪韩愈的得意门生。李翱 25

岁的时候，认识了老师韩愈，从此以后衷心追随，不离不弃，就像现在的台湾学者余英时先生一样，一心追随老师钱穆，老师到了香港后，他也紧跟其后，报考了钱先生的新亚书院（如今的香港中文大学），成为他办院以来的第一届学生，之后一生追随，成就了一

李翱

段师生佳话。李翱与韩愈也是如此，他们师生相得，李翱在韩愈的教诲下，也成为了一代儒学大师。他后来考中进士，还娶了恩师韩愈的侄女，亲上加亲，积极推动古文运动，成就了一番伟大的事业。

李翱在江淮地区任州郡长官的时候，当地有一位叫卢储的学子前来李翱府中投递他的习作，请文学家李翱能够提出一些中肯的批

评意见，好使自己的文章更加精进，来年科举得中更有把握。李翱继承了老师韩愈平易近人、礼贤下士的做派，热情招待了这位青年学子，还请卢储吃了顿饭，二人谈天论地，聊得热火朝天，十分尽兴，宾主尽欢，李翱一阵勉励，卢储满意而去。

卢储拜见李翱

李翱十分欣赏卢储的文章，时不时拿出来欣赏一番，所以卢储的文章就放在他书桌最显眼的地方。李翱的大女儿早已成年，养在闺房已经很多年了，一直觅不到合适的夫婿，都快成老姑娘了。她平时就喜欢舞文弄墨，闲来无事常到父亲的书房找一些新书来看。有一次，李翱因为公事离开了府邸。于是，就在父亲出门后，她偷偷溜进了父亲的书房，正想在书柜里找一些新书的时候，一转头看到桌上的文卷，好奇地拿起来看了看。越读越觉得有意思，每读一次都能有新的体会，经过反复阅读后，她对自己的贴身婢女说：

“写这篇文章的人真不错，十分有学问，一看就是才学出众的大才子，就凭这样的文章，明年状元非他莫属。”转而又想：“不知道这位公子相貌如何，有没有娶妻，如果合适，做我的夫婿该有多好。”这时少女心中泛起一阵春意，她预感到自己的春天要来了。

李翱回来后，女儿告诉了父亲自己对那篇文章的看法，同时委婉地表达了自己对这位学子的爱慕之意。李翱听到女儿的大胆表白，心中十分惊讶，他重新回想了一下卢储的相貌和性格，随后仔细考察了一下卢储的综合素质，觉得卢储作为自己的女婿还是不错的。于是，李翱立即拍板，他让下人到卢储家里，直接向卢储挑明，说：“先生的大作我家老爷已经仔细看过了，他认为你是一个非常有才华的青年才俊，假以时日，前途不可限量。听说先生还未婚娶，我家小姐也还是黄花闺女，老爷想让你做他的女婿，不知先生意下如何？”

李翱

卢储听到这仿佛天上掉馅饼的好事，心中一片窃喜，心想：“看来我没有枉费多年苦读，而且这世上还是有伯乐的。就是不知道那位李小姐的尊容如何，如果像无盐女那样丑，我可就惨了，还是先看看情况再说吧。”于是，卢储借口自己现在还是白丁一个，配不上使君家的千金，先小小拒绝了一下。那下人特别会察言观色，看到卢储并不是真心拒绝，还是有机会接受的。他又添了一把火，说小姐貌美如花，琴棋书画样样精通，是卓文君一类的人物。卢储听后又是一阵窃喜，心中已经答应了一半，但表面功夫还是要做，依旧再三请辞，一直说使不得，使不得，李大人折煞我也之类的话。李府下人左说右劝仍然没有说动卢储，只得去回报李翱。

李翱听到下人的回报，心中泛起一阵熟悉的感觉，依稀记起早年老师要把侄女嫁给自己时的情形，自己也是半推半就，假装不愿意，直到老师催了七八次后才答应了。心想：这小子真有我当年的风范，这个女婿我要定了。正所谓，不是一家人，不进一家门，我就学一学刘备三顾茅庐，难得遇到和我个性这么一样的人。他心意已决，在三催四请之下，卢储终于答应了这门婚事，成了李大人未进门的预备女婿。

第二年春天，科举考试如期举行。卢储携带着未来岳丈李翱送给他的盘缠，顺利进京赶考。不出李小姐预料，卢储果然高中头名状元。他非常感谢李家父女的慧眼识人，一中举，就马上赶回老家向岳丈报告这一喜讯。李翱十分高兴，佩服自己的火眼金睛，李小姐也庆幸蹉跎多年，终于盼来如意夫婿。李翱当场拍板，择日不如撞日，连吉日也不挑了，马上举办婚礼。毕竟李小姐年龄已经大了，许多和她同龄的人都已经有一双儿女了。可贺有情人终成眷属！

卢储在大喜之日，掀开盖头，看到一位如花似玉的女子，感慨自己的英明决定，还特意写了一首《催妆》诗献给亲爱的夫人。那首诗是这样写的："昔年将去玉京游，第一仙人许状头。今日幸为秦晋会，早教鸾凤下妆楼。"大意是说：去年在我考前，一位仙子断定我会中状元。今年预言果然实现，我高中魁首，还能和仙女结婚，真是上天保佑！希望新娘快快上轿，咱们早入洞房，同享夫妻之乐。

在两人成婚之后，卢储官运亨通，他知道爱妻喜欢芍药花，就在住所开辟了一个芍药园，专门供妻子赏玩。三四月芍药花开，卢储写道："芍药斩新栽，当庭数朵开。东风与拘束，留待细君来。"芍药代表我的心，愿我们的爱情如盛开的芍药一样灿烂，永远不分离。他们夫妻伉俪情深，白头到老，始终过着幸福的生活。如果李翱的女儿没有识人的慧眼，就不会有这样美满的夫妻生活，而卢储没有李翱女儿的青眼相顾，他也没有必中的信心去应考，也许不会状元及第。正是这恼人的科举成就了一段美好的姻缘。

二、因爱生恨毁仕途

卢储因为李小姐慧眼识人而平步青云，既成就了仕途，又收获了爱情，真可谓是大唐的头号幸运儿。但是也有因为文章而因爱生恨，结果毁了自己的仕途，与幸运儿卢储相比简直是天差地别，罗隐就是这样一个不幸者。

罗隐

罗隐，字昭谏，浙江人，唐末著名诗人。他小时候就因为才华出众为乡里所熟知，与同族其他两个有才华的罗姓者合称“三罗”。罗隐的名字是后来改的，以前叫什么并不清楚，他曾经六次参加科举考试不中，因此改名罗隐。他虽然屡试不第，但是在社会上名声依然很大，甚至当时的宰相郑畋和李蔚也都很欣赏他的文章。

宰相郑畋的女儿郑小姐对罗隐也十分仰慕，整天搜集罗隐的诗文，手不释卷，和现在疯狂的追星族有一拼。时至唐末，文坛气象大颓，再也没有出现像“李杜”那样照耀文坛的大诗人。罗隐虽然成就远远比不上李白和杜甫，但放在唐末，多多少少也算是文坛上大名鼎鼎的诗人了，值得闺中少女的倾心爱慕。

郑小姐心中的罗隐和现实中的罗隐其实并不是同一个人。由于残酷的封建制度对女子的压迫，她们大多见识短浅，平时足不出户，根本没有机会见到除自家外的其他男性。因此古代女子在婚前被局限在自己的闺房，对她们来说，最大的幸福就是每天的后花园放风时间。即使在婚后嫁到夫家，活动空间也不过是后院罢了。因此，饱受深闺寂寞的郑小姐在读了罗隐的诗歌后，尘封的心仿佛打开了一扇窗，她灰色的世界里蓦然多了许多色彩，仿佛踏进了彩色的天堂。由于郑小姐深爱罗隐的诗歌，不知不觉便把爱慕转移到罗隐身上，把自己对未来夫婿所有美好的想象全部嫁接在罗隐身上，对他仰慕不已。她幻想中的罗隐是个高大英俊的美男子，又多情又温柔，多才多艺，善解人意，简直就是她理想夫婿的典型。

抱着这样美好的念头，郑小姐一直期盼有一天能嫁给大才子罗隐，整天为此茶不思饭不想，“衣带渐宽终不悔，为伊消得人憔悴”。父亲郑畋看出女儿有心思，就问她的侍女，侍女如实讲了小姐的想法。郑畋听后十分震惊，宝贝女儿竟喜欢罗隐那个愤世嫉俗的三流诗人，真是一点眼光也没有。郑畋虽然很欣赏罗隐的诗文，但并不喜欢罗隐这个人的性情。罗隐恃才傲物，就喜欢写一些讽刺时局的杂文，得罪了不少人。

曾经有一次，罗隐参加家乡一个老员外庆祝孙子满月的宴会，由于罗隐在当地名气很大，那位老员外希望借罗隐的口恭祝他再多几个孙子。在宴会中，老员外为了引诱罗隐说出孙多的祝福语，特意为他置办了一份全酸宴（在那里的方言中，孙与酸同音），什么甜酸排骨、卤酸扣肉等等，一个比一个酸。旁边的陪客都知道老员外的意思，一个劲儿地说酸多、酸多（意指孙多）。到了罗隐的时候，他仿佛没听到别人的话，吃了一口马上吐出来，说了声：“酸死了!”就是不顺着老员外的意思，大大得罪了乡亲们。

郑畋听到这个传言，再结合罗隐平日的做派，更增添了他对罗隐的厌恶之情。心想，若是招了罗隐这样的女婿，这不是给我郑家找不自在吗？

总之，郑畋非常瞧不起罗隐这个布衣文人，这样一个尖嘴猴腮的丑八怪居然能让女儿为之神魂颠倒，真是太荒谬了！女儿真是太幼稚了！他认为女儿只是一时迷恋罗隐的诗文，并不是真正的爱情。如果女儿看到罗隐的真面目，一定会失望的。于是，他决定设计一次邂逅，让女儿对罗隐彻底断了念想。

之后不久，大才子罗隐就收到了郑畋的请帖，请他到自己府上来做客。罗隐觉得自己似乎猜到了郑畋的用意，因为他知道郑府大小姐很仰慕他，以前就时常收到郑小姐的信。罗隐一向自视甚高，以为郑大人这次一定是撮合他们的姻缘的，根本没有想到是来剪红线的。罗隐心想，我罗隐真是交了桃花运了，如果婚事能成，那么，我将前途无量，去除多年科举的霉运就看今天的晚宴了！为了今晚的宴会，他特地好好打扮了一番。罗隐不打扮还能见人，这一打扮真的可以白天去吓鬼了。

罗隐精心打扮了一番后来到了郑畋的府中，当时还有其他官员作陪。郑小姐听说他的梦中情人也来家中做客，早就躲在帷幕后面偷看晚宴的情形。郑小姐躲在帷幕后面，看到在众多赏心悦目的人中，出现了一道煞风景的奇景。一个长相奇丑无比的男子也在其中，美好的心情顿时一扫而空，她一下子就没有观看的心情了，但还惦记着自己的梦中情人罗隐。郑小姐忍着恶心，等着父亲介绍来宾，当介绍到这个丑男子居然是自己最崇拜的罗隐时，郑小姐对未来的美好幻想顿时破灭了。真是闻名不如不见，写得出那么多好诗文的人居然是这种鬼样子。希望越大，失望越大。郑小姐因爱生恨，从此再也不提罗隐的名字了。由爱转恨就是一瞬间的事。郑畋也因为宝贝女儿的事更加憎恨罗隐。罗隐在之后的多次科举考试中，每考必败，史称“十上不第”，其中宰相郑畋的封杀也起了很大的作用。直到唐朝灭亡，55 岁的罗隐才在江南一个割据政权吴越国做了一个小官。享年 77 岁。

卢储因为高官的女儿青睐得中状元，罗隐却因为宰相之女的由爱转恨断送了仕途，真是个性决定命运呀！

三、元稹为富贵抛弃初恋

《西厢记》中崔莺莺和张生的故事是一段爱情的佳话，二人经过红娘穿针引线结成了美满的姻缘，有情人终成眷属成为国人对爱情的美好期待。其实西厢记里的主人公是有原型的，张生的原型就是唐代的著名文学家元稹，而崔莺莺则是他的初恋情人双文表妹。别看小说里两人有了一个美好的结局，而现实远没有小说那样美好，最后元稹为了功名毅然抛弃了初恋，做了唐朝的陈世美。元稹为了纪念他逝去的爱情，特意写了一篇传奇小说《莺莺传》，化名张生和崔莺莺。

唐德宗贞元十五年（799）的冬天，21 岁的元稹为了参加科举考试借住在蒲州（山西永济）的亲戚家中。亲戚家有一位表妹叫双文，双文本是一个洁身自爱、喜欢诗歌、具有文艺气息的少女。元稹与表妹多年未见，他没有想到表妹现如今出落得如此标致，只看了一眼便深深爱上了表妹，不可自拔了。随着二人交往的深入，他们也越来越为彼此的才貌深深吸引了，二人就这样坠入了爱河。

元稹画像

他们的爱情进展神速。在古代未婚男女之间是不能随便见面的，他们虽然是表兄妹，但是一天也见不了几面，两人只能在白天的时候假装偶遇，用眼神传递相思之情。正所谓一日不见如隔三秋。元稹思念表妹难以入睡，于是他做了一个大胆的决定，当晚月色皎洁，星光灿烂，元稹翻墙进入了女眷才能进出的后花园，想偷看一下表妹的睡颜，以慰相思。没想到，表妹双文也没有睡，正好在后花园烧香祈福，二人惊喜非常，互诉衷肠，在月亮的见证下许下了一生的承诺，元稹发誓取双文为妻，相伴一生，不离不弃。自那晚过后，二人的感情迅速升温，他们想尽一切办法见面，虽然是短短的一刻却胜过千年万年。那时二人的爱情是真挚而纯真的，二人一起度过了一段终生难忘的幸福时光。

欢乐的日子总是那么短暂，眼看就到考试的日子了，元稹不得不离开心爱的表妹去参加考试。离别前，二人依依惜别，元稹向表妹发誓，中举后一定回来迎娶她。就这样，元稹怀着表妹的爱踏上了漫漫赶考路。途中他十分思念自己的爱人，脑中常常浮现双文的音容笑貌，难以忘怀。

元稹初见双文，一见钟情

元稹果然不负众望地考上了明经科进士，他正准备把喜讯飞鸽传书给表妹时，却发生了一件意想不到的事情。原来，新任京兆尹韦夏卿十分欣赏元稹的才华，听说元稹还没有结婚，就想把自己的女儿韦丛许配给元稹这个青年才俊。京兆韦氏可是唐朝有名的贵族家庭，家中高官显贵无数。元稹听到这个消息后，心情十分复杂，在爱情与事业上左右挣扎。最终美好的爱情终究抵不过现实的名利诱惑，元稹为了让自己在仕途上能够青云直上，毅然舍弃了在蒲州苦苦等他的表妹双文，和韦夏卿的女儿韦丛结了婚。

婚后，元稹和妻子也算恩爱，但终究难忘那刻骨铭心的初恋。之后，元稹也曾回到蒲州亲戚的家中，想再见表妹一面。然而，双文在得知元稹悔婚另娶之后，对表哥彻底失望了，于是听从了父母的话，以闪电般的速度找了一户人家出嫁了，断绝了对表哥的爱恋。当双文听说元稹想再见她一面时，断然拒绝了他的请求。她不愿见这个负心的元稹，只给了他寥寥几句："弃置今何道，当时且自亲。还将旧时意，怜取眼前人。"真应了现代人时常挂在嘴边的一句话：相濡以沫倒不如相忘于江湖。元稹从此再也没有见过双文。

元稹为了自己的前途，放弃了家无权势的善良的表妹。得益于他的岳丈家，元稹真的从此青云直上，官运亨通。然而功成名就之余，心中总有一份缺憾，双文成了元稹心中的禁地。元稹和韦丛结婚六年后，韦丛病故。不到两年，元稹结识了安氏，纳安氏为妾，然后又和裴淑再婚。在韦丛病重的时候，他还跟当时的才女薛涛闹过绯闻。如此风流才子，也难怪会抛弃初恋。当他回首往事之时，不知道会不会为以前的决定后悔。

07 大诗人的终身遗憾
——诗仙、诗圣、诗鬼无缘科举

◇ ……………………

自从隋朝初创科举制度以来，到了中晚唐时，已经过了几百年，科举制度日趋完善，报名的人数不断攀升，录取了众多文武贤臣，许多政治家都是通过科举登上历史舞台的。例如，大名鼎鼎的唐宋八大家都是从科场拼搏出来的，唐代大诗人王维、白居易也是通过科举考试而扬名天下的。唐朝以诗赋取士，按理说只要诗作得好，中举应该是毫无问题，偏偏有些大诗人却因为各种原因被拦在科举的大门之外，屡试不第，留下了终身遗憾。其中诗仙李白、诗圣杜甫、诗鬼李贺都是与科举无缘的倒霉人。

一、因政审被拦在科举门外的诗仙李白

在古代社会，一个读书人不参加科举是会遭到鄙视的。一家人

千辛万苦培养出一个读书人，除了让他读书，家里什么事都不用他做，家人做出这样的牺牲都是希望他能出人头地。科举入仕是一般人家改变贫贱命运的唯一途径，李白却令人惊奇地终身没有参加过科举考试，这里面其实有不可言说的无奈。

在唐代，一个读书人要想出人头地，一般有两条途径：如果你是王公贵族的后人，那么恭喜你了，你可以依靠长辈的余荫，直接从小官做起，起点就比一般人高出许多；如果你是出身贫寒又一心想上进的老百姓，那就对不起了，你只有通过激烈的考试竞争，老老实实从基层做起，可能要多花费许多年才能达到王公贵族后人的起点。李白当然不是王公贵族的后人，不能直接做官，所以只能通过科举改变自己的命运。

李白，字太白，号青莲居士，从小在西域长大。5岁时他的父亲带他来到四川。李白平时最喜欢云游四方，游览各地的名山大川。他十分具有浪漫主义情怀，写出的诗歌豪迈奔放，清新飘逸，让人飘飘欲仙。因为李白的诗和人都带着“仙气”，因此被喜欢他的人们热情地称为“诗仙”。虽然人们盛赞李白为仙人，但是李白毕竟是凡人，不是神仙，他也有自己的欲望。李白在年少时，十分热衷功名，一心想走上仕途。因此在开元初年，李白第一次报名参加科举考试，希望凭借自己的才气，改变命运，从此平步青云。没想到，满满的热情瞬间被现实的残酷所浇灭，他竟然在科举第一关就跌了个大跟头。李白报名时提交的个人信息在相关部门复核的时候，遭到了极大的质疑，结果李白还

“诗仙”李白

没有考，就被解除了考试资格。李白的第一次科考就这样夭折了。李白这样的大才子因为身份审核出了问题，就这样永远被隔绝在科场之外。

李白为什么不能参加科举考试呢？这和大唐的科举程序有直接的关系。原来，唐代考进士，先要通过资格审查。这一点和改革开放前的新中国有些相似，要上报家庭成分，有贫农、中农、富农、地主等级别，家庭成分不好的话，你想上学都难，更别提当官了。唐代毕竟是个多民族融合的庞大帝国，胸怀还是博大的，连外国友人也可以报名参加大唐科举考试。李白的日本好友晁衡、韩国友人崔致远都曾经参加过考试，还获得了进士头衔。唐代虽然对外国友人很友善，但是有一点不能容忍，就是罪民之后绝对不能报名，官员必须根正苗红才行，不允许有犯罪前科。唐代“政审”的时候，要特别注明自己的籍贯和三代之内父祖所任职业。另外，唐代重农轻商，社会上特别歧视生意人，如果家里曾经做过买卖，绝对会被取消考试资格的。

李白的家世恰恰戳中了这两点禁忌。原来李白的祖辈是前朝罪臣，被流放到中亚碎叶即今吉尔吉斯斯坦一带，本来就是罪人之后，他的父亲带着李白回到四川以后，人生地不熟，只有靠做小买卖度日，所以，李白同时又是商人之子。一旦李白履历上有了这两条，他想考进士，那是不可能的。

李白

李白科考被拒之后，并没有放弃自己仕途之路。李白毕竟是全国闻名的大诗人，名声在外，他另辟蹊径，希望借着自己的才名迂回地进入官场。李白想精选自己的得意诗作发送给达官显贵，希望得其青目，举荐自己保送到官场之中。这样的做法成功率应该相对来说高一点。于是在唐玄宗开元年间，李白仗剑天涯，边游历边交友，寻觅合适的推荐人。李白先是拜见了河东名流裴长史，但裴大人看不上他，多次将他拒之门外。李白初战失利，他又转战荆州，求见荆州大都督府长史兼襄州刺史韩朝宗。为了加大成功率，李白放下自己高傲的自尊，极尽谄媚之能事，大拍韩大人马屁，将他比作天上的神明，德行无双，而贱称自己为地上的尘土，希望韩朝宗提拔自己直上青云。李白白费了一番华丽的文辞来拍马屁，韩朝宗根本就没有理会李白的文章。

李白又一次失败了。他回乡休养了一段时间后，再一次来到长安继续疏通关系。这一次还比较幸运，他遇到了同为诗人的贺知章的赏识，并得到他的举荐。李白终于亲眼见到了皇帝李隆基。如果不出意外，李白应该已经成功了，他打开了通往上流社会的一扇门。但是诗人终究做不了政治家，他学不会妥协。李白活得很真，他根本不掩饰对高力士的厌恶。曾经有一次晚宴，李白借着酒醉大大羞辱了高力士一番。高力士也不是省油的灯，马上报复回来，他借杨贵妃的手将李白赶出了长安。

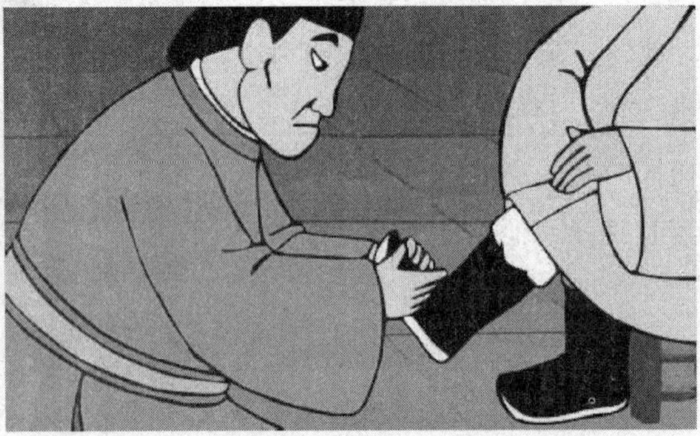

李白戏弄高力士，高力士为李白脱靴

就这样，李白的第二次长安之行又宣告失败了。既然科举拒李白于大门之外，又投谒无门，他只能仗剑出游。此后数年，李白始终念念不忘自己曾经错失的仕途之路。天宝十四年（755），“安史之乱”爆发，李白被迫隐居庐山，这时候永王李璘向他递出了橄榄枝，邀请他参加他的幕府参谋军事。李白那颗被压抑已久的名利之心又一次悸动了，他马上收拾行装跟随永王出山。李白高兴早了，他怎么也没有想到永王叛乱了。永王兵败自杀后，李白也因此成为阶下之囚，要不是好友拼死相救，恐怕早就死了。最后李白被流放到夜郎（今贵州地区），流放期结束不久，诗坛巨星李白就病死在安徽当涂的族叔家，与世长辞。或许科举落第更加成就了他的文学辉煌，因为李白的不幸落第，我们才看到了这么多璀璨夺目的诗歌，始终照耀着大唐的天空。

二、因炫才被考官封杀的诗圣杜甫

唐玄宗天宝三年（744），是值得纪念的一年，这一年诗坛双星在洛阳相遇了，从此二人共同书写了大唐华丽的诗篇。天宝三年四月的一天，阳光明媚，李白因为科场失意，被玄宗赐金放还，正当他游历洛阳的时候，恰好遇到了同是科场失意的青年诗人杜甫，二人一见如故，相约同游梁宋（今河南商丘、开封一带）。两位伟大的诗人在同游的途中，慰藉了彼此失落的心情，结下了深厚的友谊。那一年李白44岁，杜甫33岁。

“诗圣”杜甫

杜甫，字子美，汉族，生于河南巩县。祖父杜审言是有名的诗人，曾经当过膳部员外郎，任职过国子监，父亲杜闲也是进士出身，做过司马、县令等小官。虽然传到杜甫时，已经家道中落，但毕竟还是官宦世家，杜甫自觉他家还是有些底气。况且杜甫才华横溢，年少时他的诗文已经闻名天下。

唐玄宗开元二十三年（735），杜甫 24 岁，他信心满满地报名参加第一次科举。我们知道，唐朝考试需要政审，这道程序拦住了李白，可挡不住杜甫这个官宦子弟。杜甫不仅有仕宦背景，而且他自己也争气，自小好学的他，七岁即能作诗，才思敏捷，青少年时就已经是一个有名的诗人了。杜甫当时才名远扬，是状元的热门人选，有好事者甚至以此开赌，有许多人都拿出重金押杜甫必中。考前，有人问杜甫："坊间都在押重金赌杜先生必中，听说赌场老板正在串联同行抵制您夺魁。您对这次考试可有信心？"杜甫自信地回答道："无论何人反对，属于我的状元总在那里，不离不弃。"

杜甫

杜甫的确可以这么自信。唐朝的科举考试，也就是写个律诗什么的。说到写律诗的水平，杜甫可是个中高手，后世也没有一个人能超过他。但是杜甫话说得太大了，好像状元是他的囊中之物一般，说完后，他自己也很后悔，心里很是忐忑。要知道考试不似平时，什么情况有都可能发生。他想，以自己的水平，中进士应该不成问题，重要的是状元是不是一定行呢？他的大话已经放在那里了，万一中不了，自己的颜面不就全部丢尽了。杜甫只得安慰自己，祈祷自己超水平发挥，超过其他考生，夺得桂冠。

就这样，杜甫怀着忐忑的心情进入了考场。拿到题目后，杜甫悬着心就放下一半，因为这个题目对他来说易如反掌。灵感如泉涌，马上洋洋洒洒写了一篇五言律诗，很快就交卷了。他自以为写得很出色，认为这次状元一定是自己的了，没想到主考官一看到他的大作，勃然大怒，心想："就凭你这个毛头小子也敢妄想宰相的事情，真是做梦。"原来杜甫在诗中大批官场黑暗，扬言要杀尽天下贪官污吏。这一点直触考官霉头，于是，考官一怒之下，将杜甫打入黑名单，取消了杜甫的考试资格，永远不得参加科举。最后，一个不知名的学子爆冷门夺得了状元，这一结果出乎所有人的意料，使得大量的赌民血本无归，杜甫只得沮丧地离开了长安。

这一次科举封杀，对杜甫打击很大，其后的十多年时间里，他一直为取消黑名单努力。就在他落魄的时候，遇到了他一生的好友李白，两人一见如故，惺惺相惜，共同度过了一段难忘的日子，互相慰藉了彼此失落的心情。

于是，杜甫治愈了内心的伤痛后，重整旗鼓为恢复科举考试资格而继续努力。他整天过着风餐露宿的苦日子，早上去敲名流的房门，求人帮助，晚上只能在不要钱的破庙里，噙着泪吃着残羹冷饭。功夫不负有心人，在他千辛万苦的奔走下，终于有了结果，他又可以堂堂正正地参加科举考试了。

开元六年（718），唐玄宗举办了一次特别的考试，专门搜寻被朝廷遗忘的大才子，如果考中可以直接做官。杜甫听到这个喜讯后，喜极而泣，心想这次考试真是为我量身定做的，说到被朝廷遗忘的大才子，舍我其谁？杜甫兴致勃勃地报了名。这次吸取了上次的教训，老老实实写了一首稳重大气的诗篇，检查无误后，慎重地交了卷。当考官们评卷时，看到杜甫的诗作，不禁拍案叫绝，一致认为杜甫一定能中，说道："杜子美这样的大才子才是陛下需要的贤才。"主考官李林甫当时就在场，他是个口蜜腹剑的小人，平日最见不得别人得意，从心里记住了杜甫这个名字。

次日，诸位考官正准备向唐玄宗汇报这次录取情况时，宰相李林甫突然问他们："各位同仁辛苦了，劳累了这么多年，大家有没有假公济私打击压迫过哪怕一个人才呀？"考官们不知他又要什么花招，只齐声说没有。于是，李林甫顺势上奏玄宗皇帝："陛下圣明，有了这些大公无私的朝臣，从不遗漏一位人才，真是'野无遗贤'啊！既然没有遗漏过一个人才，那么这次恩科倒不如一个不取，这样才能体现出陛下的圣明呀！"唐玄宗听了这番诡辩，不怒反笑，于是对其他考官说："既然如此，这次考试结果作废，诸位爱卿辛苦了。"人们听到这令人诧异的结果，实在是很气愤，但也不能公开反对，只得默认这一事实了。结果那年科举考试的士子们全部落选，真是大唐史上最荒唐的一场考试了。杜甫最终竹篮打水一场空，整个人欲哭无泪。杜甫的第二次科举就这样活生生地被李林甫"野无遗贤"的闹剧给搅了。

至此，杜甫的科举之路被完全封杀了，他之后再也没有进过考场。当然，杜甫也曾尝试过通过举荐直接保送为官，但是他和好兄弟李白不愧是难兄难弟，考试、做官的经历一样悲惨，屡试不中，最后皇帝可怜他的遭遇，赐给他一个小官，才了结了他的一桩心事。诗圣杜甫的晚年很是凄凉，他经历了"安史之乱"的战乱流离，独自在西南地区流浪，成为一个流浪诗人，最后死在去岳阳的舟上。就这样，杜甫结束了他苦难的一生，但他的诗作始终存在于人们心中，为后人所铭记。

三、为避父讳无缘科场的诗鬼李贺

李白、杜甫因为各种原因无缘科举，同样的事情也发生在李贺身上。幸福的事情或许理由是相似的，但不幸的事情各有各的缘由。在现代，名字就是个符号，想改就改了，甚至连姓也可以换。这要放在古代，就不是什么容易的事了，名字是长辈赐的，一般不能随便更改。避讳在古代可是一门重要的学问，人们不能随便叫或者写长辈的名字，否则就有坐牢甚至掉脑袋的危险。李贺就因为父亲的名讳，终身无缘科举，抑郁地度过余生，最后早早结束了自己的生命。

李贺的一生十分短暂，只活了 27 年。李贺的诗想象力丰富，语言瑰丽奇异，让读者仿佛置身于一个变异的空间，带着诡异的色彩。这或许和李贺悲惨的科举经历息息相关。在他的作品中“死”字出现了 20 多次，“老”字则有 50 多次，由此想见他不幸的命运，江湖人送外号“诗鬼”。

李贺，字长吉，大唐宗室郑王李亮的后裔，但是属于远支，和一般老百姓没有什么区别。他的父亲李晋肃在边疆担任过小官，在李贺 18 岁的时候不幸去世。李贺出生的时候很传奇。由于他长相奇特，接生婆以为自己接生的不是人而是一只怪兽。他父亲看到他的长相以为是妖精，差点要丢掉他，幸亏母亲阻止，才保住一条小命。李贺小时候长得跟个竹竿似的，又瘦又长，两条眉毛连在一起，而且手指出奇的长，身材比例完全不合理，活像个竹子精。李贺虽然长得丑，但是很有一些鬼才，早在 7 岁的时候，就写得一手好诗，名扬京洛。

“诗鬼”李贺

这件事传遍了全国，引得无数好事者围观，许多人不远千里专门赶来河南昌谷县，就是为了看这个丑才子。一个人小时候诗写得好并不奇怪，长得丑又有才，这种人就很少见了。就这样，一批批游客纷纷涌入小镇，来看这个丑神童，因此昌谷县热闹起来。在这批人之中，包括了两位大人物，那就是皇甫湜和韩愈。他们刚开始听说，并不相信，但是看到了李贺的诗，才有些兴趣，说如果真有此人，肯定是文曲星下凡。于是他们就到处打听李贺的住处，决定去验证传言的真假，一探究竟。

韩愈见到李贺的时候，心想果然传言不虚，真是长得跟竹竿似的，就是不知道诗是不是真的作得好，于是当众考验了他一番。可能是李贺被围观多了，并没有怯场，反而更加兴奋，当场吟出一首诗《高轩过》，人们听后惊呆了。那首诗是这样写的："华裾织翠青如葱，金环压辔摇玲珑。马蹄隐耳声隆隆，入门下马气如虹。云是东京才子，文章巨公。二十八宿罗心胸，元精耿耿贯当中。殿前作赋声摩空，笔补造化天无功。庞眉书客感秋蓬，谁知死草生华风。我今垂翅附冥鸿，他日不羞蛇作龙。"这首诗充分展现了李贺的博学、自信、谦虚。皇甫湜和韩愈表示十分看好这位小才子，他们资助了李贺家一些钱，要他好好读书，以后如果参加科举，他们会大力提携的。在皇甫湜和大文豪韩愈访问后，李贺的才名越传越广，渐渐成了全国有名的神童。

韩愈走后，李贺兴奋地给远在边疆任职的父亲写信，说他的偶像韩愈见过自己，还夸自己的诗写得好。李晋肃读了李贺的信后很是兴奋，他没想到自己的儿子会这么有出息，小小年纪就得到韩愈和皇甫湜的赞赏。于是他给李贺回信，勉励他好好学习，不要辜负两位大人的厚望。

李贺在父亲的勉励下，更加发奋学习，每日起早贪黑地读书，不分昼夜地苦学。经过几年光景，自觉学有所成，可以去应试了。于是他从家乡出发赶往长安，准备参加一年一度的科举考试。到了京城，李贺当然不会忘了他的伯乐兼精神导师韩愈，当时韩愈已经是宰相了，那年科举考试韩愈正巧是主考官。李贺听到这一消息欣喜若狂，心想，真是天助我也，天时地利人和，我全占了，就凭我的才华，我不中谁还会中？就这样，李贺去拜见了韩愈，两人进行了深入的学术交流，彻夜讨论，收获颇丰。韩愈觉得自己慧眼识人，李贺果然是个可造之材。李贺也觉得自己没有找错人，这才是自己的伯乐，只有这样的大才才能识得我这样的鬼才。两人都觉得不虚此行。韩愈凭借主考之利，四处为李贺造势，好像状元非他莫属。因此，李贺的名声水涨船高，妇孺皆知。所谓“名高遭人妒”，果不其然，枪打出头鸟，李贺在考前真的出了事故。

原来，一些读书人嫉妒李贺的才名，心想就凭你一个丑八怪，还敢妄想做状元。就算你侥幸中了，凭你那副尊容也当不了大官。于是借口李贺父亲的名讳与进士考试相悖，向上级建议取消李贺的考试资格。李贺的父亲李晋肃的“晋”字与进士的“进”字同音，如果李贺中了进士，不就犯了君父之讳吗？犯忌讳，可是要遭天打五雷轰的大罪，古人可是很迷信的。为了李贺的生命安全，还是取消他的考试资格以全孝道为好。就这样李贺被一个荒谬的理由挡在了科举的大门之外。

李贺年轻气盛，并不服气这一判决，就去找导师韩愈诉苦。韩愈也为李贺的不幸遭遇抱屈。他知道这是有人故意制造事端，怕李贺抢了他们的状元，于是就专门写了一篇《讳辩》为李贺打抱不平。但是考试已过，木已成舟，李贺也只能徒呼奈何了！李贺的父亲李晋肃得知儿子因为自己的名字而失去考试资格，心中深感内疚，再加上边疆的恶劣条件拖垮了他的身体，就这样一病不起，与世长辞了。

李贺遭到双重打击后，拖着疲惫的身体回到了故乡。自此再也没踏入科场，终身郁郁不得志，27 岁就结束了自己年轻的生命，一个刚冉冉上升的“新星”就这样陨落了。

08 诗酒笑江湖

——失意举子的纵情人生

◇ ……………

唐朝科举制度方兴未艾，吸引了无数青年才俊勇闯独木桥——科举考试，就像现在的公务员考试一样，几千万人为了区区几个岗位争得头破血流。功名的诱惑刺激了读书人的上进心，一批批学子前赴后继地踏上赶考征程，希望一举成名。当然，成功者只是少数，众多考生有的为其奋斗，至死方休；还有的及时回头，自主创业，重新走出了一条新路。唐代许多特立独行的才子们就是其中的代表，他们并没有因为科场的失意而放弃生活的希望，反而敞开心怀，尽情享受人生，开辟另一条路实现人生的价值。

一、乐享田园的孟浩然

“吾爱孟夫子，风流天下闻”，这是诗仙李白赞美孟浩然的诗句。李白佩服孟浩然的最重要的一点就是孟浩然在面对科场失意打击后，没有像其他人一样颓废堕落，自暴自弃，反而改换视角，重新开辟出一片人生新天地。孟浩然在科场失意之后，纵情田园，成为闻名遐迩的田园诗人，与王维并称“王孟诗派”。他的诗歌恬静而富有生机，是山水田园诗的杰作。

孟浩然

孟浩然生于武后永昌元年（689），湖北襄阳人。他家是书香门第，自幼便受到良好的教育。他不仅学习成绩优异，而且十分孝顺父母，为了侍奉年老多病的双亲，从来不出远门。其他孩子还在快乐地玩耍的时候，孟浩然早就结束了学校生活，辍学回家照顾父母，自学成才。这样的事迹放在现在，就算评不上感动中国十大人物，至少也算是国家优秀青年代表。

经过孝子孟浩然的悉心照顾，他的父母双亲康复了，而且生活自理，孟浩然也有了可以实现自己夙愿的机会。孟浩然从小就向往自由隐逸的生活，所以他并没有急着去找工作，而是去寻求理想的田园生活，找寻自己的人生意义。在孟浩然 25 岁生日过后，他拜别双亲，开始了属于自己的青春之旅。在他长达 10 年的旅途中，追寻旅行的意义，记录自己每天不同的心情。他在寻梦之旅中，交到了许多志同道合的朋友，其中不乏达官显贵，他最要好的朋友就数少年得志的王维了。王维当时仕途得意，一直担心好友孟浩然的生活问题，想凭借自己的关系帮助孟浩然找到一份合适的工作。孟浩然过惯了自由不受拘束的快活日子，不想把大好的青春消耗在每天快速运转的官僚机构里，所以毅然拒绝了好友的好意。孟浩然在这十几年闲适的日子里，创作了大量脍炙人口的田园诗歌，受到了一大批文艺青年的热烈追捧。就连当时小有名气的青年诗人李白都在诗中大胆表白说，“吾爱孟夫子，风流天下闻”，赤裸裸地表达自己对其的爱慕，成为一众青年的当红偶像。

孟浩然晚年安享田园

就这样，孟浩然度过了十几年快乐无忧、自由闲适的田园生活后，觉得不应该只考虑自己，还应该为一家老小的幸福生活负责。于是，他决定参加科举考试，然后谋个一官半职，结束自己长期的隐逸生活。在孟浩然 40 岁的时候，他又一次踏入了长安的城门，来参加春季的科举考试。他抱着一种试试看的态度，答完了试卷，忐忑地等待着考试结果。揭榜后，榜上并没有出现他的大名。他心里当然有些失落，但并不抱怨，因为他知道自己其实还没有准备好，这次失利大部分是自己的原因。孟浩然收拾好失落的心情回乡，准备再战一年。可能他确实不是考试的料，第二年又一次败北科场。后来，孟浩然又考了几回，可是每次都以失败告终，最终他放弃了当官的机会，还是继续走他的田园小清新路线，也维持了衣食无忧。

孟浩然并不是真的淡泊名利，他后来也曾向往过那种官宦生活，只是不擅长把握机会。每当机会来临的时候，他总是不经意间与机会擦身而过。他曾经有过两次很好的机会，但都让他生生地错过了。

第一次是在长安与玄宗的会面。唐玄宗开元二十一年（733），44岁的孟浩然在长安又一次落第，王维为了安慰好友，专门邀请他到自己的家中小住几天，放松一下心情。二人正在亭中把酒畅谈的时候，突然下人来报皇帝驾到，王维赶忙去大门口迎驾，而孟浩然则害怕地躲到别的地方，一动也不敢动。等王维带玄宗来到凉亭时，发现好友孟浩然却不见了踪影，碍于皇帝在场不敢作声。在二人入席后，皇帝发现有两套餐具，就问王维："王爱卿刚才是和谁畅饮呀?"王维不敢隐瞒，把孟浩然的情况讲给皇帝听，玄宗对孟浩然也是早有耳闻的，他也想见一见这位大名鼎鼎的孟夫子。王维见此情况，趁机向皇帝大力推荐好友孟浩然，并命下人去找孟浩然带他来见驾。孟浩然到后，皇帝命他现场作一首诗，考验他的真才实学。结果不知是不是因为太紧张，孟浩然竟把那首《岁暮归南山》的诗念了出来。就算那天他拿出的是他最败笔的文章，玄宗最多一笑了之，但是孟浩然鬼使神差地吟出那句"不才明主弃，多病故人疏"后，原本宾主尽欢的玄宗发了火，没想到圣明的自己居然被孟浩然比作不识人才的庸人，结果可想而知，孟浩然遭到皇帝厌弃，活生生错过了做官的良机。郁郁终身，只得寄情山水，成为田园诗大家。

第二次是孟浩然与韩朝宗的会面。孟浩然在襄阳隐居的时候，曾经与当时的襄州刺史韩朝宗也有一些交往。韩朝宗就是李白极力拍马屁不得的那个韩荆州，李白写过的"生不愿封万户侯，但愿一识韩荆州"就是说的韩朝宗。韩朝宗虽然看不惯李白，却很喜欢孟浩然。有一次他想要将孟浩然推荐给朝廷，于是就约他一同进京。但是孟浩然只顾着与朋友拼酒，完全将约定的事抛之脑后，席间有人数次提醒，可是孟浩然也没当回事。就这样，孟浩然错过了与韩大人的约定时间，也错过了又一个入仕的机会。在此之后他彻底断绝了仕念，一心悠游田园之间，创作了众多优美的诗篇。

或许正是因为这美丽的错过，才使得大唐诗坛诞生了这么多清新脱俗的诗歌，永远感动着人们的心灵。

二、热衷诗歌研究的贾岛

贾岛，字阆仙，生于唐代宗大历十四年（779），河北范阳人。贾岛是普通人家的孩子，没有任何特别的背景。小的时候，范阳地区发生了灾荒，家里穷得都没有饭吃了，每天只能吃野菜、啃树皮，最后走投无路，只得卖身寺庙。唐朝时寺庙可是朝廷指定免税的，一到荒年寺庙就有大量的流民投靠，贾岛就是其中之一。贾岛在庙里，法名无本，他在寺中只是个挂名僧人，除了平时干些杂活，其他时间都是在读书。枯寂的禅房生活，养成贾岛孤僻冷漠而内向的性格，所以他作诗尤其喜欢用一些生僻冷漠的词语。

贾岛是个酷爱吟诗的疯狂诗人，常常为构思佳句而忘了周围的一切。即使在走路、吃饭、睡觉的时候，他也不忘构思完美的诗歌，就像现在很多咬文嚼字的人一样，时常为了一两个字词苦心斟酌，立志要作一首完美的作品。每一个作品都像自己的宝贝一样，需要精心呵护，当然容不得一点纰漏。贾岛就是这样一个沉迷于艺术世界的完美主义者，时常为了斟酌语句而忘乎所以，即使冲撞了权贵也不在乎，甚至为此丢了前程。

早在贾岛还是一介布衣的时候，他在寺庙里寄住，也曾去报名参加了几次科举考试。那年贾岛去长安赶考，在路上也不忘构思诗句。贾岛骑着一头瘦驴横穿长安大街时，正好长安城里刮着冷冽的秋风，地上飘满了金黄的落叶，十分灿烂。贾岛看到这一美丽的景象，诗兴大发，脱口而出一句“落叶满长安”，但在说下句的时候却卡壳了。就在他苦苦思索的时候，他和他的驴伙伴就当街停在路中央，幸亏那时车辆、行人很少，没有造成交通混乱什么的。路边正有一条河，他福至心灵地接了一句“秋风吹渭水”，得意的他在心中夸奖自己的急智。正在他得意忘形之时，京兆尹刘栖楚的马车到了，一心沉迷于自己世界的贾岛来不及躲开，当场撞了个人仰马翻。冲撞了京兆尹刘栖楚的马车，结果被关到大狱好几天，自然这次科举考试是失败了。得罪了京兆尹还想中举？做梦！

贾岛骑驴冲撞权臣

还有一次，贾岛又骑着他的小驴去找朋友李款小住几天，他在驴背上想到了几句绝妙的诗句：“闲居少邻并，草径入荒园。鸟宿池中树，僧推月下门。过桥分野色，移石动云根。暂去还来此，幽期不负言。”刚开始觉得十分完美，但越念越觉得别扭，尤其是其中一句“僧推月下门”，他认为“推”字不如“敲”字更能衬托园子的幽静。贾岛又故态复萌，停在了大路中央，经过的人不知发生了什么事情，都绕着他走。贾岛在驴背上边吟诗边举手做推、敲之状，反复品味，没承想却撞上了韩愈的马车。贾岛被韩愈的警卫抓到韩愈面前，贾岛讲述了他的作诗过程。韩愈可不是刘栖楚那样小心眼的人，听到大唐还有这样一个诗歌痴人，非但不怪罪，反而和他共同探讨诗歌真义，并建议他改“僧推月下门”为“僧敲月下门”。二人因为这一次意外的邂逅成为至交。后来韩愈还坚定了贾岛还俗考试的决心，贾岛因此受到广大诗歌爱好者的热爱。据说，贾岛后来受到韩愈的推荐终于中了进士。

贾岛科场之旅十分坎坷，他曾经多次赴考，但是每次都名落孙山，有一次竟然因为他在应试的诗作中有一句“病蝉飞不得，向我掌中行”，就被别有用心的人利用，说他借病蝉讽刺朝臣无用，最后还被扣上“科场十恶”的帽子，打入了科场黑名单。直到贾岛垂老之年，才得到大恩人韩愈的推荐，做了一个不入流的小官，取得了进士的资格。但是好景不长，因为他又犯了玩命钻研诗歌的老毛病，这回得罪的可不是一般人物，竟然冲撞了皇上，最终丢掉了来之不易的进士名分。

有一天，唐宣宗微服私访，行至寺前，听到钟楼上有吟诗的声音，那正是诗歌痴人贾岛的声音。唐宣宗虽然不太懂诗歌，但也喜欢附庸风雅，便上楼在贾岛的桌子上拿起他的新作来欣赏。贾岛一个刚出道的候补官员当然不认识平时高高在上的皇帝了，一看到唐宣宗这个人，就知道他肚子里没有多少墨水。于是一把抢过自己的得意大作，责怪宣宗说：“像先生这样的人一看就是富贵人家的老爷，您在家享福就行了，不必附庸风雅来吟诗。”宣宗十分生气，强忍下心中的怒火，悄悄下楼离开，心中暗暗记下了他的名字。

事后，贾岛得知那个富家翁竟是皇帝唐宣宗，吓得屁滚尿流，急忙到朝廷请罪。但是根本没有用，唐宣宗可不是大度的韩愈，自然不会原谅大胆的贾岛。没几天，贾岛便被贬到四川省的一个小县，做了一个不入流的小官，而他刚刚取得的进士也被剥夺了。不到几年，贾岛就因为生病死在四川的任上。在有限的仕途中，他从来没有放弃过他一生为之奋斗的诗歌事业，每日手不释卷，刻苦钻研诗歌的遣词用句，被人们称为“诗佛”。倘若他在天有灵，也一定会为他死后“成佛”而心满意足吧！

三、游戏人间的温庭筠

晚唐时期，有一位放荡不羁的才子，他的名字叫温庭筠，字飞卿。他开创了一代词派——花间派。他的词作温软旖旎，其中华丽的辞藻迷倒了一大批美女。听到这些，或许人们以为这一定是一个倜傥潇洒、玉树临风的美男子，要不然怎么会作出这么魅惑人心的词曲呢？但让人们大跌眼镜的是，温庭筠却是个大大的丑男，和他的前辈鬼才李贺有一拼。在他的多个外号中，“温钟馗”之名让人如雷贯耳，把他的画像挂在房里，可以直接去吓恶鬼，效果比捉鬼大师钟馗还要有效。如果温大才子走在大街上，绝对会吓死一大堆心脏病人，严重增加大唐的死亡率。乃至有传闻说，这哥们儿就是因为尊容太吓人，所以才混得不得意的。

温庭筠平常就玩世不恭，属于非主流，特别爱玩行为艺术，爱他的人和恨他的人一样多。温庭筠以他特有的方式，在他 55 年的人生中，玩出了属于自己的特色，任何人都无法模仿和超越。

温庭筠

和其他大才子一样，温庭筠从小就名声在外，每到一处都有大量游人慕名拜访。有一次，他到南方游玩，当地的一位官员姚勖很欣赏他的作品，专门去找他大谈特谈少年成才的问题，还资助了他一些银两，鼓励他发奋上进，通过科举成才。温庭筠可不是那种书呆子，他从小就喜欢美女，一拿到助学金，便全都拿去讨好美女。不久姚勖又去考察他的学业进展程度，看到他毫无进步，十分生气，又听到周围的人议论他还寻花问柳，更加气愤，狠狠地打了温庭筠一顿后，就再也不理会这个扶不起的阿斗了，给的钱就只当喂狗了！

在这之后温庭筠仍无悔改，一直流连于“花丛”，也不学好，幸亏他脑子聪明，还不至于垫底。他终于完成了所有课业，但由于他不认真学习，得过且过，所以学业成绩并不理想。温庭筠就是这样一个特立独行的奇葩才子。他后来参加过好几次科举考试，但都没有中榜，蹉跎了很多年，依然是个白衣平民，当然这其中另有原因。

温庭筠一开始参加科举考试的时候，是真心实意想考中的，或许是因为小时候疏懒惯了，考试的时候也不认真答题，草草写完卷子就交了，结果根本就入不了考官的眼，最后被考官打下去了。当然，写得不好并不是落第最重要的原因，这次考试答题不理想，下次努力答好就行了，反正中举还是有机会的。但是温庭筠喜欢考试中帮别人作弊，这就犯了考场大忌。放在现在，高考要是明目张胆地作弊，还不马上就被取消考试资格。温庭筠的大名可不是吹出来的，他写作文从来不打草稿，两只手笼在袖子里思索一会，然后大笔一挥，一篇大作就新鲜出炉了，科场的小文章对他来说更是小菜一碟，跟玩似的。在考试的过程中，他飞快地答完卷子，闲来无事，就发挥他过剩的爱心和精力，自愿无偿帮助其他人答题，完全是大公无私型的，不收一点费用。

每次进士考试，只要有温庭筠在场，其他人都盼望着和温庭筠坐在一起，这样成绩绝对可以保证，因为温庭筠一帮就帮一大群，周围的卷子他全部都包了。对于那些不学无术的考生真是一个福音，温庭筠这个丑男一下子幻化成了救苦救难的观世音，丑陋的形象都可爱了许多，人送外号“科场及时雨”。温庭筠的这种大公无私的行为得到了广大考生的热烈拥护和爱戴，但主考官肯定不欢迎这样的人，所以温庭筠虽然文章写得极好，但就是上不了榜。

温庭筠考试作弊的名头十分响亮，每一次科举考试，只要发现名单中有温庭筠的名字，考官都要严加防备即将到来的作弊。有一年，沈侍郎主考科举考试，温庭筠又一次不甘寂寞地去考场搅局。沈侍郎也听说了他的大名，为了维持考场秩序，特意给他安排了一个单间，周围还有贴身侍卫随身监视，自己也不时去看看。这样的严防死守，按理说温庭筠应该没有机会作弊了，凭他的才华进士也能到手，本来是两全其美的好事。但是温庭筠却不领情，他作弊早就上瘾了，不让他作弊就是要他的命。温庭筠不愧是作弊多次、片叶不沾身的高手，在重重监视之下，他施展出隔空传声的神功，口授了八位考生的卷子，然后就交了卷，离开了考场。正当沈侍郎为自己的妙计得意时，他听说胆大包天的温庭筠居然突破重围传了八份答案，真是作弊作疯了，只能再次剥夺了他的考试资格。

就这样，温庭筠考了一次又一次，次次落第，每次都帮好几个考生考上了进士，自己却被封杀。他一生也没做过什么像样的官，很多权贵都很厌恶他，就连他的朋友也不待见他。他经常去好友令狐绹家里蹭吃蹭喝，已经沦落到寄居别家的惨状了，温庭筠也不吸取教训。有一回还得罪了朋友，害得他当场在妓院里被兵痞恶整，有苦说不出。

温庭筠65岁的时候，被任命为国子监助教，大概相当于学校的教导主任。第二年，温庭筠多年媳妇熬成婆，终于过了回主考官的瘾。温庭筠果然不是一般人，他把科举考试玩出了新花样。考试结束后，他别出心裁地把自己认为最出色的卷子公开贴出来，供众人欣赏。但糟糕的是，温大主考的品位就是与众不同，他相中的都是讽刺官场仕途的好文章，这下可把宰相惹火了。他直接把温庭筠贬到了河南一个犄角旮旯的小地方，让他自生自灭。离开长安不到一个月，这位游戏人间的奇才就在郁闷中病死了。

温庭筠虽然仕途不得意，但面对生活，他以特有的温氏风格玩出了新花样，真可谓古来第一奇才，他的韵事为后世广泛流传，津津乐道。

09 “不平则鸣”——落第举子的逆袭

◇ ………………

“朝为田舍郎，暮登天子堂”是科举制度实施一千多年里，我国读书人的终极梦想，这场古代“高考”让多少人魂牵梦萦，上演了一幕幕人间悲喜剧。众多读书人在万人共挤“独木桥”的情况下，有人欢喜有人愁，其中科场失意者往往占绝大多数。面对极少数春风得意的幸运儿的狂喜，反衬出落第者的落寞，心中更是备受打击。

面对科场失意的沉重打击，有的落第者从此一蹶不振，一事无成，也有的奋起反抗，发泄心中的不满。这些“愤青”们在科场遭到残酷的打击后，怀着难以平复的怨愤，以激烈的行径表现自己的不满。哪里有不平，哪里就有反抗。他们用行动证明了自己的不平凡。

一、落第举子引发的战争

黄巢是山东曹州人，家中世代贩盐，由此积累了大量财富。盐是国家的重要物资，其买卖历来为国家所掌控，严禁私人贩卖。所以说贩私盐是一件风险极大的买卖，每一刻都踩在刀尖上，冒着杀头的危险，普通人是干不了这样的事的，只有拥有一定背景和势力的人才能长久地干这一行。黄巢一家应该在黑、白两道都有一些背景，所以才有实力世代经营这一犯法的勾当。黄巢就是出生在这样一个有黑社会背景的家庭里，他从小就和一些亡命之徒打交道，早就炼就了一身金刚不坏的本领，弓马刀剑样样精通，手下喽啰无数，很快就立下了山头，是当地黑道的头面人物。

正所谓“常在河边走，哪有不湿鞋”，在黑道上混，整天在刀尖上舞动，不知哪一天就会遭到灭顶之灾。黄巢不想再过这种整天亡命的生活，他凭借祖上的积蓄和自己多年的打拼，积攒了大量财产，决定靠科举改变自己的人生，由黑洗白，过上安稳的生活。再加上黄巢自己也很聪明，殷实的家底使他有条件苦读儒经以求晋身官场。黄巢苦读很快就有了成果，于是他信心满满地西向长安，准备大干一场，彻彻底底做一个白道中人，洗去过去的污点。

那时正是唐宣宗大中九年（855）的冬天，经地方里长保举推荐，曹州府测验后，18 岁学业有成的黄巢被推举到尚书省，允许参加每年一次的科举考试。

正值深冬，草木凋零，菊花枯萎，满城遍布苍凉，黄巢拜别家人，带着家人的希望，和弟弟黄揆日夜兼程，一路直奔都城长安。只在乡里称王称霸的黄巢，一路上没有看到大城市的繁荣，只是满目疮痍，一副末世的景象。离长安越近，逃亡的百姓越多，路边的土地纷纷荒芜。黄巢心中非常失望，于是暗自下定决心，如果自己有幸得中，将来一定要为这一方受苦的百姓讨一回公道。

二人到达长安已是年根，虽然离科举考试还有一些日子，但是已经误了行卷的最好时机，很多人已经提前找好了关系。由于他们长期在乡间生活，没有见过什么大世面，加之来得也匆忙，没有想到还有通关节这一说，差一点耽误了黄巢的头等大事。好在兄弟二人随身带了不少银两，大展金钱攻势，终于迂回地买到了考试的试卷。

考试那天，果然是买到的那张试卷的题目，黄巢喜出望外，飞快地按照事先准备好的答案来答题，心中得意非凡，心想：就凭自己花团锦簇的文章，考中还不是轻而易举的事情嘛！黄巢怀着得意的心情，自以为胜券在握，每日和黄揆花天酒地，完全忘记了放榜的日子。等到放榜那天，二人因为宿醉，正倒在床上呼呼大睡，仆人来报信时，怎么也叫不醒二人。日落西山时，黄巢兄弟才清醒，听到竟然榜上无名，不禁一愣，二人非常沮丧。过了几日，兄弟二人正打包行李准备回家，没承想一位衣着华丽的官员来到他们住的旅店。他自称崔璆，说曾经批阅过黄巢的考卷，很欣赏黄巢的文章。然而黄巢没有名流保举，被主考官挡下没有中举，他劝黄巢下次再考，到时自己一定会强力推荐的，兄弟二人怀抱着希望离开了京城。

唐懿宗咸通八年（867）冬，黄巢已到而立之年，他重整旗鼓，独自一人再次赴京赶考。吃一堑长一智，他这次准备充足，带着曹州知府的推荐信直接投到崔璆门下，心想：这回应该万无一失了吧。如果再不中，我就不知道该怎么办了。就这样，黄巢信心百倍，相信这次幸运女神一定会眷顾自己的。大考时，黄巢一路过五关斩六将，顺利完成了自己的答卷，他坚信这次自己一定桂榜有名。哪知放榜时，黄巢又一次落榜了。听闻这一噩耗后，他急忙去打听情况，才知道，由于朝廷党争，崔璆被排挤在阅卷官之外，他的推荐信自然就无效了。经过这几次考试，黄巢深感官场的黑暗和科举的不公，心生怨愤，决意远离官场，重新投入到贩盐大军之中，重操旧业。

唐末是一个动乱的时代，藩镇割据，宦官专权，战乱连年，人们流离失所。黄巢在科举失意后，又干起了贩盐的营生。如果没有871年的那件事，他的一生或许就这样过去了，也不会有后来轰轰烈烈的行动。

唐懿宗咸通十二年（871），对于大唐来说实在是普通的一年，但是对于黄巢却是意义重大的一年，成为黄巢一生的转折点。那年朝廷公告天下，开武试大规模招募英才。黄巢的心又一次被震动了，他从中看到了改变自己命运的大好时机。黄巢凭着自幼娴熟的武艺，一路过关斩将，每战必胜，最后考中了武进士。这一年，唐懿宗突发奇想，与皇后开玩笑说，要将公主许配给今年的武状元。就这样，皇帝亲临武举殿试考场，对前三名的武进士亲自考校，决定状元人选。

黄巢奋力拼搏，凭着自己强大的实力夺得了头名状元。唐懿宗十分高兴，钦点黄巢为当朝驸马。就在黄巢上前谢恩的时候，意外发生了。由于黄巢相貌极其丑陋，当唐懿宗看到黄巢那丑陋的样子时，居然被吓晕了过去。宫人马上把皇帝送到宫中急救，这才回过气来。皇后和公主听到这一消息，马上使出“一哭二闹三上吊”的绝招，坚决不愿意这门婚事。唐懿宗心中也不乐意，马上取消了黄巢的武状元头衔，直接将黄巢赶出长安，并永远禁止他再进入长安。黄巢听到这一噩耗，彻底绝望了。离京前他赋诗一首：“待到秋来九月八，我花开后百花杀。冲天香阵透长安，满城尽带黄金甲。”

黄巢出京时满腔愤怒，决心要报复，他走向了恨的极致，从怨天尤人的不平之气上升到对唐王朝的怨愤和仇恨。黄巢下决心要与唐王朝为敌，他的后半生就是为了报复而活着，他要向黑暗的唐王朝证明，我这个盐贩子不靠你们也能成功。黄巢这样激励着自己，回到家后，他借着以前贩盐的人际网络，不断招兵买马，网罗人才，等待着成功的机会。

黄巢因为科举考试失意举起起义大旗

唐僖宗乾符元年（874），一个大好良机出现在黄巢面前，全国爆发了旱灾，河南受灾尤其严重。第二年，河南人王仙芝揭竿而起，拉开了起义的序幕，黄巢听闻这一消息后，马上响应，召集手下高举起义大旗，加入推翻唐军的洪流之中。文章不入高人慧眼，黄巢打起仗来，却是有板有眼。那个曾经饱读诗书、胸怀韬略的秀才，从起兵到打入长安，一路上，与民秋毫无犯，将士们争相将财物分给那些穷苦的人们，迎接他的是焚香跪拜的黎民百姓。黄巢的战袍上，一朵硕大的菊花，在冬日的阳光里怒放。黄巢那首《不第后赋菊》，一诗成谶。

黄巢起义

虽然后来因为最信任的大将投降，起义军为唐军所镇压，但是黄巢起义却成为压垮唐朝的最后一根稻草，彻底压倒了唐朝的气运。不久之后，唐朝为朱温所灭，三百年大唐王朝成为历史。所以，谁说书生百无一用！

二、以下克上——落第举子的能量

科场失意者在落第后，受到刺激会做出许多过激的事情。黄巢激愤之下做了唐王朝的掘墓人，而宋初的青衣秀才却在激愤之下状告考官，居然一下子就将考官告倒，结果使得考官惨遭贬职，政治生涯染上了终身污点。这说的就是北宋开国以来的第一次“考试门”事件，丑闻的主角便是当时的主考官翰林学士李昉，检举者是那年的落第秀才徐士廉，而仲裁者就是北宋的开国之君宋太祖赵匡胤。

说到李昉，他可是北宋初年政坛上奇特的人物。李昉，河北饶阳人，在后周时就担任翰林院学士，相当于皇帝的高参，深得后周皇帝的信任，可以说是皇帝内部集团的重要成员。这样一个在后周朝廷如此重要的人物，却在北宋初年成为政坛丑闻的主角，这与他对新朝的态度有很大的关系。

赵匡胤

李昉在宋太祖赵匡胤发动政变、黄袍加身时，态度暧昧。李昉虽然曾经想过赵匡胤可能会谋反的事情，但是他并不像其他人一样去讨好赵匡胤，甚至在赵匡胤穿着龙袍大模大样地入主汴梁城时，这位心高气傲的李翰林也不像其他文官那样，去巴结新主子。李昉保持着这种不合作的态度，引起了赵匡胤的戒心，结果当然是被贬了官。这位执拗的李大人在被贬官后，故意闲庭散步般地去上任，太祖听说后更加不待见他了。在其他事情上，李昉也刻意表现出不合作的态度，就连在交通工具的选择上也要摆明与赵匡胤对着干，太祖让他骑马，他就故意骑驴。后来皇帝终于召李昉回京，但他又故意磨磨蹭蹭，在回京的途中，假装生病，硬生生拖了三个月。当他终于以蜗牛爬的速度踱回京城时，赵匡胤一反常态，非但没有怪罪他，反而表现出热烈欢迎的态度，这时候李昉才真正放下前朝大臣的架子，向北宋政权表达了自己的忠心。李昉被重新任命为翰林学士，终于从被朝廷封杀的状态中解脱出来。

开宝六年（973）的三月又是一年科举考试的季节，汴京城（开封）内人潮涌动，来自五湖四海的考生涌入帝都，来参加这三年一度的科举考试。李昉主持了他复职后的第一次科举考试，他沉寂多年的热情被这复职的喜悦唤醒，心想，通过这次考试，我一定可以物色到值得培养的门生，就算只有几个成才，也可以保得我后半生的幸福了（前文说过科举考试中门生与座主的关系，座主视门生如自家的财产）。抱着这样的心情，李昉根据考生的试卷水平，分出了高低上下，列出了大致名单，新进士龙虎榜就这样新鲜出炉了（当时录取决定权完全掌握在主考官手上，并没有皇帝核查这一环节）。就在李昉对未来满怀憧憬的时候，却发生了一系列变故，起因就发生在放榜之后。

终于到了放榜那一天，许多考生紧张地等待着考试结果，有人欢喜有人愁。其中一位叫徐士廉的举子把张贴的录取名单从头看到尾，就是没有找到自己的名字，十分失落。徐生已经考过很多次了，但屡试不中，积累了如山的怨气。但是自知势单力薄，无法报复，只得收起怨气，咬牙切齿地想，看着吧，等我考上，看我怎么"好好回报"你们！正当他准备打包回家的时候，突然看到邻房舍友武济川的名字，想起他平日章台走马、游手好闲、不学无术的样子，心想上天怎么这么不公，我才华远胜于他，为何我无缘于此？又想起武济川好像曾经夸耀他的同乡是这次的主考官，扬扬得意地向别人炫耀自己与李昉的亲密关系。徐生心生一计，或许这次可以好好打击一下他们的气焰。于是他便开始联络与他同样遭遇的落第举子，想积聚一些反抗力量。

就在徐士廉四处奔走、联络同人的时候，在朝堂上也发生了一件事情，大大推动了徐生的图谋。同样也在放榜之后，按照惯例，新录取的进士们有一次面圣的机会，在那一天，皇帝会亲自接见他们，这是每一个举子的荣耀，如果觐见过程中表现得出色，还可以得到好的官职，从此就真的一步登天了。在这次照常的接见中，却发生了一点意外。赵匡胤在考查众举子学问的时候，轮到了武济川，不知道他是太紧张了，还是真的没有什么学问，太祖问了他几个简单的问题，他竟然答不出来。皇帝很生气，又接连问了几个问题，这个倒霉的进士武济川不是答得语无伦次、毫无条理，就是支支吾吾、满头大汗，答不上来。赵匡胤十分气愤，心想，这样的人也能中举？一气之下取消了武济川的进士资格。

同时，徐士廉也听说了舍友武济川的事情，心中暗喜，真是天助我也！于是决定加快步伐。他很快聚集起一大群失意举子，写下联名状，上面有落第的195人的亲笔签名。而徐士廉则带头去宫门口敲了"登闻鼓"，直接找皇帝状告主考官李昉在考试过程中卖人情，让不学无术的同乡武济川考中进士。赵匡胤接到考生的状纸，由于已经见识到了武济川不堪的表现，所以相信了徐生的话。

士子击鼓鸣冤

于是，赵匡胤把那195名落第举子重新叫回来，给了他们第二次机会，让他们和已经考中的那些人一起重新考试。最后，赵匡胤在讲武殿中亲自评阅了他们每个人的试卷，重新列出了录取名单。有意思的是，除了之前已经黜落的武济川之外，李昉录取的其他十名进士全部再次录取，而且从第一名到第十名，名次都没有改变，之后多录取的二十六名进士，列在以前那十名得第者之后，徐士廉也赫然在列。这次的录取人数是先前的三倍之多。其次，赵匡胤经过简单的调查之后，认为原来的主考官李昉主持考试确实存在弊案，于是免掉了他新得的翰林学士的头衔，重新降为太常少卿（就相当于国家宗庙的庙祝）。李昉在仕途上刚刚有点起色，就再次遭遇被贬的命运。

值得注意的是，经过这次科场舞弊案之后，皇帝掌握了科举考试的最终决定权，从此在考试中正式加入了殿试（其实殿试在武则天时已经存在，但是没有形成常例）这一环节，在最终录取前，每个考生都要经过皇帝亲自面对面考核，并且为历朝历代所沿袭，成为惯例。

太祖接见官员

在这场科场舞弊案中，落第举子徐士廉和考官李昉地位相差十万八千里。徐士廉巧妙借助政治环境赢回了进士的资格，而皇帝赵匡胤也从中渔利。最后倒霉的只有那个担了舞弊污名的老好人官僚李昉，真是“竹篮打水一场空”。虽然李昉最后依然坐上了宰相的位子，但是他的声望却遭到沉重打击，或许这就是赵匡胤对他不仕新朝的报复吧。正所谓仕途难行，且行且珍惜。

10 进士天注定
——宋代科举异象

◇ ……………………

宋代是科举制发展最繁荣的时代，每次科举考试都要录取上千名考生，参加科举考试成为有志青年做官的唯一途径，所以每到科举时，总有大批学子报名。在这种热潮之下，考生们中间渐渐流传开一个人人皆知的“秘密”，那就是能否中进士是由上天决定的，人力不可扭转。根据这种心态，由此在宋代衍生出许多匪夷所思的考场传奇，至今为人津津乐道。

一、“朱衣”神人助考

如今，“助考”现象已经屡见不鲜。校园里形形色色的广告，有考前辅导班，也有高分者经验交流会，或者借助高科技“助考神器”。更为传统的做法就是烧香拜佛，以求借助神力通过考试。在我国古代，这样的做法更为普遍，人们总是希望能够得到神的庇佑，帮助读书人取得功名。因此，也产生了许多与此相关的故事，而这些故事往往都带有神秘的色彩。

生活在北宋初年的荆伯珍就讲述了一个这样的故事，而这个故事的主人公正是他自己。荆伯珍，字君玉，南阳人。北宋太平兴国八年（983），他参加了当年的省试。在这次考试中，确切地说是考试后他遭遇了这样一件神奇的事。

在讲故事之前我们应该先来了解一下宋代的科举，这里所说的“省”可不是我们今天所说的省市的省，宋代的科举考试分为三级，省试就是介于第一级（解试）和第三级（殿试）之间的第二级考试，由尚书省礼部主持，故叫礼部试、南省试（唐尚书省在大明宫之南，因称南省，后沿用），简称省试；此试在春天举行，故又叫春闱、春试。所以说，此时的荆伯珍已经是举人身份，在乡里已经有了一定的身份地位，但他并没有止步于眼前的成就，他还有更远大的理想，那就是见到当今天子，在京城做官，参与机要，实现自古以来读书人的终极目标：治国、齐家、平天下。

话说这年春天，荆举人参加了省试，考试的整个过程还算顺利。考试结束后回到住处，荆伯珍已经疲惫不堪，长时间的精神高度集中和思维亢奋，已经耗费了他大量的脑力和体力，恍然间还有种错觉，考场上写的内容像走马灯似的历历在目。他倒在床上准备闷头大睡，突然，他觉得脑袋“嗡”的一声响，身体从床上弹了起来，大叫道：“错了！错了！”隔壁的同乡闻声闯进来，问道：“君玉兄，你怎么了？”荆伯珍一边捶床一边哀叹道：“王兄，错了！错了！”同乡丈二和尚摸不着头脑，又问道：“到底是哪里错了？”“王兄有所不知，考试时我将赋中的‘焚’字误书为‘喷’字，这样的话就算是落韵了，看来这一届的省试我要名落孙山了!”荆伯珍惋惜道。这里需要说明一下，宋代科举条制规定，凡诗赋落韵，便入“不考式”，是必定要落榜的。所以同乡听后，也顿感无力回天，安慰了荆伯珍几句便回去了。

荆伯珍在床上翻来覆去，寝食难安。于是，他来到“二相公庙”（二相公庙供奉子由、子夏二人）祷告，希望先贤保佑。当天晚上他就在梦中见到了子由、子夏二人，这两个人身披红衣，神态安然，端坐在神坛上对荆伯珍说：“莺鸣六合，数应二朱，亦须头戴金冠，脚蹈玉象。”然后从怀里拿出一枝花，对他说：“这是桂枝。”荆伯珍恭敬地接过桂枝，梦便醒了。

荆伯珍迷惑不解，第二天晚上，他在梦中又见到了两个人，他们身着素色衣裳，自称是今年举人的“冥中走吏”。二人对他说：“你原本落韵不合过，多亏‘二相公’用心良苦，昨夜已经让宋舍人改正。”素衣二吏口中的宋舍人，正是当年的权知贡举宋白。宋白不仅官居高位，而且学识渊博，今天我们熟知的中国古代四大类书之一《文苑英华》便是其与李昉共同编著的。权知贡举就是主考官。于是在第三天的时候，荆伯珍就去拜见宋大人。宋白对他说：“你的赋作得很好，其中那个‘喷’字我也看出是笔误。昨天我与贾舍人（指贾黄中，当年的权同知贡举，即副主考官）已经改为‘焚’字了。你不必担忧了!”荆伯珍拜谢告退。荆伯珍也就顺理成章地通过了省试。

更为神奇的是，殿试的时候，考题是《六合为家赋》和《莺啭上林诗》，正好应验了此前朱衣二人“莺鸣六合，数应二朱，亦须头戴金冠，脚蹈玉象”的预言。皇榜张贴后，荆伯珍排名进士第二等末，在魏元枢之下、彭垂象之上。最终，荆伯珍在神人的帮助下金榜题名。

这等离奇事件看似荒诞，却也寄托了古代读书人美好的愿望。毕竟读书做官在那个时代是文人唯一出人头地实现理想抱负的一种手段。相比今日的高考而言，科举考试更是千军万马过独木桥，也许正是现实的残酷，让那些郁郁不得志的文人在虚幻世界里得到一点精神慰藉。

二、无名儒士“押题”

如果提起高中，想必很多人都会想起那些花样年华里志同道合的友情，那个纯真年代年少轻狂的岁月，当然更加让我们“刻骨铭心”的就是那一摞摞做不完的试卷，尤其是以押题卷居多，什么“作文预测”“××年高考数学押题卷”“名师押题”云云。那时候，我们一边复习一边幻想着要是能有一种神奇的能力知道考试出什么题就好了。不过，历史上还真有这样的好事发生。

艾颖巧遇无名儒士押题

北宋末年，有一个叫艾颖的人，年轻的时候进京赴举。赴举在唐宋时是指进京参加礼部的考试。就在赶考途中，他遭遇了一件匪夷所思的“好事”。

话说艾书生一路马不停蹄，尽管在进京途中有许多高山美景、鸟语花香，但他仍然没有松懈，路上只要有时间就温书。一日，途经山脚下一客栈，艾颖准备投宿，再备些干粮，歇歇马。只见一条银白色的瀑布从悬崖飞流直下，艾书生顿觉心神愉悦，诗兴大发，于是赋诗一首。“好诗，好诗呀！”艾颖回头一看，原来说话的是一位温文尔雅的书生，年纪稍长于自己。他走上前来，又对艾颖说道：“公子此次定是要高中的呀！”艾颖赶忙作揖道谢：“多谢兄台吉言，只是我自幼家住郓城，多少年来全靠自学，老师、朋友不多，况且我读过的书也不多，才疏学浅，能参加这次考试晚辈我已经荣幸之至，怎么还敢苛求功名。”

听了艾颖的话，那位书生大笑道：“不久以后你就知道了。这样吧，我家里还有一卷书想要送给你，你在这里等等，明天清晨我给你送过来。”说完便离开了。艾颖站在原地摸着头纳闷，心想，我这还要进京赶考，那位儒者虽然说话不着边际，但是看起来又不像是跟我开玩笑，也不知道他说的是不是真的。山谷里的夜色总是来得更早，艾颖赶忙投宿于此。

第二天一早，艾颖早早就醒了，心想我先等一个时辰，若他没来我就赶紧上路。哪知，刚出客栈，那个书生已经在外面等着他了。艾颖还没来得急跟他打招呼，那个人已经把书塞到艾颖手里，艾颖一看，原来是《左传》第十卷。艾颖刚要说这书我也有，准备把书还给书生，书生仿佛看出了艾颖的意思，顺手将书推过去，并对艾颖说：“公子有所不知，这卷书可不是普通的书，它不仅可以让你进士及第，还能让你飞黄腾达。而且，它不光让你一个人受益，40 年后还会有一个人受它恩惠，金榜题名，享受荣华富贵。不过，他没有你长寿。你一定要记住我今天所说的话。”说完，和昨天一样扬长而去。

艾颖听后大为震惊，一时不知如何是好。于是在接下来的旅途中，艾颖只要有空就拿出那卷书读一读，心想，即使不考，看看也无妨。就这样一路到了京城。艾颖在考试前仍然有空就将《左传》第十卷拿出来读，而且每次感受都不一样，对于这卷书，艾颖几乎都能倒背如流，甚至还颇有自己的见解。

离考试的日子越来越近，艾颖除了温书之外，也和那些同样进京赶考的举子们一起探讨问题，学习之余大家也饶有兴致地轮流猜猜今年的考题，并且将大家觉得有价值的题目做出答案。有一次，轮到艾颖猜题了，他正愁该出个什么题目，突然看到床头的那本《左传》第十卷，顿时来了灵感，于是他就出了一个与此相关的题目。此题一出，立即遭到众举人的嘲讽，大家都嗤之以鼻，这个题目也就不了了之。只有艾颖自己做了答案。

考试的日子终于到了，这一届的知举官是李愚，其所试题目为“铸鼎象物赋”。“铸鼎象物”正是出自《左传·宣公三年》：“昔夏之方有德也，远方图物，贡金九牧，铸鼎象物，百物而为之备，使民知神奸。”历来都用此歌颂帝王功德。再说考场上的艾颖，一看题目，惊讶得说不出话来。一切都如那个赠他《左传》第十卷的书生所言，考题竟然真的被他言中了！此时的艾颖当下顾不了那么多，他对此可以说是胸有成竹，大笔一挥，一篇佳作跃然纸上。后来，主考官李愚看到此文，拍案叫绝，因此艾颖深受李愚的欣赏。李愚也擢其为甲科（即进士）。艾颖最终也果如那个书生所言，进士及第！

艾颖胸有成竹地交卷

这个故事到这里并没有结束。40 年后，也就是在宋真宗大中祥符五年（1012），又一位进京赶考的举人，他姓徐，我们暂且称他为徐举人。这位徐举人在当年艾颖投宿的客栈又遇到了那个书生，那个书生同样将《左传》第十卷交给他，并告诉他会因此高中，还给徐举人讲了他与艾颖的相遇以及艾颖进士及第的事情。

有了艾颖的事件在先，徐举人自然对其表示感慨与惊叹，但是真的会再次考同样的题目吗？尽管如此，这位徐举人也如艾颖般，有空就拿出来读。没想到，这年的考题居然真的与艾颖当年的考题一样，徐举人欣喜若狂，一挥而就。这篇文章几乎受到了考官们的一致认可，皇帝听闻也拿来此文阅读，对其大为赞赏。徐举人就这样中了当年的进士一甲第一名，也就是这一年的新科状元！

考场交卷

40 年后，一切预言都如此前路遇的书生所言。不可思议的是，艾颖最终以户部侍郎致仕，在他 78 岁的时候去世；徐状元则官至翰林学士，44 岁卒。再一次印证了那个书生的预言。

猜题原本就是件靠运气的事，但是这个故事里的那位书生却猜得如此精准，不得不说是奇迹。但是，这样的好事真的会在现实当中发生吗？我看未必。恐怕这同样是古代读书人聊以自慰的一个故事，放到现在或许会以泄题事件处理了，踏踏实实学习才是正道啊！

三、“阴司”入梦启示

原本科举考试需要十年寒窗苦读，靠自己的辛苦努力取得功名成就，但有的人认为考取功名，除了自身努力，似乎也出自上天的“安排”。北宋初年，有个名叫张君房的人，在他求取功名的三个阶段，做了三个梦，这三个梦预示了他人生的三次飞跃。

第一个梦，淳化看蛇。北宋太宗淳化三年（992），张君房参加了这一年的省试。考试结束后，他感到心神疲惫，准备回去踏踏实实睡个好觉。回到住处，头一挨枕头就睡着了。不知道过了多久，张君房醒了，边伸懒腰边坐了起来，睁开朦胧的双眼，张君房突然就清醒了，“不对呀，这是什么地方？”他自言自语道。于是他赶紧走出房间，一探究竟。没想到刚打开房门，满园春色顿时映入眼帘。于是，他就在园子里四处游览，直到中午也没走出去，好大的园子！

就在张君房走累了，准备休息的时候，前面出现一间雅致的房屋，他就径直走了过去，推开门，只见一位容颜俏丽的妇人坐在条床上。见到张君房，这位妇人不但没有被吓得花容失色，反而面带微笑把他迎了进去，仿佛就是在等他一样。妇人沏茶送到张君房面前，对他说道：“今日请公子前来是想与公子饮茶赋诗，不知公子是否有此雅兴？”张君房这才明白，赶忙说道：“恭敬不如从命。”于是他走到书桌旁，提起笔，定了定，接着一挥而就。写毕，张君房把诗呈给妇人看。就在此时，从条床下面蹿出一条碗口粗的大蛇来，张君房吓得直向后退，一个踉跄，紧跟着眼前一黑。待他睁开眼时，看看四周，自己还躺在床上，窗外天空已经微微泛白。

第二天，张君房四处找人占卜，但都没有给出肯定的解释。十二年后，已是真宗景德二年（1005），张君房开始在科举考试中取得名次。

第二个梦，景德随棺。张君房第二次应举的时候，还是差一点就取得功名。他仍然没有放弃，继续准备下一届的考试。备考的时间很快就过去了，这已经是张君房第三次应举了。

这天晚上，张君房坐在书桌前，望着窗外的明月，竟不知不觉趴在桌子上睡着了。迷迷糊糊中，他发现自己身处一片树林之中。

环顾四周，荒无人烟。只见身后有一片黑影向这边移动。不一会工夫这片黑影就压到张君房跟前了。“天呐!”张君房不由得叫出声来，原来是一群人抬着两口棺材，不知前往何处。于是他壮着胆子，走上前去，问一个打头的人说：“请问这是哪里？你们这是要往何处去?”打头的是个中年男子，没有回答他的话，还是继续往前走。剩下的人也没有停的意思，眼看这群人就要走远了，张君房又大声问道：“请问抬的是谁的棺材?”“此乃李沆。”一人答道。“此乃李至。”另一人答道。一行人浩浩荡荡就消失在了夜色中。这时张君房一下子就醒了。

第二天，考完试。张君房把他梦到李沆、李至棺材的梦告诉了大家。大家都说，这是个好梦。其中一个人对他说：“二李生前都居高官，声名显赫，你又梦到二人棺材，这可是要升官发财的吉兆啊!”后来，张君房果然在科举考试中取得了好名次。

第三个梦，戴昭领钱。就在张君房第三举及第那年，有天晚上他又做了一个梦：他一个人行走在蔡河边上，一直向东走。走到一个江边茶馆，他就进去喝茶休息。这时，有一个穿着类似官差衣服的人走上前来拜见他，还说：“先生将来是要取得功名之人，等先生出人头地了可要拉小人一把!”张君房听后很开心，赶忙向他道谢。但是，这个人并没有要离开的意思，又对张君房说：“他日，倘若先生高中，准备怎么酬谢我呢?”张君房说：“送给你十万银钱。”然后又问道：“可是我还不知道你叫什么呢?”这个人回答说：“我姓戴，名昭。等到那天，你只要喊我的名字我就来了。”

后来，张君房果然高中了。张君房没有忘记与戴昭的约定，于是，在一次梦里，他叫了“戴昭”一声，果然那个人就出现了，张君房就把钱给了他。原来，戴昭是阎罗王手下的一名小吏，有一次他看到生死簿上有张君房的命数，知道他必定高中，所以才托梦给张君房，向他索要钱财。

原来张君房科举及第是事先定好的，是他命里注定的，不料却被一个阴间小吏钻了空子。虽说故事荒诞离奇，其实是要抨击当时科举考试中一些暗箱操作、收受贿赂之事。科举考试中的不公平现象，在当时不能公开谈论，也只有借助这些故事来表达不满之情。

11 科举致富之路
——由科举兴起的周边产业

◇ ……

能考中进士，不仅是过去读书人梦寐以求的事，同时也是对他们多年寒窗苦读的一种肯定，当然也是一种回报，是他们在书坛辛勤耕耘后得到的果实。当然，在这个春天（古代科举考试进士发榜在春天）收获的不仅仅是这些莘莘学子，还有一些人也会因此收获他们想要的东西。这些人看准了其中的商机，主要通过两种途径来收获他们的利益：一种是为新科进士提供服务，这类人称之为“进士团”；另外一批人主要是通过赌博猜测新一届进士的获得者，这类人所做的可称之为“科举博彩业”。可以说这两种现象是从科举衍生出来的商业活动，姑且称之为科举周边产业吧。在这些科举衍生出来的活动中，也发生了一些有趣的故事。

一、何士参承办“杏园宴”

唐代进士及第后会有一系列活动，这些活动和形式历届基本上都是一样的，如果从放榜之日算起，其中主要的活动有：“送喜报”“谢座主”“拜宰相”“杏园探花宴”“樱桃宴”“月灯打球”“牡丹”“看佛牙”“关宴”等。举办这些大大小小的活动需要有一定专业水平的人来主持操办，礼部没有这样的部门，新科进士也没有经验，可以说“进士团”就是在这样一种情况下产生的，这种组织专门通过承办这些活动获取利益。

“进士团”里有一个主要的负责人，业内称其为“酋帅”，中晚唐时期有个人叫何士参，他就是一个“酋帅”。他以擅长筹办筵席而闻名于长安城，他踏入这个行业多长时间，他自己都不清楚，只记得很小的时候就跟着父亲干这一行。办这些活动工作很烦琐，也很忙很累，好在一年只忙几个月。那个时候，何士参更多的是跟在父亲后面看父亲做什么，或者随时听候父亲的差遣，就这样一直过了许多年。后来父亲去世了，他才接手了“进士团”的工作。

还记得刚开始的时候，他自己心里也没有底，不知道能否像父亲那样，既能总揽全局，又能顾及细节。如今，他已经熟悉了每项活动，了解了每个流程，甚至连每项具体事宜都了如指掌，他已经由一个初出茅庐的新手成为一个行业精英。这也是他多年经验所致，与他稳重心细的性格有关。

眼看就到三月底朝廷放榜的时候了，何士参要办的头等大事便是“送喜报”。在此之前，何士参已经托关系，从礼部那里弄到了新科进士们的住址（考试前，礼部会登记每个考生的信息，其中包括住址）。他召集了负责送喜报的成员，一部分人负责现居住在京城的进士，因为考试后十多天才会放榜，所以有的举人考完试后觉得高中无望就先回家了，另一部分人就负责赶到京城以外的地方去送喜报。后一种情况可能要赶很远的路，不过好处就是可以得到更丰厚的报酬。

接下来便是“谢座主”。谢座主其实就是新科进士谢主考官。毕竟进士及第与否，主要取决于主考官的赏识，也是确立师生关系的活动。这一年的谢座主在主考官的别苑举行，由于仪式都是程式化的，而且也相对简单，主要就是郎君叙中外一项，就是新科进士显示自己最高的社会关系。所以只要准备一些桌凳以及茶水、点心、水果之类便可。这项活动结束后，主考官会带着新科进士们去见宰相，即“拜宰相”，这个在宫里办，所以也就不需要何士参操心了。

这两项活动结束后就是比较重要的“杏园宴”了，因为这个宴的主办人是当今皇上，所以何士参不敢怠慢。杏园宴顾名思义就是在杏园举办宴会。杏园在曲江的西边，与慈恩寺西北相望。办杏园宴的主要目的是探花，故又称“杏园探花宴”。所以除了准备常规的宴会用品外，还需要准备马匹。

何士参需要先去杏园看看园子的情况，虽然之前已经办过很多次了，但是何士参还是要亲自去看看，以防万一。杏园宴一般都在园子中间大殿前的空地摆筵席。空地的西边是乐队演奏的场地，按照往年的办法，找京城最有名的乐队。除此之外，何士参已经托一个胡人朋友，找了一支来自西域的歌舞团，届时压轴的就是胡旋舞。

宴会除了节目之外，何士参要精心准备的还有酒和食物。今年的酒准备从南边的蜀地运过来，但是由于路途太远，所以只能运来两坛。这两坛自然供应皇帝和达官贵人，当然，新科状元们也不能亏待，他们的酒由京城附近最好的酒坊提供。

舞女跳胡旋舞助兴

宴会所用的水果，除了当季水果，还有专门从南方运过来的热带水果。点心是在宴会的前一天请来点心师傅做好。当日的晚宴，何士参早就预约了全京城最有名的大厨们来掌勺，毕竟皇上亲临，自然不能掉以轻心。除了这些之外，何士参还花钱找了许多年轻貌美的女子，主要是与宾客相唱和，她们个个才情了得，与台上的舞女们相映成趣，使整个宴会的场面热火朝天。他还在旁边准备了笔墨纸砚，以便这些才子们即兴发挥。

准备工作一切就绪，举办“杏园宴”的日子也到了。杏园张灯结彩，四周挂满了彩色的灯笼，但是主会场以红色为主，当然这个是晚上用的。乐声开始了，皇帝在众大臣的陪同下登上了会场的主座。皇帝先说一番开场的客套话和对新科进士们的美好祝愿与希冀，接着就是杏园宴的重头戏——探花，选出两名年轻俊秀的新科进士去探花。此时，何士参已经派两个人将两匹骏马牵到了会场，这两匹马头戴大红花，身披彩锦，挂着银色的铃铛。于是两名探花使者上马去城中的名园中采摘名花，采摘名花少的和回来晚的那个人是要受到惩罚的，当然，这个惩罚就是饮酒，其实就是为了助兴。“谁家不借名园看，到处多将酒器行”说的就是这个。园主们也会敞开园门等待探花郎的光临，城中许多市民也会围观，虽然这也是一件值得荣幸的事，但是事先何士参还是需要派人打点一下。

现场，众人吟诗作画，推杯换盏，乐队声声入耳，美丽的女子舞动全场，连皇上也看得津津有味，一切都是那么和谐而热闹。但此刻的何士参却没闲着，由于交通的原因，从南方运来的水果没有按照预定的时间到达，他赶紧派了几个人去附近的果园采摘新鲜的水果补上空缺。

不一会儿，两名探花郎带着两大把鲜花先后回来了，众人簇拥着探花郎下了马，然后就是一阵欢呼声和劝酒声。何士参赶忙叫人把那两坛好酒打开呈上去，接着又是一阵欢呼。何士参也跟喝了美酒一样很开心。这时，有人过来跟他说，乐队有个人生病了，怕是不能演出，他又赶紧差人去联系乐手，补上空缺，心里暗暗祈祷："老天保佑，千万别出什么岔子。"

众人酒酣，一直到晚上，何士参叫人将四周的灯笼都点亮了，外面是一圈彩色灯，里面以红灯笼为主。整个会场灯影绰绰，觥筹交错，身着彩衣的歌姬翩翩起舞。迷离的夜色下，何士参还有另外的交易。"进士团"除了常规的宴会收入，还会有额外收入，当然这个收入是除了得到"喜钱"之外的。何士参在宴会后还充当中介，如果有人想联系与会的其他人，但是不知道他们的具体信息，便会向何士参询问消息，同时支付价值不菲的中介费。当然除了这些，何士参还有其他赚钱的手段。

进士酒席畅饮

宴会终于结束了，一切都很顺利，何士参舒了一口气，他感到浑身疲惫，真想躺下来睡到天亮。但是不行，还得收拾会场，这一晚他忙到了天亮。

虽然宴会结束了，但是何士参仍然不敢懈怠，他需要差人去要债。因为办宴会所有的费用是参加活动的进士之前每人交过来的，但是有些人因为各种原因暂时没交，所以需要去要债。如果还不了，恐怕他们是出不了京城的。其实“进士团”的很多成员都是京城游手好闲的人，说白了就是小混混，所以何士参就派这些人去完成这项任务，完成的好的，何士参自然也会给些奖赏。

杏园宴以后，何士参要忙的日子远远没有结束，后面的活动还要继续，尽管很累，但想着办一场宴会就能赚很多钱，他还是很开心的，心想：“只要忙完这几个月接下来的一年就无忧了！”

二、张之洞闹赌致富

张之洞

我们通常都认为，科举考试可以光耀门楣，但是你未必知道通过科举还可以发家致富。我们都知道的晚清“四大名臣”之一的张之洞，他在洋务运动中建工厂、办学堂，还在中法战争中援助广西和福建，做这些事情都是需要花费大笔金钱的，那么，张之洞光靠自己正常的收入就可以完成吗？当然不可能。他的生财之道就是——科举博彩业。

科举博彩业其实就是利用科举进行赌博。利用科举赌博由来已久，唐朝时已经出现，到了宋朝更加有所发展。唐宋时期的赌博形式叫“彩选”，“选”指的是量情授官，这种赌博形式是根据掷骰中彩的多少来进行模拟选官的赌博游戏。唐宋时期还有专门的相关书籍。到了明代，彩选内容更加丰富，花样更多。但是，到了清代后期，又出现了一种新的赌博形式——闱姓赌博。这种赌博形式大约兴起于清道光年间，刚开始只是一种流行于民间的赌博形式。咸丰十一年（1861），朝廷批准了广东士绅们提交的有关开办“闱姓”的报告，闱姓赌博就成为官方认可、开赌局收票的合法赌博形式。张之洞当时利用的就是闱姓赌博。

闱赌工具

事实上，张之洞并不是直接开赌局赚钱，而是利用朝廷对“闱姓赌博”的政策和态度来赚钱的。具体经过是这样的：

由于“闱姓赌博”得到了官方认可，于是这股赌博的风气就蔓延开来，越来越多的人加入到这项赌博活动中来。科举考试在人们心目中是一件非常神圣的事，但是现在却用它来进行赌博，这让很多人觉得难以接受。更重要的是，大多数人觉得科举考试应该不会有作弊的现象，但事实上根本不是这样的！由于闱姓赌博造成的科举作弊现象逐渐增多，有的是熟悉考生的人根据考生的情况来猜测是否会中，赌商们更是通过拉拢、贿赂考官，或者买通考生等手段控制考试的结果，从而得到更大的利益。

正是由于闱姓赌博，才带来了诸如此类的种种问题，朝廷很多官员开始上奏，主张禁止闱姓赌博。咸丰年间，广东巡抚郭嵩焘就曾禁止闱姓赌博，要知道广东可是闱姓赌博的“重灾区”；而户部尚书罗惇衍也因其败坏社会风气上书奏请朝廷禁止。同治年间，两广总督刘长佑、瑞麟先后下令禁止闱姓赌博。后来的两广总督张树声也曾下令禁止闱姓赌博。结果，禁而不绝。

百姓游行，拒绝赌博

当然，还有一部分人是主张弛禁的。张之洞就在这批人之列。光绪十一年，钦差大臣彭玉麟、总督张之洞等上奏，主张恢复闱姓赌博，称其为“截缉”。于是，大批赌局就从澳门移回广东，赌博之风又开始盛行。也正是因此，这些赌商才愿意捐钱资助张之洞，张之洞得到了500万两的赌捐。他用这些钱修复黄浦船坞，建造炮轮，加固了堤防，还订购了织布机。

不仅如此，在1883年12月到1885年4月爆发的中法战争中，张之洞还用那笔赌捐援助广西和福建，对台湾也起到了一定的作用。中法战争中，清政府调张之洞任两广总督，主持两广的军事事务，防御边疆。他在此期间也做出了不少贡献，尤其是在支持黑旗军方面，做出了很多努力。一方面是改变了朝廷对黑旗军的看法，举荐唐景崧组织军队；

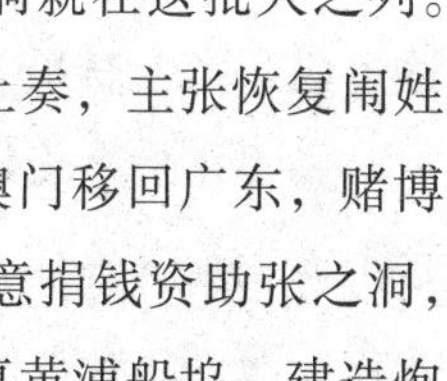

洋务大臣张之洞

另一方面，积极筹款用于军费开支，在半年的时间里，张之洞一共资助了黑旗军 15.5 万两白银。现代军事上有句话说，打仗本质上打的不是军事实力而是经济实力。也就是说，经济实力强才是打胜仗的关键。正是由于张之洞在各方面的支持，尤其是经费上的支持，才使得黑旗军有了足够的枪支弹药的保障，以及后勤等军队其他开支的保障。从局部战争来说，黑旗军在西南取得了一系列的胜利，但从战争的总体角度来说，西南地区的胜利牵制了法军进一步的军事行动，尤其是对法军占领越南进而继续北上的计划进行了破坏，为后来中国在中越边境大败法军奠定了基础。这其中也有张之洞的功劳，而他的功劳有一部分正是来自那笔赌捐。

然而，张之洞并没有因此而为时人称颂，反而为各衙门所诟病。他们还把张之洞所得的赌捐称为“黑钱”，认为利用科举考试赌博得来的钱不干净、不正当，所以私下里对张之洞的行为不齿，这也成为张之洞朝中政敌攻击他的一个把柄。

其实在张之洞之前，还有一个人也借用闱姓赌博来筹集资金，这个人就是李鸿章。这是光绪二十六年（1900）的事情了，当时李鸿章任两广总督，他曾经也下令弛禁，他的目的是要建海军、办工厂，当时称这样的工厂为“闱姓厂”，意思就是由于闱姓赌博而发展起来的工厂。

可以看出，晚清时期，由于清政府处于内忧外患的境地，已经无暇顾及各个方面。而当时洋务运动正进行得如火如荼，张之洞、李鸿章分别代表了洋务运动的不同阶段，他们都是要通过学习西方的技术来拯救清政府，拯救这个国家于危难之中。但是，在当时的情况下，清政府已经没有充足的资金来支持洋务运动，所以洋务运动的倡导者和行动者们需要通过一些手段来获取资金，发展他们的事业。更深层次的原因是，李鸿章、张之洞等人，他们都是汉人，他们这些在晚清政治舞台上活动的人，是清政府中汉人力量的崛起，是清政府中一支新兴的力量。这意味着他们的起步注定是艰难的，他们既受到了清政府中满人的打压和排斥，另一方面，自身的发展受资金的限制。他们的发展，必须要冲破这些压力，尤其是资金的不足。这决定了他们是否可以建立与发展他们的事业，是否可以和满族官僚抗衡。因此，这也就不难理解为什么张之洞、李鸿章等人不惜毁坏自己的名声也要弛禁，让闱姓赌博存在。他们都是在任两广总督时主张弛禁，这也解释了为什么广东地区的闱姓赌博活动很猖獗。

闱赌万人空巷的场景

随着光绪三十一年（1905）清政府下令废除了科举考试，利用科举考试的赌博活动也就销声匿迹了。但是作为一种历史现象仍然值得我们去探讨。

利用科举考试赌博赚钱，这也让我们联想到今天社会上各种高考复习资料、高考辅导班、考研辅导班以及公务员辅导机构之类的广告满天飞，一方面方便了学生们备考复习；但另一方面也有一些商家做虚假广告，名不副实，不顾学生的利益，只是为了谋取钱财，这是不是今天的“闱姓赌博”呢？

12 无厘头定状元

——状元是怎样诞生的

◇ ……………………

每年高考一结束，各省高考状元便如雨后春笋一般冒出来，成为新闻的热点、头条，人人津津乐道。这种盛况在古代也时常发生，每次科举考试结束后，状元榜一公布，便马上传遍街头巷尾，吸引无数好事者评头论足。状元骑着高头大马游街，接受路人的崇拜与敬仰，是读书人极高的荣誉。大部分状元都是靠真才实学、数十年苦读考出来的，但有时状元的雀屏中选不只是因为他的才华，也有其他的因素在内。下面就为大家介绍几种另类的状元诞生之路。

一、金殿角力定状元

宋朝是一个科举制大发展的时代，几乎所有重要官员都是从科举这条道路中厮杀出来的胜利者，他们每一个人都具有很高的文学修养，无一不是学者中的翘楚，他们都是靠文才考上进士的。但是在北宋政坛上，却出现了一位以武力制胜的文状元，他就是北宋闻名的“摔跤状元”——王嗣宗。

宋太祖赵匡胤是大宋王朝的开创者，在他夺得天下的第十六个年头，也就是大宋开宝八年（975），他举行了一次科举考试。各地学子经过严格的考试层层选拔之后，只剩下十几位精英中的精英，等待着决定自己命运的最后一道关卡——殿试。十几位幸运儿忐忑地站在殿外，等待皇帝召见，决定最后的状元人选。

宋太祖赵匡胤

等待总是漫长的，过了许久，终于出来一位宣旨太监传召各位考生进殿参加最后的面试。考生们站在金碧辉煌的金銮殿里，心中十分羡慕，暗自鼓励自己，一定要超水平发挥，这样才能享受更好的生活。就在考生们等待的时候，主考官已经把这些考生的试卷、花名册和考官们的意见书整齐地排列在皇帝的面前，同时向皇帝作了口头汇报，最后主考官总结说：“这次考试，英才众多，其中以王嗣宗、陈识两位考生最为出色，他们两人的文章才华横溢，都是状元之选，实在难分高下，微臣无能，请陛下圣裁。”

赵匡胤听了主考的话之后，把两人的文章翻出来重新看了几遍，也觉得难分高下，两人又不能同时中状元，这下可难办了。赵匡胤想了半天，也不知道该怎么办才好，后来他终于想出了一个绝妙的主意，那就是比武定状元。

于是，赵匡胤马上叫王、陈二人出列，近前回话。他首先把两人大夸特夸了一番，说得二人激动得脸色通红，然后对他二人说："你们的文章十分出色，实在难分伯仲，朕听说古代有毛遂自荐的说法，你们自己说说谁能当状元啊？"随后便把二人的试卷交换，命他们互相评价一下，说说谁更该得状元。

二人看完对方的试卷后，陈识首先说："回万岁，小人才疏学浅，王嗣宗该得状元。"王嗣宗听完陈识的客套话后，面不改色地说："既然陈兄抬爱，那我就愧受了，成人之美却之不恭，状元非我莫属。"话一出口，众人都愣住了，赵匡胤也皱起了眉头，他原本想趁着两人互相恭维的时候，再提出比武的建议，但是没想到，那个王生毫不谦让，还真以为状元是他的囊中之物，立马对王生失去了兴趣。他又问殿下群臣，说："各位爱卿的看法如何呀？都说一说吧！"各位文武官员别的本事没有，但察言观色的功夫绝对一流。他们早已猜到皇帝的心意，一致推举陈识为状元。

眼看大局已定，陈识心花怒放，但是意外发生了，王嗣宗不死心地跳出来搅局，他出列说："陛下说好的要我二人毛遂自荐，陈兄既然承让，何须其他人再行推荐呢？"此话一出，朝堂一片哗然。赵匡胤听后眉头一挑，又想起先前绝妙的主意，笑着说："你既然不服群臣的推荐，那么，我们换一种方式来比试。自古就有文武双全的说法，一个人才如果没有强健的体魄，才华再高也是枉然，既然二位在文章上不分高下，那就只能比武艺定胜负了。"

皇帝的话还没说完，满朝震惊，大家不敢相信自己的耳朵，考状元郎不靠文才靠武艺，皇上这是要闹哪样呀？顿时纷纷交头接耳，朝堂上乱得跟菜市场似的。皇帝看到这嘈嘈杂杂的场面，十分恼火，大吼一声："放肆！听朕说完。"金銮殿终于恢复了平静，他继续说道："这次比武不是平常的武试，王嗣宗、陈识，朕命你二人即刻在金銮殿上摔跤定状元!”

宋太祖金殿角力定状元

历史跟他二人开了一个巨大的玩笑，两位手无缚鸡之力的“状元候选人”，在威仪绝顶的权力中心金銮殿内，捋胳膊挽袖子，展开了激烈的肉搏战。就这样，两人你顶我退，半斤对八两，倒也打得激烈。赵匡胤看得津津有味，最后这场肉搏战以王嗣宗险胜收局。结果既定，皇帝钦点鼻青脸肿的王嗣宗为状元郎，退朝离开，结束了这场闹剧。

王嗣宗靠摔跤摔出了一个状元，被时人讥笑为“摔跤状元”。要知道，宋代重文抑武，武人在宋代的地位很低，堂堂的文状元竟然不是凭文章考出来的，而是靠摔跤搏出来的，那和粗鄙的武人有什么区别？王嗣宗不畏讥笑，努力奋发要挽回自己的声誉。经过多次历练后，他果然挽回了自己的名声，成为了大宋朝的栋梁。王嗣宗做地方官时，不畏权贵，扫黄、打黑不遗余力，政绩卓著，历经太祖、太宗、真宗三帝，最高时还做过宰相。这就是宋代有名的“摔跤状元”王嗣宗的一生。

二、名字决定成绩

自隋朝创立科举考试，历经唐、宋直到明、清，延续了1300多年，朝廷大多数官员都是通过科举选拔出来的。但是在漫长的科举历史上，有些人金榜题名做状元，并不是因为成绩优异，而只是因为皇帝或主考官特别看中了他们的名字；有的人落第，也不是因为成绩差，只是因为皇帝或主考官讨厌他们的名字。历史上不乏状元“名字比成绩更重要”的奇闻怪事。

唐睿宗景云三年（712）是一个奇特的年份，在这一年里就换了三个年号。唐睿宗李旦一开始的年号是“景云”，就是祥云的意思，但是他觉得不够吉利，没过多久就将年号改为道家气味颇浓厚的“太极”，希望达到道家所说的和谐局面。八月时，睿宗传位给儿子李隆基，李隆基又将年号改为“先天”，也很有道家味道。原来，唐代的皇帝都姓李，每个皇帝都喜欢找一个有威望的始祖，使百姓敬服，而道教的始祖老子叫李耳，正好是皇帝的本家，所以李渊就附会自己是老子的后代，因而唐代极其重视道教。道教在唐朝时香火极盛，信徒无数。而这一年的状元常无名，就是因为名字与道家有渊源而沾了光。“道可道，非常道。名可名，非常名。无名，天地之始；有名，万物之母。”这不寻常的名字出自道教重要经典《老子》的第一章，在信崇道教、尊崇老子的时代，这个名字十分应时，朝廷为了表现自己对祖先的崇敬，特别钦点常无名为状元。但靠名字而成为状元，基础毕竟不牢靠，之后他并没有做出什么突出成就，始终只是个无名之辈。

同样的事情又一次发生在大明王朝，洪武十八年（1385）的科举又重现了这一巧合。洪武十八年的状元本来是一个名叫花纶的考生，但是到了最后出榜的时候，皇帝朱元璋突然发话说：“我昨天晚上做了一个梦，梦见状元姓丁，不是姓花的这个。”考官听到后，马上翻看试卷。就为了一个“丁”字，他费了九牛二虎之力，终于从几千份卷子中找到了一个姓丁的考生。他的名字叫丁显，是个成绩平平的普通考生，这次根本不在录取名单之中。朱元璋看到丁显的卷子后，高兴地说：“这个考生姓丁名显，正应了我昨晚做的梦，状元应该由他来做。”

明太祖朱元璋

本来无望录取的穷学生丁显因为朱元璋的一个梦竟成了状元。这对丁显来说，可真是天上掉馅饼的美事，而花纶却因此错失了状元，实在是可惜。这个幸运的丁显并没有什么出色的才华，只是因为朱元璋的一个梦侥幸中了状元，最后籍籍无名，没有“显”出任何才干！和唐代的常无名一样，因为好名字中状元，却赢不来好前途。

由上面的例子可以看出名字对科举的重要性，有幸运儿因名字好而高中榜首，也有因为名字触了皇帝的霉头而与状元擦肩而过的不幸者，这样的例子在历史上比比皆是。

在大明嘉靖二十三年（1544）甲辰科殿试的时候，一个叫吴情的考生名列榜首，这个名字乍一听很像“无情”。在传统的宗法社会，讲究孝悌人伦，一个无情的人自然做不了状元，无奈之下，只能另择人选。但是换成什么样的名字呢？这可是一门很深的学问，一旦选不好就可能因此丢了官，甚至掉了脑袋。正在评卷官激烈争论状元人选的时候，皇帝突然插话说：“朕昨晚做了一个奇怪的梦，听到西北方的天上响着轰轰的雷声，这一定是状元在西北出现的预兆。”嘉靖帝做的这个梦与他的先祖朱元璋做梦点状元有异曲同工之妙。考官以翻箱倒柜之精神翻遍了所有试卷，还真找到了一个合乎皇上所梦之意的名字，他就是陕西考生秦鸣雷。陕西是古代秦地，秦地正在西北方，正应了嘉靖皇帝做的这个怪梦，因而秦鸣雷咸鱼翻身，从三百名开外一下子成了头名状元。这真是一出奇妙的反转剧，状元吴情因为“无情”而丢了状元，而这位才华并不出众的秦鸣雷却因为巧合，避过了激烈的竞争而跃居榜首，这种啼笑皆非的事情也只有在古代社会才会出现。

这种因为名字谐音而失去状元的情况在清代也屡见不鲜。顺治十二年（1655），原本的状元是太仓人王揆，在最后确定名次的时候，顺治皇帝却因为名字谐音而想起了《王魁负桂英》中的王魁。要知道，满清入关以来，十分推崇汉人的戏剧，上至皇帝百官下至平民百姓，人人都是戏迷，就像现在人们追星一样疯狂。身为头号票友的顺治帝当然对《王魁负桂英》这一戏曲名段再熟悉不过了，剧中王魁以前穷困潦倒，多亏妓女桂英资助才高中状元，他得意后，却嫌桂英丢了他的脸，忘恩负义地害死了桂英。当顺治听到王揆的名字后，一下子就想到了那个忘恩负义的小人王魁，脱口而出：“你就是那个负心的王魁吗？”这下可断了王揆的状元路，之后考官顺从皇帝的心意，将王揆从头名状元贬到三百名开外。王揆就因为与一个负心的戏剧男主角同名惨遭淘汰，真是人生最大的悲剧。

三、状元要选美男子

在科举考试中，不仅好名字是快速晋升的利器，英俊外表也是当官的充分必要条件。我国以貌取人的历史可谓悠久，早在春秋时期，大圣人孔子有一位弟子澹台灭明，字子羽，他的相貌十分丑陋，小孩看到他都以为是妖怪，吓得直叫。他听说了孔子的大名，想要拜孔子为师，孔子一

孔子的弟子子羽

看到子羽恐怖的面目，吓得连连后退。孔子一直不同意收子羽为徒，认为他没什么才能；但是经不住子羽的苦苦哀求，只得勉强同意。孔子一看到子羽就躲得远远的，很少教他什么学问，但是子羽十分好学，致力于修身实践，处事光明正大，不走邪路，很快子羽的名声传遍鲁国，孔子才感叹说："以貌取人，失之子羽。"

孔子的教训并没有为后人所铭记，他们还是循着孔圣人的旧路继续以貌取人。在科举考试中，因为貌丑被剥夺状元资格的才子不在少数。传说黄巢就是因为面目狰狞如钟馗，与本来已经到手的状元失之交臂，最后被逼走向反抗的道路的。明清科举考试中甚至把品评相貌列为选拔人才的前提条件。在明清，要想当状元，除了文才出众外，还要有帅气的外表，就是说只有美男子才能当状元。为此统治者特此制定了具体的衡量标准，八种脸型中，过关的有四种脸型，即同字脸（面方体正）、田字脸（举止端重）、贯字脸（魁梧匀称）、日字脸（形体精悍），其他不过关的四种脸型分别是甲字脸（头大体小）、由字脸（头小体大）、气字脸（五官不正或四肢畸形）、申字脸（腰杆粗肥）。这样细致的要求堪比我们现在的各种选秀活动，标准极为严苛。

在最后决定状元人选之前，皇帝都要先考察一下三鼎甲的相貌，然后再决定状元、榜眼、探花的名次。洪武四年（1371），明朝第一次会试便严格遵守这一以貌取人的传统。当时若论文笔，状元应该是郭翀，但是却因为他长相一般，不能展现国威，所以临时换成了原本排在第二位的吴伯宗，郭翀只得屈居第二，年少英俊的吴伯宗因为他的帅气幸运地成为大明朝第一位状元。

朱皇帝的子孙一直遵循着老祖宗的祖训，继续以貌取人。建文帝朱允炆是大明朝的第二位皇帝，在他继位的第二年里举行了一次殿试，原先的状元是王艮，但是在例行的选美比赛中，王艮的相貌不符合状元的标准，被降为第二名。这时候考官们选出了两个候选人，一个是胡广，另一个是杨溥。建文帝宣召二人觐见时，一眼便相中了相貌英俊一表人才的胡广，一高兴便立刻钦点了胡广为状元，还为他改了一个更为响亮的名字叫胡靖。

明代对状元如此挑剔，难道明朝的状元都是美男子吗？其实也不尽然，也有阴差阳错把丑男选为状元的乌龙事件。明正统元年的殿试就发生过一回错把丑男当状元的笑话。正统元年（1436）殿试之前，大学士杨士奇拿着初拟的录取名单准备最后确定名次，其中一位浙江举子周旋答得十分出色，杨大人想将周旋定为状元，便问浙江同僚周旋长得怎么样，其中一人以为他说的是浙江举子周瑄，便一口咬定是一美男子——浙江有名的“高富帅”，于是周旋被确定为状元。没想到最后进殿时周旋一亮相，便吓傻了全朝大臣。众位大臣原本想一饱眼福，没想到大失所望。丑男周旋的名字因为与同乡美男子周瑄同音，结果在选美状元的大明科举中拔了头筹，可以说是幸运至极。

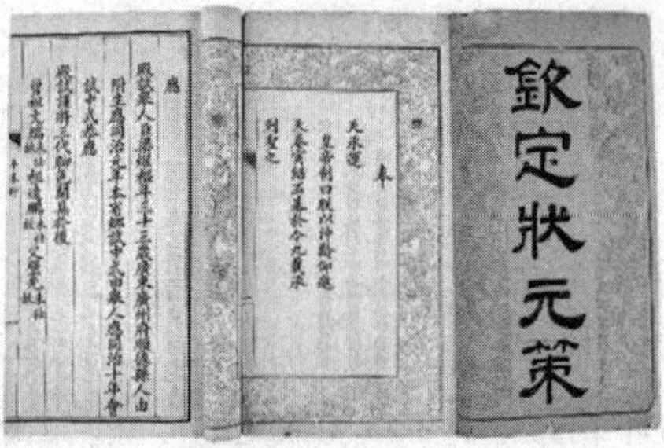

古代状元名录

当然，如周旋这般幸运的丑男实在是少数，多得是因为长得丑而被挡在科举之外的可怜人。事实上，在社会上长相端正的人确实比相貌丑陋的人更容易成功，这也是无可厚非的。但是我们需要有一双慧眼，用心灵的眼睛去平等地看待每一个人，这才是我们的要事。

13 老少状元
——科举年龄趣谈

◇ ……………

自从唐代出现状元之后，状元便成了人们追求的目标，人人打破脑袋地想要争这个天大的荣耀。正如拿破仑的名言“不想当将军的士兵不是好士兵”，放在科场上就是“不想当状元的学生不是好学生”。这些状元大多正值青壮年，志向远大。考察历朝状元的平均年龄，大致得出以下结果：状元的平均年龄唐代为29.4岁，宋代为29.6岁，元代为29.5岁，明代为32.3岁，清代为31.9岁。从上面的数据可以看出，状元的平均年龄大约为30岁，正值而立之年，也是精力旺盛、要干一番大事业的盛年时期。现如今也是如此，一个人从小学到博士毕业，几乎也到了30岁左右，这个年龄正是许多有志青年创业的旺盛时期。

一、最年轻的状元

由于古代科举与仕途密切相关，相当于现在的高考与公务员考试，在这样激烈的职场竞争下，不同年龄的人都在参与这一角逐，导致年龄差距极大。于是，在古代官场上，出现了老少同堂的特殊风景线。说到最年轻的状元，就不得不提到唐宣宗时的岭南才子莫宣卿。

莫宣卿

莫宣卿，字仲节，号片玉，谥孝肃。出生于唐文宗大和八年（834），死于唐懿宗咸通九年（868）。他在17岁时就高中状元，成为岭南有史以来第一位状元，一下子就刷新了状元榜上最年轻的纪录，成为一代名人。莫宣卿的家乡是广东封州（今封开县），别看现在广东经济发达，人口众多，是个好地方，人人争着南下，放在唐代，岭南就是个蛮荒之地，野兽横行，人人避之唯恐不及，是流放官员的去处。莫宣卿从小生长在这个教育落后的地方，还能突破重围，赢得状元，足见他的出众才华。他的父亲莫让仁是当地的私塾先生，在当地学界小有名气，号称“岭南八大才子”之一。

莫宣卿从小深受父亲的影响，7岁时已学会吟诗作对，读书过目不忘，被乡里赞誉为神童。莫宣卿小时候，也喜欢玩耍，因为他家住在河边，所以他和小朋友们经常在河边的沙滩上堆沙子玩。由于莫宣卿平时喜欢读书，运动少，和小朋友们玩的时候经常拖后腿，小朋友们十分嫌弃他，玩游戏分组时他总是被推来推去，甚至不带他玩。莫宣卿十分气愤，他用竹枝在沙滩上写下一首五言诗：“我本南山凤，岂同凡鸟群。英俊天下有，谁能佐圣君。”意思是像我这样的凤凰怎么能和你们这些凡鸟一样呢？颇有当时陈胜吟诵“燕雀安知鸿鹄之志”的豪气。这时莫宣卿只有 7 岁。此诗一出，人们争相传诵，纷纷称莫宣卿为神童。

莫宣卿的生父不幸早逝后，母亲改嫁邻县的地主莫及芝。莫及芝对莫宣卿十分好，对待他就像亲生儿子一样，看他十分有才华，就出资支持他继续他的学业。莫宣卿在继父的鼓励和支持下，学业突飞猛进，才 12 岁就中了秀才。年少的莫宣卿一战成名，名声传遍乡里，果然成了山里飞出的金凤凰。人人都羡慕莫宣卿，说：“我们封州要转运了，上天竟然派了一位文曲星下凡。”

莫宣卿故里

经过五年的沉淀期，莫宣卿为了考试做足了一切准备，乡亲们都很看好他。于是，唐宣宗大中五年（851），17 岁的莫宣卿背负着全村人的希望，进京赶考。莫宣卿第一次来到长安这样繁华的大都市，就像高晓声书中的陈焕生，瞅哪儿都很新鲜。京城人都看不上乡巴佬似的莫宣卿，没有一个大人物看好莫宣卿会夺魁。没想到，发榜之后，一个名不见经传的小子居然高中状元，这才纷纷打听他的来历。不查不知道，翻开莫宣卿的简历大大地吃了一惊，没想到他只有 17 岁，还是从南蛮地区考来的，真是不可思议，纷纷对这个小才子刮目相看。莫宣卿中状元后，他住的客栈门庭若市，每天都有一大群人慕名而来，站队站上一天，只为一睹莫状元的英姿。

莫宣卿中状元的消息传到家乡广东，家乡人十分自豪，纷纷以他为荣。莫宣卿突破了广东科举历史上零状元的纪录，成为创科举以来广东地区的第一位状元，同时刷新了状元年少榜，一举成为科举成立以来年龄最小的状元。唐宣宗李忱也很少见过这么年轻的状元，十分器重这位少年英俊的南方才子，曾多次召他入宫赐宴，还在宴会上亲自赐诗祝贺：“南方远地产奇才，突破天荒出草莱。神鲤跳翻三尺浪，皇都惊震一声雷。青云得路登科甲，黄榜标名负大魁。身着锦衣游帝里，邦人齐唱状元来。”

状元御前游街

宣宗非常赏识莫宣卿，特意恩准他留在京城为官，入翰林院进修参谋政事。他的工作主要就是帮助皇帝掌管起草机密文件，议论国事得失，相当于皇帝的高参。

自大中十一年（857）起，岭南地区三年饥荒，粮食歉收，家乡百姓生活在水深火热之中。莫宣卿忧心乡民，多次觐见宣宗，请求圣上减免岭南的赋税和劳役，缓解百姓的疾苦。本来宣宗也是个勤政爱民的好皇帝，十分关心民生问题，况且他十分赏识这位小才子，按理说应该十分支持他的意见。但是“屋漏偏逢连夜雨，船迟又遇打头风”，真是祸不单行，宣宗正被一件性命攸关的大事缠着，根本无暇理会一个偏远小镇的灾情。

原来，唐代晚期，皇权衰微，外地藩镇节度使割据一方，占山为王，根本就不听皇帝的话，皇帝的政令甚至传不出长安。在京都长安，皇帝也没有什么权威，宦官与朝官之间互相争斗，每天朝会都吵得不可开交，什么事也决定不了。再加上宣宗已经快50岁了，每天被他们折磨得心力交瘁，身心俱疲，根本听不进去任何谏诤，只想落得个耳根清净。

莫宣卿故里的牌匾

莫宣卿看到朝廷这一现状，又时常听到家乡人民的苦难遭遇，十分不忍。在多次劝谏无效的情况下，他决定另辟蹊径，投其所好，引诱皇帝赈灾。莫宣卿利用在朝廷任职建立的关系，多方打听得知宣宗酷爱南方土产小吃后，心生一计。莫宣卿巧妙利用家乡山上生长的薯莨和红薯相似的体型，煮在一起献给皇帝吃。薯莨看似和红薯形状一样，但是形似神不似，薯莨是南方产的一种染料，味道十分苦涩，根本就不能吃。莫宣卿把这两样薯类蒸煮在一起，煮好后放在食盒里，带到宫中。

莫宣卿带着食盒来到宫门口，向皇帝呈献南方美食。皇帝本来就好吃，一听到有美食进献，连日来的郁闷一扫而空，连忙召见莫宣卿。宣宗打开食盒，看到一碗汤还不错的样子，就拿起勺子喝了一口。由于他从没有见过薯莨，根本就不知道二者有什么区别。他刚喝了一口，马上就吐了出来，真是比黄连的滋味还要苦，根本不能入口。宣宗大怒，大骂莫宣卿："你进献的什么鬼东西，是人吃的吗？狗屁美食，这种东西放在地上狗都不吃。"莫宣卿乘机上奏说："陛下也知道这不是人吃的东西，但是在岭南地区，数十万百姓每天都靠这种东西充饥，他们挣扎在死亡线上。微臣求陛下体恤万民，减免人民的负担。"他力陈岭南贫穷，请求陛下赈灾，减免岭南地区的赋役。宣宗感同身受，终于同意了莫宣卿的请求，岭南地区免除三年钱粮。

不久，宣宗便去世了，享年50岁。之后，他的长子李漼继位，是为唐懿宗。唐懿宗是唐末有名的无道昏君，但他也十分厚待莫宣卿。莫宣卿的母亲习惯浙江的气候，懿宗为了成全他的孝道，特意封他为浙江巡抚，就近侍奉母亲。正当莫宣卿回乡接母亲去赴任时，不幸病死在家乡。英年早逝，死时仅34岁。

岭南第一状元的墓穴

二、最年老的状元

说完最年轻的状元，我们再来说一说最年老的状元。说到最年老的状元，人们第一个想到的恐怕就是北宋的梁颢。《三字经》是自宋朝开始儿童入学必读的启蒙之书，对中华传统文化影响深刻。

《三字经》中有这样一句话："若梁颢，八十二，对大廷，魁多士。"就是说，梁颢到了82岁才高中状元。当时人人都信以为真，并没有深究，其实翻翻史书就知道，传说与真实历史之间相差千里。早在南宋初年，历史学家洪迈就已经驳正了这一错误观点，后世统治者可能出于政治目的，为了激励人民向学，刻意纵容了这一错误的传播。

原来，梁颢早在22岁就中了状元，可谓年少早达的典型。后来，历任要职。真宗咸平二年（999），随真宗亲征，献策助阵，受到朝野上下交口称赞。真宗景德元年（1004），任职开封知府（相当于北京市市长），六月突发疾病，暴病身亡，享年42岁。试问，一个只活了42岁的人，怎么会到了82岁才中状元呢？除非梁颢化为人形去应试。他的长子梁固也是状元，和他父亲一样英年早逝，只活了32岁就去世了。

排除了梁颢82岁中状元这个讹传，其实最老的状元应该算是唐德宗贞元七年（791）的状元尹枢了，他中状元时已经71岁了。他突破了唐代历史上状元的最高年限，不仅如此，他中状元的经历也颇具传奇色彩，他是自荐为状元的，堪比战国时期的毛遂。

人们为了纪念尹枢，在阆中立了一个状元牌坊

唐德宗贞元七年（791），杜黄裳为科举考试的主考官。杜黄裳是唐代名臣，为人谦和公正，由于这是他第一次担任主考，恐怕发生弊案，招到一些庸才，又怕自己主观判卷有偏颇，遗漏英才，所以整日苦思冥想，终于想到一个绝妙的主意，他让众位考生自荐名次，认为自己适合第几就是第几，就像现在学期末个人的自我评分一样。那天，监考官一宣布这一特别规定，考场顿时炸开了锅，满场都是叽叽喳喳的讨论声。考生们早已习惯了被动接受命运，根本没有勇气自荐。当主考官杜黄裳来到考场时，考场一片默然，根本无人应声，考生们一个个低着头，生怕被考官逮出来自我评价。说到这自我评价实在是一道难题，评高了，万一名不副实，岂不是丢脸丢大发了；但又不能贬低自己，真是进退两难，索性默不作声。

正当一片寂静时，一个白发苍苍的老头挺身而出，打破了沉默，他就是尹枢。只见尹枢越众而出，毫不做作，他径直走到主考官杜黄裳面前，拿起桌子上的笔就在纸上写出各自的名次，自下而上依次填写。他这一大无畏的举动震惊了全场人，从考官到考生人人叹服，都称赞他公允。填到最后，独缺状元空白。杜黄裳很奇怪，问尹枢是何缘故，尹枢回答说："状元当然非老夫莫属！"此言一出，全场哗然，纷纷看着这个狂妄自大的老头儿，心想，就凭你这个糟老头子还敢自荐为状元，真是目中无人。有考官在，选择什么样的人才，自然由他决定，你身为考生，竟然越俎代庖，随便凭自己的意思排定名次，更过分的是毫不谦虚地把自己列为第一，根本不把我们各位放在眼里，简直无耻至极！

杜黄裳听到尹老才子的"狂妄"之语，不以为忤，反而十分钦佩他的胆识，在一众考生中，唯独此人挺身而出，毫不畏惧，最后更是举贤不避亲地毛遂自荐，可见其胆略。杜黄裳果然就根据尹枢拟定的名单排定了那年的进士榜，包括尹枢在内，共计三十余人。

考完之后，尹枢的行为马上传遍全汴梁，人们都很好奇尹枢这个人，有的说他是瞎猫碰上了死耗子，说他是大智大勇的真才子的也大有人在，褒贬不一，但是，尹枢的状元头衔已经不可改变了。尹枢的弟弟尹极也和哥哥一样优秀，唐宪宗元和八年（813），尹极高中状元，时人称他们兄弟俩为“梧桐双凤”，兄弟同为状元成为一时佳话。不过看尹老才子71岁才中状元，想必尹小弟中状元时的年龄也不轻了。他们的家乡阆州（今四川南充）仍保留着状元街和解元寺来纪念他们。

尹氏兄弟四川故居

三、唐宋的尊老榜

说到最老的状元，就不能不说一下古代科举中尊老爱幼的好传统。中国自古就十分倡导尊老爱幼，这一传统同样体现在科举之中。少年学子需要磨砺，自不待言，但若是屡考不中的老年考生就值得体恤了。为此朝廷采取了许多措施来特别照顾年老的考生。

唐昭宗天复元年（901），有一次特别的科举考试。那年春天，按照常例举行进士科考试，在公布录取名单的时候，唐昭宗采取了一种特别的选拔方式。唐昭宗看惯了年少的进士，想鼓励一下老考生，于是，他让下面的大臣从考生的简历中选出一批出身贫寒且参加多次科举考试却屡试不中的老考生，让他们中进士，以激励更多的老考生更加奋进，为他们迎来新的希望。主考官不负圣望，从几百位考生中精心挑选出五个符合要求的老考生，分别是曹松、王希羽、刘象、柯崇、郑希颜，特批让他们及第。这五位老考生年龄都超过了六十岁，甚至还有两位已经年过七十。放在现在，早已经超过退休年龄了，官场生涯还没有开始就已经宣告结束了。所以这纯粹是昭宗对老年人的特别照顾。历史上戏称这一次榜单为“五老榜”。

到了宋朝，科举依然延续了唐代尊老的传统。为了体恤屡试不第、五六十岁还在为功名奔波的老考生，皇帝特别许可在正式录取名单外，另外设立一个别榜，专门照顾那些落榜的老考生，提供他们功名，就像现在的成人高考一样，专门给没有机会上大学的人提供函授教育。由于此榜招的大部分都是垂垂老矣的老人，所以被时人戏称为“老榜”。老榜上中的进士当然没有正牌进士含金量高，但是也算圆了他们一个进士梦，总是功德无量的一件好事。此后，老榜这个措施一直为历朝所沿用，成为朝廷笼络年老士人的重要手段。

科举发展到了明清，越来越多的读书人加入其中，但是僧多粥少，能中的只是凤毛麟角。为了能金榜题名，无数读书人不顾竞争的激烈依然义无反顾，前赴后继地加入赶考大军，至死无悔。由此出现了许多老少同堂考试的怪异景象。在清代，“白发童生”“寿星举人”的现象十分普遍。

康熙三十八年（1699）北京会试的考场上出现了一个白发苍苍的百岁老人，他正在曾孙的搀扶下，接受考场入场检查，不知道的还以为他陪曾孙来考试呢。像这样老的将军已经见怪不怪了，但是这么老的考生还真是少见。看他行动那么困难，料想也不会有什么夹带，随便查一查就放他进去了。他就是广东顺德县的百岁老人黄章。进入考场时，黄章为了夺人眼球，还特意让曾孙打出“百岁观场”的灯笼，轰动了整个京师，引得一票好事者围观，场面十分热闹。这样的炒作还是收到了不错的效果，后来朝廷为了表现尊老的传统，特别恩赐了黄章一个功名，总算圆了老举人的一个梦。

无独有偶，还是广东人，陆云从广东三水县的一个老童生，读了几十年书，小学也没有毕业，真让人怀疑他脑袋里装的是什么东西。不管学业如何，他始终没有放弃，一直在为毕业而努力。直到他百岁大寿时，终于被批准毕业了，得到举人的功名，可以进京参加科举考试了。可能是陆老先生脑子真的不好使，连考三年，依旧没有考上。道光年间，103 岁的陆老先生拖着衰老的身体踏进考场。由于他的高龄使得他的大名传遍北京城，皇帝钦佩他的毅力，最后出于对他的照顾，赐给了他一个官职——国子监司业，就是现在国立大学的副校长，算是了了他的一个夙愿。

14 “一生襟抱未曾开”
——南宋权臣与才子的纠葛

◇ ……………

现在有很多人迷信考试万能，好像只要能考上，就踏入了成功的捷径，可以一展平生抱负了。其实不然，考试是一个偶然加必然的结果，除了必要的实力外，还需要一点点运气。许多才子就是败在运气上，最后惨遭落第的。自隋唐开创科举制以来，考试就与做官联系在了一起，这就使得科举中不可避免地又加入了一些权势等不确定因素在内。许多才子的科举之路，就是因为和权臣的利益纠缠在一起，平添了许多变数，导致落第，最终抑郁终生，南宋著名爱国诗人陆游就有过这样的遭遇。换句话来说，就算考中了也未必能实现自己的抱负，大思想家朱熹就是典型的例子。

一、遇权相之孙惨遭压制的陆游

陆游是我国南宋著名的文学家、史学家、爱国诗人，他和表妹唐婉的爱情悲剧更是为人津津乐道。但是大家可能不知道，大诗人陆游和大奸臣秦桧也有一段不可不说的往事。

陆游，字务观，号放翁，浙江绍兴人。说到陆游的名字的来源，有一个有趣的传说。据说陆游的母亲怀陆游的时候，曾经梦见过她的梦中情人秦观（北宋著名婉约派词人，字少游），不久之后，陆游就出生了。为了纪念这次梦中的美妙邂逅，陆游的母亲特意截取秦观的字作为儿子的名字，以秦观的名字作为陆游的字。这样的传说很美妙，不管真假，姑且听之。

陆游

陆游小的时候，是个好学的孩子。他出身于世代做官的“清贵”之家，“清”指的是家里清贫，没有闲钱买奢侈品；“贵”指的是陆家虽然穷，好歹也是做官的，在当地有很高的声望，受人尊敬。陆游从小生长在这样的环境下，自然养成了他清高的个性，不喜欢做任何肮脏的事，同样也瞧不起那些趋炎附势的小人。陆游出生不久，北宋王朝就被金兵所灭，首都汴京（今河南开封）被金人踏平，连皇帝也被金人俘虏。陆游在襁褓之中就一直在南逃的路上颠簸，饱受流离之苦，所以他对多灾多难的大宋抱有深厚的感情，就像艾青所说的那样，为什么我的眼中常含泪水？因为我对这土地爱得深沉。陆游把自己对家国的爱全部写进了他的诗作中，所以才能感动古往今来的读者。

怀抱着国仇家恨，陆游立志要用自己的力量报效祖国，收复河山。要想做到这一点，在古代只有一条路，那就是通过科举考中进士，这样理想才有可能实现。明确了未来目标的陆游格外努力，他每天苦读诗书，学习古人的智慧，来拯救危如累卵、摇摇欲坠的大宋。他始终抱定一个信念：为了大宋崛起而读书！几年后，终于学有所成，陆游正式出师参加南宋的科举考试。由于他们家世代为官，所以可以跳过竞争激烈的乡试，直接参加更高一级的会试，叫作“锁厅试”。这种考试是专门为官宦子弟和宗室后代举办的特殊考试，和一般的会试不同，题目也比正常的会试简单，以陆游的水平来说，通过这样的考试应该很容易。但是就是这么容易的一个考试，也因为权相的参与，平静中偏生出许多风波来。到底是怎么回事呢？且听我下面细细道来。

陆游以梅的品性作为人生的座右铭，一生壮志难酬

南宋高宗绍兴二十三年（1153），偏安一隅的南宋王朝举办了官员后代的特科考试“锁厅试”，陆游正好参加了这一次考试，同时报名的还有权倾朝野的权相秦桧的孙子秦埙。假如陆游能预知未来的话，他绝对不会参加这次会试，因为这是他一生悲剧的起点。当然了，年轻气盛的陆游才不会理会那些呢！那年，陆游踌躇满志地准备参加这次“锁厅试”，坚信自己一定能一举拿下头名。抱着这样的信念，陆游走进了考场，酣畅淋漓地答完卷子后扬长而去。

考官们收到卷子后，开始了繁忙的批卷工作。一开始一切都很顺利，但是在会元的人选上，考官们产生了严重的分歧。一个是才华横溢的陆游，另一个就是秦桧的孙子秦埙。陆游的才华有目共睹，所有考官都很赞同，如果没有权相的孙子秦埙的话，那么会元肯定是陆游的囊中之物。但是他有一个强劲的对手，那就是秦桧。秦桧早就跟考官们打好了招呼，务必要秦埙得第一。

秦桧的手段朝臣们都很清楚，他原本是北宋末年被金人掠去金朝的俘虏。要知道，俘虏的待遇可是连猪狗都不如，具体可以参照卧薪尝胆的勾践，要不是忍着恶心去尝吴王夫差的粪便，哪里有机会回国报仇呢？秦桧当年在金国对金人极尽谄媚，甚至为了讨好权臣完颜昌，还献了一条攻打大宋的条陈，秦桧的这种卖国行为深得金人赏识。若不是害怕落个骂名，只怕秦桧早就成了金国的官员了呢！后来金人听说康王赵构在临安继位，才决定让秦桧南归，派他监视南宋的一举一动。秦桧做金国密使做得十分成功，他凭着三寸不烂之舌，把高宗哄得团团转，对他的话是言之听从，成了权倾一时的宰相，若是他指着一头鹿说那是马，想必没有一个人敢说它是鹿。秦桧做过最缺德的事莫过于他以莫须有的罪名杀死了抗金名将岳飞，出色地完成了金国主子交给他的任务。这件事激起了广泛的民怨，相传民间为解秦桧之恨，用面团做成他的形像丢入油锅里炸，称之为油炸桧，后来演变成今日的油条。

言归正传，秦桧这回特意嘱咐考官以第一名录取他的孙子秦埙，考官们都不敢违背他的意思，要不是遇到陆游这个明显高出其他考生的卷子，想必不会发生这么多的分歧。当极大的权势遇到极高的才华，考官该如何选择，实在是一个两难的问题。

当时的主考官是两江转运使（江南地区主管财政的官员）陈子茂，他为人正直，刚正不阿，一早就接到权相秦桧的暗示，给他孙子开一下后门，但是陈子茂并没有理睬。他在判卷的时候，看到陆游的卷子，十分欣赏，尤其是其中饱含的爱国热情令人热血沸腾。他早已为此卷的文字所吸引，自然愿意取陆游为第一。最后，陈子茂毅然决定推陆游为第一名，将秦埙排在第二名。

名次公布后，秦桧气得发狂，心想，好个陈大胆，竟敢扫我的面子，从金国回来，除了金人，还没有人敢和我对着干呢！就连厉害的岳飞，不也被老子干掉了吗？就凭你一个小吏也敢忤逆我，等着遭雷劈吧！果然，陈子茂遭到了秦桧猛烈的报复。他派人寻了个小由头，就将陈子茂给贬了。而陆游也因为反对和金国议和而被取消了殿试资格，无缘状元了。其他考官见状，纷纷识时务地把秦埙列为第一名会元。

秦桧

陆游的第一次科举就这样失败了，但这只是他失败人生的开始。他后来又参加了几次科举考试，但是每次都遭到秦桧的封杀，始终与中举无缘。直到高宗死后，秦桧失势，他才有了平反的机会。这时他已经36岁了，距他第一次失败的科举考试已经过去了快十年了，他的大好青春被蹉跎，一事无成。

由于高宗没有儿子，皇位便由宋太祖七世孙赵昚继位，即宋孝宗皇帝。他一上位，马上就平反了岳飞的冤情。在一次闲聊时，孝宗问：“我朝有谁文采最高?”陆游的好友周必大忙帮腔说：“自然是绍兴才子陆游了。他有一个外号叫小李白，足见其才。”孝宗也读过陆游的诗，听说他还没有功名，便特别赐给他进士身份。至此陆游才正式步入官场，开始了他的报国之路。他还曾出现在抗金战场上，浴血奋战，可惜怀才不遇，很快宋朝又走回了议和的老路。陆游对阻碍他报国的大奸臣秦桧十分憎恨，如果可以诅咒秦桧死，想必陆游一定会去做的。在他 77 岁时还作诗嘲讽秦桧父子：“太平翁翁十九年，父子气焰可熏天。不如茅舍醉村酒，日与邻翁相枕眠。”秦桧祖孙的事情成了他人生的一根刺，时时折磨着他痛苦的心灵，85 岁的陆游在气愤中死去，结束了他失败的一生。死前留下一首《示儿》：“死去元知万事空，但悲不见九州同。王师北定中原日，家祭无忘告乃翁。”以此激励子孙继续抗金的事业。

西湖秦桧跪像

二、传播学术卷入权相争斗的朱熹

陆游参加科举是为了抗金救宋，收复河山，结果考试时遭到权相秦桧的阻挠，雪藏数年，英雄无用武之地，最后抑郁而终。而朱熹参加科举是为了复兴儒学，实现自己的抱负，虽然最后勉强考中，但是他传播新学术的道路却异常艰险。由于卷入了高层的权力争斗中，他的新理学一度被诬陷为伪学，惨遭禁锢，直到另一个权相掌权，才得以平反。

朱熹是宋明理学的集大成者，明代以后教科书的权威解释人，所有考生的答案都必须符合朱老夫子的标准答案，否则不予录取。但是在南宋，朱老夫子活着的时候，可没有这么好的待遇，他几次遭到政府的公开打压。传播新学术、新思想可不是那么容易的，必须历经磨难，方可能修成正果，就像他的偶像孔老夫子一样，生前周游列国，屡遭白眼。有一次被困在陈国，差一点饿死，虽然孔子学生无数，但是生前并没有受到列国诸侯的重视，在汉武帝独尊儒术之后才渐渐登上神坛，受万人敬仰。朱熹也是如此，他在生前饱受磨难，死后却与孔子这个大圣人一样，被后人所景仰，成为中国文化的代表人之一。

理学大师朱熹

朱熹，字元晦，号晦庵，祖籍江西婺源，从小生长在福建尤溪县。朱熹的名字还有个有趣的传闻，据说在他出生的前一天晚上，他家附近的几座山突然爆发了严重的森林火灾，经过官兵的奋力扑救才扑灭这场意外的火灾。火灾一扑灭，小朱熹就从妈妈的肚子里钻出来了。他父亲朱松就给他取名“熹”，就是催生的“喜火”的意思。朱熹小时候十分聪明，好学深思，尤其对宇宙的问题十分好奇，由此引发了他对天人关系的进一步思考。在一个星空璀璨的夜晚，爸爸抱着4岁的小朱熹在山间散步，这时候小朱熹指着天问爸爸：“父亲，那是什么？怎么那么大？”爸爸慈爱地回答说：“那是生我们养我们的天哪，上天派代表来统治我们，那个代表就是天子呀！”小朱熹还是没有完全想清楚，又继续问：“那么天是谁生的呢？天上又有什么呢？”朱松只是个古板的老头儿，哪里思考过这样的问题，顿时被问得哑口无言。朱松想了半天都没有想出答案，支支吾吾了好久，借着一件小事转移了儿子的注意力，才逃过这一问。虽然父亲并没有解答出儿子的疑问，但是这个问题在朱熹脑中已生根发芽，促使他在数年后开创了自己的思想理论。

转眼，朱熹已经 18 岁了。在父亲和恩师刘勉之的教导下，他从一个顽童慢慢蜕变成一个文质彬彬的学者。次年，他娶了恩师的女儿刘清四，夫妻俩既是同窗又是好友，非常恩爱。在妻子的殷殷期盼下，朱熹很顺利就通过了第一级乡试，成了一名光荣的举人。他踏出了实现自己理想的第一步，之后他收拾行囊准备进京参加礼部组织的全国统一考试——会试。朱熹不像陆游是个官宦子弟，不能参加特权考试“锁厅试”，只能和一群平民争夺会试有限的进士名额，这难度可就高出许多。

朱熹的科场运气比起倒霉的陆游来好多了，他虽然没有陆游显赫的家世，但也没有出现像秦埙那样拼爹的对手，所以凭着他的水平，又一次考中了，顺利进入了最终的殿试。这次殿试的题目是“创业守文之策”，当时朝廷正值议和求安的保守时期。朱熹生长在偏僻的福建山村，“两耳不闻窗外事，一心只读圣贤书”，是个标准的学者，一心扑在探索学问上，所以并不理会朝廷是想议和还是想战争。朱熹一看题目是守文之策，就只写如何收缩防线、治理国家等中规中矩的答案。这样中庸的答案虽然入不了考官的青眼，但他们也不会讨厌，所以最后朱熹中了“王佐榜第五甲第九十名”（宋代进士分五甲，第五甲为最末），赐同进士出身。这个名次虽然不理想，但是也算入了仕途，至此他真正踏入了官场这一泥潭里，深陷其中，不能自拔。

朱熹踏入官场后，开始潜心研究学问。他 31 岁时，正式拜北宋大儒程颐的再传弟子李侗为师，这是朱熹正式创立理学思想的开始。在此期间，他继承并发展了祖师程颐的名言“存天理，灭人欲”，这条著名理论成了近代以前所有读书人的信条，引领了一代学术的时尚潮流，当然，当时的朱夫子还不知道。这时候宋孝宗即位了，他一改高宗一味对金求和的投降战略，反而力主对金作战。朱熹是个随大流的文人，看到朝廷的最新决定后，他积极响应，写了一份激情四射的宣战书上呈新皇帝宋孝宗，在响应朝廷宣战的新政策外，他还不忘夹带自己的思想，趁机兜售自己的新学说。朱熹颇有现代推销员的风范，明着写誓死捍卫大宋尊严，打跑金人，收复河山，暗里却借宣战一事大力推销他最新研究出来的理论——改编自《大学》的“正心诚意，格物致知”实践体系，大力颂扬新儒家学说的同时，还不忘打击一下强劲的道家和佛家对手，实在是一个敬业的思想家。

朱熹一心捍卫自己新儒学的正确，不惜与其他门派进行艰苦卓绝的斗争。那时学术圈十分热闹，涌现出无数新观点，其中与朱熹最针锋相对的要属陆九渊了。陆九渊从天人关系发展出另一套理论，那就是事物的起源在人的内心，而朱熹则刚好相反，他认为事物的起源是天理。两大掌门人都有很多信徒，围绕这个问题，两派进行了无数次的争论，最后不了了之。

在朱熹 60 多岁的时候，宋代皇位发生了变动，宋孝宗老了，不想干了，就自动退位把皇位传给了他的三儿子赵惇，史称宋光宗。这位新皇帝不争气，没干了五年就被权臣赶下了台。在太皇太后的支持下，外戚韩侂胄和宗室赵汝愚逼着光宗让位于嘉王赵扩，史称宋宁宗。赵汝愚是朱熹的学生兼好友，这一学生一得意，老师自然也就发达了，朱熹走马上任成了帝师，实现了他人生的夙愿。

这对师生得意了，而另一个功臣韩侂胄却竹篮打水一场空，他原本就位高权重，拥立新皇后无官可加，还在一定程度上被削了权。韩侂胄十分憎恨朱熹、赵汝愚这对师徒，一心要整治二人，他便把主意打到了朱熹的新理学上，污蔑朱熹为邪教首领，而赵汝愚就是他的帮众，还栽给朱老夫子一些不道德的罪名。朱熹彻底名誉扫地，此后开始了他的逃亡生活。宋宁宗庆元六年（1200），71 岁的朱熹在家中忧愤而死。

朱熹的新理学翻身，全靠了南宋下一代权臣史弥远。史弥远借口韩侂胄北伐失败，串通杨皇后杀死韩侂胄，砍了他的头送给金人求和。史弥远一朝大权在握，执掌南宋朝政长达 26 年之久。在他执政期间，重新恢复了朱熹新理学的地位。经过史弥远的一番推崇，生前饱受非议的朱熹地位一夜攀升，而下一代皇帝宋理宗也是理学的狂热崇拜者，有了皇帝和权臣的一致支持，曾经的罪人朱熹竟名扬天下。到了明清，朱熹正式走上神坛，他的书成为官方指定教科书，近一千年里地位屹立不倒。

15 粗犷的“民族风”科举

——辽金元科举趣闻

科举制度自隋朝创立以来，到了辽金元时期，已经有600多年的历史了。在辽金元时期，虽然科举考试仍按照旧制进行，但它并没有像唐宋时期那样受到统治者的重视。事实上，在辽金元时期，统治者并没有把科举考试作为选拔人才的重要手段。统治者实行的胡汉分治政策也反映在科举上，如果蒙古人、色目人等少数民族的人录取后，授予的官职可以比汉人提高一等，对汉人的区别对待，充分体现了科举考试制度中贯彻的是民族歧视政策。让我们来看一看少数民族统治者是如何进行科举考试的吧！

一 “马鞭”状元胡励

胡励，字元化，磁州武安人。磁州武安就在今天的河北邯郸，宋以来著名的民窑磁州窑就在此地。胡励是金太宗天会十年（1132）的状元，尽管如此，我们仍然不能否认在漫长的中国古代史上，胡励仍然是一个名不见经传的人物。这与他所在的历史时期科举考试的地位息息相关。

金太宗塑像

胡励生活的年代，正是兵荒马乱、民不聊生的年月。那时，金人正大军南下，占领黄河以北地区。整个北方都陷入了战乱，统治者的野心带来的是百姓的家破人亡，流离失所。少数民族的南下，不仅争夺地盘、争夺财物，还掠夺人口，他们将宋人掠去充当士兵、奴婢或者苦力。那时，大批的青壮年都被金人掠到更北的地方，胡励就是其中一个。

胡励原本在河北老家，是一个勤奋好学的少年，这个年龄的他应该是坐在私塾读书写字的。但是，生在那样一个年代，注定这样一个简单的要求是不可能满足的。那天，他正从县城往家赶，由于求学的原因，他已经有一个多月没见着父母了，当他走到半路的时候，一队金兵策马而来，胡励远远地就看到一路尘土飞扬，他还没来得及躲，就被领队的金兵掳上马，他苦苦挣扎，可是他哪能拗得过这些剽悍的北方士兵！眼看离家距离越来越远，身上带着的书也消失在尘土中，胡励绝望的眼睛里流下了泪水。从此，开始了他漂泊的生活。

胡励被这些金兵掳到了燕地，也就是今天的北京地区，那时的北京还是人烟稀少，一片天苍苍野茫茫，风吹草低见牛羊的景象，和现在简直是天壤之别。环境已然如此，胡励最不能忍受的是每天干不完的苦力以及金兵对他的欺辱。要知道，汉人在那个时候可是没有什么地位的。于是，在一个夜黑风高的夜晚，胡励从军队逃了出来。在逃跑的路上，胡励饥寒交迫，这天饥肠辘辘的他走到一处寺院门口，看到“香山寺”三个字后，再也没有一点力气了，敲了两下门后眼前一黑就昏倒在地上了。

金人作战图

醒来的时候，寺里的小和尚告诉他，他已经睡了一天一夜。他吃饱饭后请求主持让他留下来，因为他已经无路可走了。最后，主持留下了他，他与寺里其他工人吃住在一起，这些也在寺里干活的人和他有着同样的命运。总算是安顿下来了，至少可以保命，胡励这样想。不过读书的事几乎不用想了，现在能吃饱饭就不错了。偶然一次与寺里主持聊天，主持觉得他还算勤奋好学，同意他在休息的时候可以读点书。其实也读不到多少书，在那兵荒马乱的年月，能吃饱肚子就不错了，读书是件奢侈的事，而且书也不能很好地保存下来，况且寺院里最多的书就是佛经，所以，这几年里，胡励也没有真正读到多少书。但是，有句话不是这样说，生活就像一盒巧克力，你永远不知道下一颗是什么味道。

金国都城（局部）

这天，主持的老朋友——礼部尚书韩昉到访。韩昉（1082—1149），燕京人。他是辽天祚帝天庆二年（1112）壬辰科状元。韩昉的先祖在辽朝任官，家世显赫。状元及第后，官途顺利，一路升迁，在朝中也是举足轻重的人物。在聊天当中，主持就把胡励的事情讲给韩昉，韩昉听后决定见见朋友口中的这位年轻人。于是，他在主持的引导下来到胡励住的地方，这里本是一间柴房腾出来住人的，低矮狭小，光线也不好，但是胡励靠墙席地而坐，手里拿着一本书在读，连有人进来都没有察觉。后来韩昉又问了胡励几个问题，胡励都说得头头是道，有理有据。而且，当韩昉问他的志向时，胡励拿出纸笔一挥而就，情志高远但不失雅静。韩昉觉得眼前的这个少年是个可塑之才，于是他当即决定让胡励跟他回府，和他的孩子一起读书，胡励听到后马上就答应了，激动得连感谢的话都说不出来。

来到韩昉府上之后，胡励就每天与韩昉的儿子一起读书学习，韩昉还专门为他们请了好的老师。胡励觉得这样的机会来之不易，每天都刻苦学习，十分用功。他内心对韩昉也心存感激，希望有朝一日能够取得功名报答韩昉对他的知遇之恩，于是他就更加发奋学习了。每天除了吃饭睡觉，从来都是书不离手，胡励的进步果然很大。他的这些举动，韩昉都看在眼里，教书的老师也对胡励赞不绝口。有一次，韩昉对来访的朋友说："胡励这样用功读书，进步很快，将来一定是会出人头地、大有作为的。"那个朋友听后不以为然，说道："韩兄，现在下结论还为时过早吧。"韩昉道："那就让我们静观其变吧。"

金太宗天会十年（1132），胡励参加了这年的科举考试。这里需要说明一下，这个时候的科举考试虽然按照旧制进行，不过刚开始的时候统治者对此并不十分重视，尤其是当民族歧视夹杂在其中，情况就更复杂了。乡试、会试都很顺利，转眼就到了第二年的进士考试。

这年的主考官正好是金都元帅完颜宗翰，完颜宗翰可是金朝名将，开国功臣，参加过灭辽攻宋等诸多战役，立下汗马功劳，深受金太祖的赏识和信任。虽然说完颜宗翰功勋卓著，但是对于科举考试完全不当一回事，草原民族原本就尚武，再加上他军人出身，又是以军功封侯，所以他对读书考试一事就更加不屑一顾。于是在考试的时候就发生了这样一幕：

完颜宗翰雕像

当胡励和其他考生到场后，考官迟迟未到。正当众人疑惑不解时，完颜宗翰登场了，他身着战袍，大笑着大步流星地走到考场里，站在众人面前，众考生都愣住了，但是，让考生们更为惊讶的是，他的手里居然拿着一条马鞭！突然完颜宗翰的脸色一沉，大喝一声："都给我跪下！"众举子们面面相觑，一时不知如何是好。"叫你们跪下，听不懂本将军的话吗?!"完颜宗翰咆哮道，顺手在空中甩了一下马鞭，声音震耳欲聋。考生们两腿一软纷纷跪倒在

完颜宗翰

地，头也不敢抬，有胆小的吓得瑟瑟发抖。胡励此刻在角落里也看众人行事。“好了，你们就跪在这里写吧。”完颜宗翰挥了挥马鞭道。众人都匆匆提笔写起来，完颜宗翰就在考场边来回巡视。里面有很多考生年纪已经很大了，满头白发，跪在人群里瑟瑟发抖，完颜宗翰看到他们孱弱的样子，气就不打一处来，指着那些人骂道：“你们年纪一大把了还来参加考试，就算考中了对我大金来说也没有用，趁现在赶快滚!”说完又挥了一下手中的鞭子，正好打中旁边的一位考生，他的脸上顿时出现一道深深的血痕，这位考生看到血马上吓昏了过去。完颜宗翰看到此景冷笑一声，命人抬他出去，喝令余下众人继续考试。胡励也看得心惊肉跳，急急忙忙写完考卷便逃离了这个人间炼狱。

等到发榜那天，胡励一看，激动得差点晕过去，他居然中了新科状元，这是他完全没有想到的事。这一方面由于他还年轻，合了完颜宗翰的心，另一方面，又有韩昉的关系，最终才中了状元。由于殿试时完颜宗翰以马鞭训考，所以胡励也被称为“马鞭状元”。此后，胡励踏上了他的官途，后来还得到了皇帝的赏识，可以说官运亨通。他也在平常的待人处事中以自己的微薄之力传播礼法，让金人折服。

“马鞭状元”的故事到此就结束了，但是科举制度仍然存在并且继续发展。后来，金朝统治者也认识到了科举考试的重要性，渐渐重视起来。纵观金代一朝，共开科取士 40 次，录取进士 1815 人，但科举始终都没有恢复到唐宋时期的辉煌。

砖雕上的金人

二、马夫考进士

上一个故事我们说到了马鞭下的状元，接下来的这个故事讲的是马夫考状元。这个故事发生在元朝，之所以有马夫考进士的奇葩事，这与当时的历史背景是分不开的。

如果说科举制度在辽金时不受重视，那么元朝的科举制度可以说是处于摇摇欲坠的状态。科举在元朝前期，停废达半个世纪之久，到了元仁宗延祐二年（1315）才又恢复。当时关于科举的兴废还在朝廷中引起了不小的争论，有人认为科举考试可以为朝廷广泛地招揽人才；有的人则认为，科举考试受益的是汉族的知识分子，所以科举考试所得的人才肯定也是以汉人居多，这样反而不利于元朝的统治。其中反对者以宰相伯颜为中心大肆批判那些主张恢复科举的人。

伯颜

伯颜是蒙古八邻部人，元朝大将。他的曾祖父述律哥图、祖父阿剌曾跟随成吉思汗征战有功，封为八邻部左千户及断事官。伯颜本人也深受忽必烈的赏识，一直累迁至宰相。伯颜的发迹与其卓越的军事才能是分不开的，他曾在 1273 年伐宋时，被忽必烈任命为最高统帅，一直攻打到建康。后来还攻到临安，俘虏了宋朝皇帝和太后。总之，伯颜在战争中立下了汗马功劳，深得忽必烈赏识。所以，他和大多数马背上的族人一样，认为武力才是强国、治国的关键，对于像科举之类的制度往往不屑一顾，甚至觉得科举对其统治是无关紧要的。他甚至还提出过一个骇人听闻的建议，就是杀掉张、王、李、赵、刘五大汉姓人。就在这种情况下，发生了一件让伯颜无法忍受的事。

伯颜是草原民族和军人身份，家里养了很多马，这就需要有专门的人去管理这些马匹。当时，蒙古人入主中原，实行四等人制，就是将元朝统治下的人分为四等，第一等是蒙古人，第二等是色目人，第三等是汉人，第四等是南人。这里的汉人指的是原先在辽、金统治下的北方汉族人，南人指的是原先南宋统治下的汉人。因此，蒙古人和色目人经常将战争掳来的汉人和南人充当苦力，做最低等的工作。但是，这些苦力当中有很多是宋朝官吏的子弟以及其他知识分子。伯颜家里就有很多这样的苦力，其中有一个是郭姓南宋的举人，他在伯颜家的工作就是喂马。作为一个读书人，他自然有读书人的气节，喂马的工作有辱他读书人的身份，而且自己背井离乡，估计这辈子也回不去那遥远的江南了，所以读书是他唯一聊以慰藉的事情。

元人武士形象

元朝的科举废立不定。这一年，正好朝廷又恢复科举考试，这对郭举人来说可是一件大事。当他听到这个消息后高兴得差点跳起来，这就意味着他有机会改变自己的命运了，可以做他原本该做的事情了，甚至还有可能被朝廷任命为官员。因为他知道伯颜素来反对科举之事，所以他就私下里偷偷读书，为来年的科举考试做准备。

准备考试的日子是漫长的，而且还要在暗地里进行。白天一般都要干活，他要为马准备食物，要喂马、遛马，隔段时间还得给马洗澡，清理马厩，而且他也不敢在白天看书，于是，他要么起很早看书，要么就在夜里伴着月光读书。好在一起干活的都是同病相怜的人，所以没有告发他，而且他们也盼望郭举人考取功名后拯救他们于水火之中。郭举人就在这种隐蔽、压抑中度过了他的备考阶段。

元人养马图

终于快到考试的日子了，伯颜这段时间正好有事外出。正中郭举人下怀，他去跟管家说他要参加科举考试，需要请几天假。管家是个蒙古人，向来看不起他们这些“懦弱”的汉人，就没同意他的请求。于是，郭举人就到处凑了些钱，又把自己这几年攒的钱一起给了管家，请他通融一下，官家这才同意他去参加科举考试。郭举人喜出望外，高兴地回到住处简单收拾了一下行李，他不敢拿太多东西，怕管家以为他要逃跑。和大家道别后，郭举人在众人的期盼中出发了。

就在郭举人离开的第二天，伯颜突然赶回来了，还带来了一个朋友。因为考试要考三天，所以郭举人还没有回来。这下可急坏了众人，顿时手足无措，管家也没料到伯颜的突然返回。更要命的是，伯颜回到府邸心情大好，还说要与朋友比骑射，接着就去马厩选马。伯颜与朋友边走边夸自己的马，时不时二人大笑。跟在后面的管家可就慌了神，脑子里一片空白，不知怎么交代马夫郭举人的去向。果然，一到马厩，伯颜就问管家：“我的马怎么没精打采的，马夫呢？把他叫出来，我倒要问问他这是怎么回事！”原本心情大好的伯颜瞬间怒火中烧。管家立在原地不动，也不敢说话。“我让你去叫马夫，你愣在这做什么？”伯颜怒吼道。“启禀大人，马夫不在了。”“不在了？”伯颜一脸疑惑。“是的，大人。”管家低声说道。“去哪儿了，难道是跑了？”伯颜问道。管家声音更低了：“马夫考试去了。”虽然声音很低，但伯颜还是听得很清楚，自言道：“一个小小的马夫，一个奴隶居然也去参加科举考试，简直是笑话！”这件事对伯颜的刺激不小，这也更加坚定了他废除科举考试的决心。于是在接下来的朝议中，伯颜多次联名提出废除科举考试。

这个“马夫”参加考试的结果不得而知。但是我们可以想象，他考中的概率是很小的。前面我们说到元朝将其统治的人分为四等，科举制度也受其影响，对四等人区别对待：蒙古人和色目人只考两场，而汉人和南人则要再加一场，而且题很难。就连考试发榜都是分为“左榜”和“右榜”，蒙古人和色目人的右榜很好中，但汉人和南人的左榜却很难中。所以我们可以想象到，这个马夫考中进士的愿望是很难实现的。即使考中了，朝廷到时候也不会给他好的职位。这样的例子之前也是有过的。

历史上，有记载的元朝科举考试共举行过 16 次，一共取进士 1139 人。这样少的人数，在唐宋时期简直不可想象。

总的来说，在辽、金、元这些少数民族统治的时代，科举制度总体上没有什么进步与发展，许多人因此也失去了读书识字的机会。这不仅影响到其政治的发展，也影响了文化的发展。科举取士也没有达到真正的目的，连逃难者、马夫之流都能参加科举，甚至中状元，可谓空前绝后。可见，一种制度在不同时期起着不同的作用，粗犷的“民族风”科举在整个中国古代史上也算是独树一帜了。

墓葬壁画中的元人

下编：日落长河——明清科举那些事儿

16 科举中的地域歧视
——明初南北榜之争

◇

经济发达地区和欠发达地区，文化教育差别极大，导致科举考试录取人数呈现地域悬殊。早在“安史之乱”之前，北方地区一直是我国的政治、经济、文化中心，但是战乱使得人口南迁，经济重心渐渐由北转向南，状元的籍贯也随着经济重心的南移而不断向南延伸。唐中期以前，状元大都是北方人，南方连进士都少得可怜，更别说状元了。但是在唐中期以后，这种情况慢慢发生了改观，南方籍状元逐渐增多，著名的唐宋八大家中有六个人都是南方人，可见东南地区文气旺盛。到了明清时期，南方人科举已形成绝对优势，打破了北方人一统天下的格局。我们这个故事就从明初的南北榜之争讲起。

一、南人上榜北人抗议

明太祖朱元璋在1368年推翻了蒙古人统治的大元朝，建立了汉人自己的政权大明王朝。朱元璋从小饱受元朝贪官污吏的敲诈勒索，他的父母和兄长就是死在那些贪官污吏手中的，自己无家可归，只得出家当了和尚。所以，在他参加起义队伍后就发誓：一旦自己当上皇帝，先杀尽天下贪官。后来他坐上皇帝宝座后果然没有食言，他颁布了堪称史上最严酷的《大明律》，在大明朝展开了一场轰轰烈烈的反腐倡廉运动。大明官员贪污60两银子就要被处死，最先倒霉的便是功臣和权贵，无数省部级官员因为腐败被杀头，情节严重的甚至要被剥皮填作稻草人示众，一时官场人心惶惶。

朱元璋

就在朱元璋创立大明朝的第三十个年头，开国第六次科举考试如期举行。虽然官场如此凶险，但科举毕竟是下层人民翻身的唯一机会，考生们明知前方荆棘丛生，仍义无反顾地踏上这一拥挤的科举独木桥。洪武三十年（1397），丁丑科会试就这样开始了。寒冷的二月里冬风肃杀，南京城里迎来了南来北往的考生，他们来自全国各地。由于大明立国不久，所以首都建设也不算发达，难以承受这么多的考生，南京城内一时人满为患，许多人只能住到城外的郊区和村庄里去。南京贡院是南宋时建造的，经过元朝一番破坏后，早已残破不堪，考棚又破又小，这对那些考生来说无疑是一场难熬的折磨。丁丑科会试就是在这样一种简陋的环境下举行的，考生们忍受着风吹雨淋，饿着肚子度过了漫长的考试。考完后就像脱了一层皮一样痛苦，只想大睡一觉，但是心中仍惦记自己的成绩，这恐怕也是现在许多高考生真实的心灵写照。

明代考场：考生在考棚里答题

考生们怀着忐忑不安的心情等待着会试成绩揭晓，北方学子尤其紧张。在前几次会试中，他们的成绩很不理想，南方人占据了录取名单的大部分位置，而且个个名列前茅，北方学子却只能敬陪末座。这种现状让曾经自恃为天之骄子的北方汉子很是气愤，一直心怀不满，但还是抱着一丝希冀。这也是既成的事实，自己身处北方，被蒙古鞑子统治了一百多年，从小就养成了不爱文章偏爱武的习惯，文学修养自然差了南方学子一筹。虽然明初北方学子努力向学，想赶上以前落下的进度，但是“罗马不是一天建成的”，北方大地自宋以后，被异族统治太久了，文气不是那么容易恢复的，所以每次考试都屈居南方人之下。这次他们铆足了劲儿，想要一举夺下魁首，给北方人争光，所以格外期待。

希望越大，失望越大。到了发榜的时候，一个惊人的现象发生了，这次会试通过的名单里居然全是南方人，连半个北方人也没有。这一反常现象彻底点燃了充满希望的北方举子的愤怒之火，他们原本希望更进一步抢占榜单半边天，没想到朝廷这么过分，将他们原有的四分之一领地也剥夺了。众多落选举子中有人高声质疑说：“录取的贡生全都是南方人，北方人上榜的一个也没有，想来因为正、副主考都是南方人，一定是南方人压制北方人！”北方举子们闻言大怒，像一群被侵占了领地的北方狼，积蓄已久的愤怒之火一下子被点燃了，在讨论之后，他们决定集体向朝廷抗议。于是，一众北方汉子雄赳赳气昂昂地集结在夫子庙一带，游行、示威、静坐，各种方式齐上阵，一发不可收拾，场面闹得很大。

江南贡院

朝廷的平静被彻底打破了。朱元璋是平民出身，自然关心人民的疾苦，一听到读书人暴动了，心中吓了一跳，心想，连老实巴交的读书人都起义了，看来一定有冤情。于是，他马上询问这次会试的主考官翰林学士刘三吾、王府纪善白信蹈是否有作弊现象：“二位爱卿，听说这次会试录取的全是南方人，引得北方学生暴动，是否确有其事呀？”二人答道：“回陛下，我二人秉公判卷，因为这次南方考生确实比北方考生出色，臣等完全是按成绩排的，绝无徇私。”朱元璋劝了他们半天，希望他们考虑到北方人的心情，从落第试卷中再挑出几份卷子，增加北方考生的录取率，毕竟大明不是仅有南方一地，还有大片北方领土需要安定。没想到二人都是认死理的倔老头，死活不改变主意。朱元璋也火了，立即撤了主考刘三吾的职位，另外派翰林院学士张信主持复阅全部试卷。

二、官员复查维持原判

张信是上一届甲戌科的状元，算是那些考生的前辈，当年他凭着一手好字赢得了殿试第一名的好成绩。张信的性格很是耿直，平时就喜欢对朝廷的不平之事指手画脚，这回皇帝启用他，想必是借张信的清名来压服悠悠众口。张信接旨后迅速叫齐人手，展开了第二次烦琐的核卷工作。他和他的手下花了几天几夜，翻遍了所有的卷子，一一核查，最后得出了审查结果。朱元璋一听结案了，连忙召集全体大臣在奉先殿听取审案报告。

那日在殿中，皇帝召开了一次廷臣会议，与会人员有南京三公九卿、省部级高官和科道言官，当然还有涉案官员前主考刘三吾。首先是皇帝发言，朱元璋笑呵呵地说："这次会试引起很大的风波，因为录取的全是南方人，落第的北方举子聚众弹劾主考偏私家乡，歧视北方人。朕开科举向来以文章定胜负，无论南北，只要才华出众都有机会考中。张爱卿既然去查卷了，来，说说结果吧！相信爱卿一定会给朕一份满意的答卷的。"说完，张信就开始汇报复卷结果。他先把几份评点过的北方考生的卷子拿给皇帝看，并说："微臣按照陛下的旨意，经过仔细核查，特别留心北方考生的卷子，这几份卷子文理皆通，对策十分有针对性，算是其中的佼佼者，臣以为他们可以补充入选。"接着又拿出先前已经录取的南方考生的试卷交给朱元璋，请他对比着看，说道："虽然刚才那几份试卷不错，但和这些南方考生的试卷比起来，只能算是中下之作。经过臣仔细审阅，那些南方考生的水平实在是高出北方考生许多，即使是南方考生写得最差的卷子也比北方考生写得好。所以，微臣认为刘大人评卷无误，北方考生落榜是必然的。”

张信结论一出，满殿人都吓了一跳，他们来金殿参加会议，本来以为会听到翻案的，没想到结果竟是维持原判，心想：张大人真是胆大包天，明知道皇帝想保北方人的名额，却冒着龙颜大怒的危险坚持自己的意见，换作自己的话，随便做一下样子交差就行了，哪里管公不公平呢，这下张信可惨了。果然，朱元璋听了张信的汇报后，气得火冒三丈，认为张信实在是不识抬举，给他一个机会，他却不知道好好把握。要知道，张信平时就仗着牛脾气，经常和皇帝顶牛。有一次，张信代韩王献了一首杜甫的诗给朱元璋贺寿：“舍下笋穿壁，庭中藤刺檐。地晴丝冉冉，江白草纤纤。”朱元璋最恨那些酸溜溜的感慨民生的诗人了，杜甫就是其中之一。他不喜欢孟子的民贵君轻的调调，专门出了一本孟子删减本，禁毁了全本孟子。因为杜甫的酸诗，朱元璋一直很记恨张信，这次他大人不计小人过，给了他一个机会，没想到他不识时务，还要和他唱反调，像极了以前的刘三吾。

朱元璋十分生气，半天没有说一句话。一时奉先殿阴云密布，过了一会儿，他冷笑着对张信说：“张爱卿真是个好演员，演得真出色！你恐怕没有想到，就在你复阅试卷时，朕就已经得到密报，说刘三吾跟你串通一气蒙哄朕。这次你一定是专门挑了北方考生的劣卷来混淆视听。”张信马上反驳说：“微臣自从奉旨审卷以来，臣和手下官员每天都关在屋里看卷子，从来没有外出过，哪里有时间去和刘大人密会呢?”不管朱元璋如何威逼利诱，张信始终没有改口，坚持认为这次考试十分公正。

一个臣子和皇帝吵得面红耳赤，火药味十足，这样的场景在大明朝虽然不是每天都发生，但也是司空见惯的事情。要知道，大明朝的文官向来硬气，他们深受理学的熏陶，本来就很迂腐，尤其在通过死板的八股文考试后，更是对“存天理，灭人欲”的理学奉若神明，其疯狂的程度大概只有欧洲中世纪的教士可以比得上。除了朱熹注的“四书”“五经”，他们鄙视一切旁门左道，坚信文章就是王道。虽然皇权极盛，他们不敢明着和皇帝作对，尤其是在皇帝罢免了宰相，废除了宰相制度以后，更是不敢直面对抗，但是他们并不乏反抗的勇气，明代文人一直在为塑造独立于君主的人格而努力。

明初有很多勇士敢于捋虎须，前有认死理的刘三吾，后有不改原判的张信，他们都是这样的人。当然在他们之后还有众多后继者，例如宁死不改圣旨的方孝孺，最后被朱棣夷十族，死状凄惨，反而成为全体文官的精神偶像；再有明后期的文官集团和皇帝斗得不可开交，百年来纷争不断，万历皇帝都被逼得躲进了深宫，二十多年不上朝，当起了甩手掌柜。

在这样的对峙局面下，最后还是皇帝占了上风，他恼羞成怒，狠拍了几下桌子吼道：“翰林院里官官相护，只顾及同僚之情，想着互相包庇，根本不顾考试公平公正！来人啊，将案犯张信、刘三吾等人锁拿入狱，押刑部严加查处，一定要严办。本次复核结果作废，由朕亲自排出最后名次。退下！”说完拂袖而去，留下一群面面相觑的大臣。

三、皇帝亲判尽黜南人

朱元璋是个雷厉风行的皇帝，说办就办，他严令刑部尚书（相当于国家法院院长）严查案犯，一时众人噤若寒蝉。刑部派人严审刘三吾、张信等人。古代有尊重读书人的传统，自古就有刑不上大夫的说法，朝廷官员未经定罪不能随便用刑，所以法官们体察圣意，只能另外想办法，旁敲侧击地打探事实的真相。衙役们抓了许多和刘、张二人有过来往的商人、亲友和家仆，对这些无功名的草民，官员可没有丝毫顾及，毫不手软地用上各种酷刑，严刑拷打，这些人可不像刘、张那样有骨气，许多人受不了酷刑，屈打成招，照审讯官给的口供承担了罪行。最后结案之时，刘三吾、张信等人被扣上了为逆臣胡惟庸鸣不平，谋反朝廷的罪名。

要知道，胡惟庸可是明初政坛挥之不去的大阴影，许多大员的落马都与他有着或多或少的关系。胡惟庸是中国历史上最后一位宰相，是朱元璋的老乡，明代的开国功臣。自朱元璋起事之后就跟着他打天下，明朝建立后，胡惟庸官运亨通。洪武六年（1373），经过亲家李善长的推荐，升任右丞相。洪武十年（1377），又高升为左丞相，成为一人之下万人之上的百官之首，权势滔天。胡惟庸大权在握已久，越发飞扬跋扈，做事经常不经过皇帝就擅做决定。全国各地上报给朱元璋的报告，他都事先看过，但凡有不利于自己的言论马上截留下来，不让皇帝看到。胡府每日门庭若市，家里就像人才市场一样热闹，挤满了费尽各种手段想要求得胡丞相的青睐，以便混个一官半职的人。

胡惟庸的嚣张跋扈引起了朱元璋极大的不满，他借口胡惟庸密谋不轨，处死了胡惟庸，还彻底废除了丞相制度。胡惟庸死后还阴魂不散，朱元璋借他的死制造了多起惨案。洪武二十六年（1393）五月，蓝玉案爆发，将胡惟庸的谋反案进一步推到高潮，又一批高官落马，明初的开国功臣至此屠戮殆尽。胡惟庸成为悬在明代官员头顶上的一把刀，生怕和他扯上一点关系，遭到灭门之祸。这回南北榜之争竟然扯到了胡惟庸头上，人们都知道张、刘二人这下是死定了。果然，张信最后被凌迟处死，而刘三吾因年岁太大而幸免于难，被发往边塞充军。

同年五月，朱元璋亲自阅卷，重新排出了名次，选出六十一名幸运儿，第一名是来自河北的韩克忠，第二名是山东的任伯安，六十一名贡士中竟然没有一个南方举子，全是北方人，当时人称“北榜”，又叫“夏榜”。朱元璋将全部南方人排除出录取榜单之外的做法正是他对刘、张二人的反击，而并不是南方人不优秀。因前榜高中举人的全为南方人士，后榜全为北方人士，所以历史上称之为“南北榜糊涂案”。为了避免这类事件再次发生，朱元璋的孙子在洪熙元年（1425）实行南北分开考试分开录取，南卷取60%，北卷取40%，南北之争至此告一段落。

历史悠久的江南贡院

南北之争其实由来已久，在宋代就已经泛滥成灾，北宋开国君主赵匡胤就是始作俑者。据说他亲自书写了一条横幅挂在宰相办公处：“南人不得坐吾此堂”，可见他对于南方人的防范。寇准是北宋初有名的宰相，素来以刚正不阿闻名于世，就是他在澶渊之战的时候强迫宋真宗站出来鼓舞士气，辽兵才撤退的。但是这个抗辽英雄却是个不折不扣的地域歧视者，他是陕西渭南人，正宗的北方大汉，十分歧视南方进士。有一次，他任科举主考，一个叫萧贯的江西考生成绩优异，实为状元之选，但是寇准却不认账，硬是把萧贯拿下，换成了山东人蔡齐。寇准非但不以为耻，反而四处夸耀说，我又为北方抢来一位状元。两宋时期，政府极力压制南方人，但是南方人正是在宋之后崛起的。越压制越奋进。在明初，这种南北矛盾达到了高潮，或许刘三吾的录取榜确实存在一些问题，北方人以前在科举中也略有斩获，为什么这次却一无所获？他们因此愤愤不平，反抗也是情有可原的。明太祖为了安抚北方人士，严惩了这次的考官，原春榜中榜的南方举人以行贿罪全部砍头，全案一共杀了二百多人，是明代一大冤案。

17 “拼爹”的进士
——明代权臣对科举的干预

◇ ……………………

现在社会不乏“拼爹”的现象，有些年轻人找工作、上学等等，不单要拼自己的实力，还要拼爹妈的权势、背景，这样的现象在古代时常出现。在古代的科举考试中，进士可以依靠宰相爹的权势，轻轻松松跨越从学生到官员的藩篱，进入高官的行列。在明朝，就发生过很多官宦子弟“拼爹”中了进士这样的事，结果惹得朝廷争议不断，引发了一系列的党争闹剧，把一场人才选拔大会搞成了政治争斗大会，大学士翟銮和张居正就是这出闹剧的受害者。

一、权臣之子科举避嫌反遭政敌清算

自朱元璋建立明朝后借口丞相胡惟庸谋反，废除了几千年来就有的宰相制度，皇权迅速膨胀起来，皇帝自此为所欲为，像一匹脱

缰的野马，根本无人可以制约。这么多的政务，每天的奏折堆积如山，上到军国大事，下到黎民纷争，事无巨细全都压在皇帝肩上，以前琐碎小事还有宰相代为处理，废除宰相后，就没有人分担这些繁重的政务了。前期的皇帝还算勤勉，后期皇帝全是“皇二代”，哪里忍受得了这么多杂事，“我当皇帝是享福来了，不是受苦来了”，于是，便催生了一项新职业——内阁大学士。皇帝选派自己的亲信来分担朝政，自己只要掌握决策的权力，看看他们的处理建议，从中选择一个最好的就行了，至于执行的事交给其他人办就好。由于明代中后期皇帝贪图享乐，一点也不想管琐碎的政事，国家大权便渐渐落在这些皇帝的顾问——内阁大学士手中，虽然这些大学士没有宰相之名，但实有宰相之权。我们要讲的这件事就从这里说起。

明代中期有一位内阁大学士翟銮，他祖籍山东诸城，明初定居北京，可以说是个地道的老北京。嘉靖六年（1527），翟銮因功升为文渊阁大学士，分管朝廷吏部事，这可是个大肥缺，相当于现在的国务院官员兼人事部部长，掌管朝廷的人事分配，一笔下去就决定无数官员的命运。当时内阁中其他阁员杨一清、桂萼、张璁先后离职，他一个人独占内阁两个月有余。那真是一段美妙的时光，内阁里他一人独大，这种感觉真的很爽。但是好日子没过多久，母亲突然病逝，他只好回乡守孝三年。三年后，翟銮转任兵部尚书兼右都御史，奉命巡视北部边防，回到北京后，他官复原职又成为内阁大学士，可谓权倾一时。

翟銮

嘉靖二十一年（1542），内阁首辅（相当于现在的国务院总理）

夏言因为妄言兵事惨遭杀头弃市，翟銮继任为内阁首辅。虽然翟銮名义上是内阁第一位，但是权势远在阁员严嵩之下。大家应该都听说过严嵩的大名，他可是明朝首屈一指的大奸臣，他独霸内阁二十多年，没有对手，祸国殃民，人见人憎。前任夏言是他的江西老乡，却也惨遭他的暗算，最后落得个悲惨结局。所以翟銮还不如前几年当阁员自在，每天战战兢兢地做事，生怕遭到严嵩的陷害。

嘉靖二十三年（1544），恰逢每三年一度的科举考试，大批考生涌入首都北京前来参加会试，这是做官前的倒数第二道程序。正好当年，翟銮的两个儿子也要参加会试，他又喜又忧，喜的是儿子学业有成，前途大好，忧的是自己身居首辅之位，会不会耽误儿子前程。原来，科举考试中有避嫌一说，如果主考官的亲属来应试就要取消考试资格，当然这不是绝对的，历朝历代多的是权臣子弟应试高中的事实。这本来不会对儿子的前程构成什么阻碍，他又不是主考，并不需要遵循什么回避原则。但是翟銮当时的处境很是微妙，虽然他名义上是内阁第一人，但是后面有老奸巨猾的严嵩死死盯着，一心想拉他下水。之前，严嵩就多次在皇帝面前诋毁翟銮，但是没有得逞，这次会试可是一个大好时机。要知道，严嵩借科举成功搞垮过许多政敌。翟銮想劝说儿子放弃这科会试，下次再考，但是功名的诱惑终究让人难以抗拒，他们兄弟俩依旧不愿放弃这来之不易的机会，还是去应试了。

严嵩

在这次会试中，他的两个儿子不负众望，果然榜上有名，得以进入最后的殿试。由于翟銮的江湖地位，他的儿子一上榜，就为京城广大权贵所知，议论纷纷，认为翟銮肯定会趁热打铁，借助权势帮助儿子更上一层楼。这样的话传遍街头巷尾，越传越广，最后竟然传到了深宫中皇帝的耳朵里。嘉靖帝朱厚熜听说了这件事后，也疑心首辅翟銮会利用自己的地位说情，使儿子高中状元。于是他为以防万一，特意传旨把未来殿试的第一名降为第三名。

没想到，事情就是这样凑巧，殿试之后，翟銮的儿子翟汝孝果然高中殿试第三名，他的另一个儿子汝俭也名列前茅。当时的人还作了一首歌谣来嘲讽翟銮父子：“一鸾（借指翟銮）当道，双凤齐鸣。”一语成谶，翟銮的儿子就是原来的第一名，这一连串的巧合证实了弊案的存在，翟銮死定了。果然，殿试结果一出，朝臣纷纷弹劾这次科举弊案，其中攻击最起劲的要属翟銮的政敌严嵩了。他集结他的党羽，火力全开地攻击翟銮，说他在考试中暗箱操作，动手脚让他的儿子高中，是贪污渎职的大罪。恰巧之前，严嵩弹劾过翟銮利用自己内阁首辅的地位，提携自己的老师崔奇勋和姻亲焦清一起中了进士。一开始皇帝并不以为然，但是一连串的事情下来，他越来越怀疑自己的亲信翟銮真的在其中做了什么手脚。

道君皇帝嘉靖

要知道，嘉靖皇帝可不是什么善茬儿，他以外藩的身份从湖北安陆一路来到北京继承他堂兄正德皇帝的皇位，初进北京毫无外援，但是靠着坚毅的性格，一个人单枪匹马硬生生地闯出了一个天下。他为了维护生父的名号与北京的地头蛇们争了七八年，最后把托孤大臣杨廷和打落尘埃，再也没有机会爬起来。后来，他又重用一些锐意进取的青年才俊，例如张璁、桂萼、方献夫、夏言等人，翟銮也是其中之一。嘉靖从小迷信道教，取了一个十分冗长的道号——灵霄上清统雷元阳妙一飞玄真君、九天弘教普济生灵掌阴阳功过大道思仁紫极仙翁一阳真人元虚玄应开化伏魔忠孝帝君、天上大罗天仙紫极长生圣智昭灵统元证应玉虚总掌五雷大真人玄都境万寿帝君（简称飞玄真君）。可能是他吃丹药吃多了，有些神经质，性格还很多疑，刚开始视夏言为好兄弟，最后反目竟将之以杀头告终。

翟銮也是这样一种情况，一开始嘉靖十分信任翟大人，任严嵩怎样诋毁，他都毫不动摇。但是一旦有了一点疑心，信任便全盘崩溃。当嘉靖皇帝听到翟銮的种种劣迹时，龙颜大怒，顿觉以往瞎了眼，居然看重这样一个败类。一怒之下，嘉靖下令严查此事，务必要查个一清二楚。查完后，果然有黑幕。原来乡试时正、副主考秦鸣夏、浦应麒为了讨好翟銮，专门录取了他的两个儿子；会试时副主考江汝壁又授意监考官，把翟氏兄弟和他们的老师崔奇勋以及翟汝俭的同学兼亲家焦清四人的座位安排在一起，以方便作弊。在评卷时，考官欧阳曾是翟氏兄弟的老师，表面上假装避嫌不看他们的试卷，暗地里却帮忙辨认字迹。在同考官中，彭凤录取翟氏兄弟、崔奇勋、焦清。

嘉靖听后，十分愤怒，有一种被背叛的感觉，下旨严惩案犯。翟銮和他的一干亲友纷纷落马，当时会试的考官也惨遭牵连，罢官的罢官，流放的流放，除功名的除功名。有人欢喜有人愁，翟銮的首辅不保，从此再无缘仕途，他的两个儿子的功名也被剥夺，真是悲剧。反之，严嵩则顺利坐上首辅之位，尤其春风得意。翟銮受严嵩陷害，罢职为民，没过三年就病死了。

二、为爱子公然舞弊死后惨遭戮尸

翟銮父子的惨剧还留在人们脑海中，马上就有后继者步其后尘，毅然铤而走险地重蹈着他的悲剧，张居正就是其中的“佼佼者”。张居正是明中后期伟大的改革家，万历初年的内阁首辅，开创了“万历新政”，与宋代的王安石齐名。他是湖北荆州人，自小名噪乡里，被誉为神童。嘉靖二十六年（1547）高中进士，隆庆元年（1567）以吏部左侍郎的身份进入内阁，正式成为明代内阁大学士，步入高级官僚的行列。万历元年（1573），张居正以帝师的身份成为内阁首辅，坐上了内阁头把交椅，他可不像上文中的翟銮是个空头首辅，张居正是名副其实的内阁老大，说一不二。他趁着万历皇帝年幼，联合李太后和太监首领冯保，架空皇帝，实际掌握着所有军国大事，不是皇帝胜似皇帝。在张居正当政时期，他推行了一系列的新政，将大明朝的寿命又延长了几十年。这样一个有为的宰相却是一个护短徇私的父亲，为了儿子的前途，不惜利用自己的权势为儿子做人情，虽然他活着的时候无人敢举报，但是在他死后，这件事马上成为他的罪状之一，成为压垮张家的最后一根稻草。

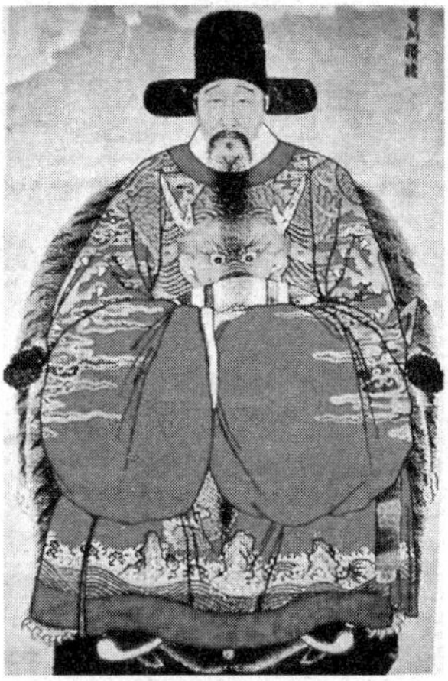
张居正

张居正有六个儿子，个个学问了得，学历很高。前三个儿子都是进士及第，尤其三子懋修更是状元及第，另外三个摊上了一个好父亲，也是吃穿不愁，长大后在清闲衙门做了个小官，想来就来，想走就走，实在是自在得很。曾经有一个人为了讨好张居正，写了一副对联送给他：上相太师一德辅三朝功光日月，状元榜眼二难登两第学冠天人。说的就是张家两子嗣修、懋修分别为榜眼、状元，张居正高兴地把对联挂在家中，心中十分得意。但就是因他三个儿子的中举引来了张居正死后无尽的公案，具体是怎么回事，且听我仔细道来。

万历二年（1574），张居正刚开始推行他的新政，朝廷阻力很大，他一心忙着改革的事情。就在那一年，正巧他的大儿子张敬修参加会试，一开始他并不想用自己的权势干预儿子的前途，因为他对敬修的才华十分自信，认为不靠自己他也能考中进士。但是事与愿违，就是因为他没有干预，结果才华横溢、本该中榜的大儿子居然落榜了。原来，张居正的长子参加会试的消息被其他大臣知道了，他们担心张居正利用地位从中做手脚，来帮助儿子高中，所以为了公平起见，防患于未然，不如直接让张敬修落榜。做这件事的就是素以清正廉洁著称的大清官海瑞。

海瑞是明代有名的大清官，不畏权势，性格耿直。他在福建延平府南平县当县学的教谕（中国古代的正式教师）的时候，有一次，朝廷的御史来视察县学，照例要接见学校的教员，海瑞和其他两名助教一起去拜见御史，一见到御史，两位助教连忙跪下觐见，但是中间的海瑞却只是站着鞠躬，并不下跪，御史见状，对陪同的县令冷笑说："你看，这三个人多像一个山字笔架。"两个跪着的人中间夹着一个站着的人可不是一个笔架嘛！海瑞听到这个暗示无动于衷，御史拂袖而去，连饭也没吃就连夜离开了南平，好好的一次日常巡查不欢而散。原来明代开国之初崇尚师道，特别规定学校教员在学校拜见上官，拜而不跪，只是后来士风日下，学官跪迎上官早就见怪不怪了，海瑞坚守原则的举动反而成了特例。自这件事后，海瑞赢得了一个外号"海笔架"，从此名声大噪。这样一个坚持原则的清官自然见不惯任何以权谋私的举动，所以，他写信给主考官吕调阳，希望吕主考公正取才，不要顾及某首辅的面子。不知这封信在其中起到多大作用，但是张敬修确实落榜了。张居正听到这段内幕后十分气愤，自己分明没有请托，那"海笔架"却以小人之心度君子之腹，那就别怪我不客气，下次，我就真做给你看。张敬修的前途就这样被耽搁了，六年后，他才鼓起勇气再次去应试。

万历五年（1577），张居正的二儿子也要参加会试了。吃一堑长一智，此时的张居正可不是三年前的张居正了，而且他的新政已经稳固，是大明当之无愧的第一人，一如嘉靖时期的严嵩。这一次，张居正专门派堂弟张居直找了同样参加会试的江南考生汤显祖和沈懋学，这两个人是江南有名的才子，成名已久，张居正希望他们能陪张嗣修读书，以此抬高自己儿子的地位，同时许诺将汤、沈取在前三名。汤显祖是明代有名的戏曲名家，代表作是《牡丹亭》。他是个有性格、有原则的人，当然不同意这样的暗箱操作，断然拒绝。本来以他的才学有希望名列前茅，却因为性格关系而名落孙山。相比之下，沈懋学就"识好歹"得多，最后果然荣登榜首，成了状元。而张居正的儿子张嗣修，原本是二甲第一，却被万历皇帝生生改成了一甲第二，事后张居正领儿子去谢恩的时候，万历皇帝意味深长地说了一句："老师辅佐大恩，学生自然要报答。"

汤显祖

张居正的次子张嗣修顺利考中榜眼，张居正老怀大慰，决心趁热打铁，在下一科继续帮助其他儿子高中，为张家谋个万世不易的好基业。万历八年（1580），张居正的三儿子张懋修和六年前落第的大儿子张敬修要一起参加会试。这次张居正故技重施，又一次找到了不合作的汤显祖，希望他迷途知返，帮助他的两个儿子中进士。那天，张懋修带着江南人王篆再次去汤显祖下榻的旅馆拜访汤显祖，劝说他陪自己读书，增加自己的名声，并承诺汤显祖状元之位。汤显祖还是不改以前强硬的态度，严词拒绝说："我不想丢掉自己的清白之身，多谢张公子好意。"结果可想而知，汤显祖又一次落榜了。虽然张氏父子被汤显祖又一次拒绝了，但是一计不成还有其他之计，既然汤才子不识时务，有的是识时务的才子。在之后的殿试中，张首辅担任评卷官，经过各种里外串通，张懋修居然高中状元，长子张敬修也以二甲十三名的好成绩被正式录取。

这次会试作弊做得如此堂而皇之，自然引起了朝野上下的轰动，赤裸裸的作弊行为激起了众怒。民间纷纷谣传状元张懋修的卷子是其父张居正代写的，甚至还有无名氏为此作了一首诗嘲讽张家道："状元榜眼俱姓张，未必文星照楚邦。若是相公坚不去，六郎还作探花郎。"这首打油诗流传得很广，京城黄口小儿都会背诵，张家一时声名狼藉。朝臣们自然听说过这样的谣言，但是畏于张居正的权势，无人敢弹劾，要知道之前为了张居正守孝夺情一事（张居正的父亲去世，按理应该辞官守孝三年，但是皇帝夺情要他戴孝上朝），已经有无数同僚惨遭报复，没人敢触张大人霉头。这场公然的作弊行为就在无人敢言的沉默下暂时落幕。

张居正的儿子们在父亲的庇佑下，纷纷顺利考中进士。就在万历十年（1582），一个噩耗传来，张居正病死于北京，他的儿子们的仕途之路就此断绝。当时北京城里流传着一句话："张公若不身亡，四官定作探花郎。"因为又到了下一年的会试时间，要不是张居正突然去世，人们猜想他的四儿子简修也一定会在会试中高中，不是状元就是榜眼。但是事情的发展并不像众人想象的那么美好，在张居正死后，张家马上衰落，不单单是四儿子没有机会中状元了，其他已经高中的儿子也面临着被剥夺功名的危险。

墙倒众人推，棒打落水狗。由于张居正生前太过飞扬跋扈，树敌众多，死后马上就遭到了政敌的弹劾，到处翻旧账。他以前帮儿子作弊的事情自然也被翻了出来，南京刑科给事中阮子孝弹劾张居正三个儿子“滥登科第”。皇帝看完举报信后，下旨将张居正几个儿子的官职和文凭革除，充军千里，每个人都死得很惨。张家的财产被罚没到国库，他自己也惨遭戮尸，实在是落得很悲惨的境地。

其实，张居正自己就是个大才子，他的儿子们也不差他多少，只凭自身本事也会高中。但是张居正爱子心切，揠苗助长，聪明反被聪明误，这样做反倒给儿子们帮了倒忙，也使得张家的基业不保，真是“机关算尽太聪明，反误了卿卿性命”。

18 科场变刑场
——顺治丁酉科场案

◇ ……………

清军入关以来，为了稳定新生政权，在大江南北大杀四方，消除一切不安定因素。清代自立国以来，就伴随着残酷的杀戮。清初，满人在南方制造了一场又一场屠杀惨案，“嘉定三屠”“扬州十日”，不一而足，这些事件大部分都发生在顺治年间。在混乱的顺治年间，不止战场充斥着血腥，科场也是鲜血淋淋。顺治十四年就活生生上演了一幕科举喋血记，北京、江南两地人头滚滚，鲜血直流，这就是满清第一件科场大案——顺治丁酉科场案。

一、顺天科场初起风波

顺治十四年（1657），农历是丁酉年，按照清朝惯例，每逢子、午、卯、酉年都要举行乡试考试，而各省考试开始时间一致确定为八月。各地考生最重要的集散地，在北方是顺天府乡试（京津地区），称为北闱；在南方则以江南科场为重，号称南闱。这次科举大案就要从顺治十四年顺天府乡试说起。

顺治十四年正月，在新年朝会上，20 岁的顺治皇帝为了安定广大汉人的心，出台了一项新政策，那就是限制八旗子弟参加科举。这对广大汉人考生来说可是极大的福音，要知道，北京城可是官宦子弟的集中营，每次乡试都会挤占大量名额。这次朝廷开恩，将旗人子弟排除在外，汉人学子中举的机会不就大了许多？只要有真才实学，一定有机会夺魁。顺治十四年的乡试就这样如天降甘霖般来临了，由于政府的优惠政策，报名的考生比平时多了一倍还多，就连许多南方士子也舍近求远，选择来北京参加顺天府乡试。

顺治趁科场案打击江南士子

顺治十四年，北京城的考生格外多，客栈人满为患，让京城的小贩大发了一笔横财。到了乡试那一天，考生云集考场，带着希冀和渴望答完了试题，静静等待考试结果。在顺天府乡试放榜前一天凌晨，就已经有许多心急的考生迫不及待地等在发榜处了。到了第二天，所有考生都到齐了，每个人都在红榜前焦急地等待结果，千呼万唤始出来，过了几个时辰，进士红榜终于新鲜出炉了。考生们一拥而上，纷纷挤到榜前，生怕落后错过自己的名字。但是，考试的结果却出乎众人意料，京官三品以上的子弟纷纷名列前茅，占据榜首，而许多知名的才子却名落孙山，榜上无名。考生们火热的心顿时寒冷如冰，如同坠入冰窟一般。公告栏前群情激愤，考前积攒的怒火瞬间被点燃。

原来，这次顺天府乡试的考官竟然违背皇帝禁令，公开舞弊通关节。本次正主考是曹本荣，副主考是宋之绳，两人都是南方人，是朝野有名的饱学之士，其他十四位评卷官李振邺、张我朴、蔡元禧、郭浯等都是朝廷新晋的青年才俊，考官阵容十分强大，可见皇帝为了这次乡试，可谓是准备充分。但是，没想到这样万全的准备也制不住猖獗的科场舞弊。事情坏就坏在年少轻狂的青年新贵身上，历来考试都免不了舞弊现象，李振邺、张我朴等人三十岁有余，就已经踏入朝廷中枢，名列评卷官之一，可谓是风头无二，难免得意忘形，自然成为那些不肖考生首选的贿赂对象。

李振邺是浙江人，顺治九年（1652）进士，中举后在一个冷衙门里做了一个小官，平时根本没有任何油水可捞，这次居然被选为评卷官之一，真是意外之喜。清代官场腐败，吃、卡、拿、要的现象很是普遍，科举考试是古代最重要的官员选拔考试，成绩好坏关乎每一个考生的前途，一旦被选为考场工作人员，上到考官，下到杂役，个个都可以赚得盆满钵满。要知道清代官员的俸禄是很少的，天子脚下的官员也一样。要想在京城活得滋润，就要靠别的门道，这次评卷正是增收的大好机会，大考在即，总会有一些不学无术的富家子弟来送钱的。果不其然，一个江南富家子弟张汉主动来找李振邺求他帮忙，苍蝇不叮无缝的蛋，他找的借口就是帮忙解决李大人小妾的住房问题。原来李振邺背着老婆偷偷娶了一房小妾，正愁没有地方安置呢，以他微薄的俸禄根本买不起京城的房子。这时，张汉主动献出自己在京城的房产以换取他的推荐名额，同时还有若干金银奉上，二人一拍即合，马上成交。张汉还联系了其他几位和自己情况类似的考生，推荐给李振邺，李考官照单全收，每人六千两白银。但是李振邺贪得无厌，并不满足张汉联系的这几个考生，自己还另寻门路收了许多银子，到了考前，他一共收了 25 个考生的银子，大大超过了自己的推荐限度。其中自然少不了白花了冤枉钱却没有考上的倒霉考生。

李考官在府中公开卖关节卖得不亦乐乎的时候，其他考官也没有闲着，张我朴也在忙着拿关节送人情，他不像李振邺那样只是为了钱财，他的目光更为远大。张考官拿着自己的几个中举名额，纷纷送给了这次报考的达官显贵子弟，为自己日后升迁打前站。经过一番运作，他手中不多的几个名额马上就分发殆尽了。

张、李两位考官肆无忌惮的行为马上传遍了全京城，当时“张千李万”的谣言甚嚣尘上，考生们都曾或多或少地听到过这一传闻，但是他们心中还抱着一丝希冀，认为朝廷一定会公正取士。但是发榜后的残酷现实彻底打破了他们美丽的幻想，长久积累的怨气瞬间爆发出来。没花钱而落第的学子喊冤哭诉，那些花了冤枉钱却依然没有考中的考生更加愤愤不平，众人都不服气朝廷钦定的名单，力主要讨一个公道。

其中声讨最强烈的要属张汉了。他不仅花了银子，给了房子，还辛辛苦苦为李振邺牵线收钱，没有辛劳也有苦劳，没想到辛苦了半天，却半个功名也没有获得。张汉十分憎恨李振邺，决定给他一个终身难忘的报复。张汉看到考生的过激情绪后，便从中煽风点火，鼓动他们游行示威。众位考生对此次录取结果也是义愤填膺，商议之后决定举行集体游行示威活动。过了一天后，众多落第考生纷纷从住所赶往文庙去哭诉。文庙是古代读书人心中的圣地，就像老百姓眼中的佛堂一样有着崇高的地位。那天，众多考生气势汹汹地前往圣地，泣涕涟涟，请求夫子为他们做主。

这样大规模的学生游行活动自然惊动了朝廷，顺治帝听闻学生集体游行活动后，马上下旨严查，将两位主考官和十四位同考官全部逮捕归案，其他中举考生监视居住。朝会上，给事中任克溥上奏皇上说，陆其贤之所以中举是因为送给考官李振邺、张我朴三千两银子。顺治帝更加生气了，下令都察院严查，最后证实同考官李振邺、张我朴等人受贿属实。于是，顺治帝下旨，将李振邺、张我朴、蔡元禧、陆贻吉、项绍芳、田耜、邬作霖七名涉案官员全部处斩，家产充公，父母、兄弟、妻子流放到尚阳堡（今辽宁省开原县），至于录取名单仍维持原状，通关节考生处以警告处罚。至此，顺天府科举大案告一段落。这场血案使人民警醒，但是科场惨剧并没有因此而结束。真是一波未平一波又起，随着之后连锁的江南科场案爆发，人们才知道顺天科场案只是个小儿科罢了。

顺治皇帝

二、江南乡试再掀高潮

顺治十四年顺天府乡试的惨剧仍历历在目，江南科场就爆发了声势更为浩大的科场舞弊案。江南向来是统治者特别关注的重点区域，明清以来，朝廷的绝大部分赋税都来自于此，而这些地方的考生质量也是远远高于其他地方，许多重要官员都是南方人。统治者对于江南地区，向来是又依赖又忌惮。今年这场江南乡试，顺治也是寄予厚望，他亲自挑选了两位老成持重的官员方猷和钱开宗去担任主考官。临行前，顺治皇帝还对他们殷殷嘱托，要他们秉公取士，如果事后发现他们徇私舞弊，小心脑袋搬家。当时顺天府舞弊案还没有东窗事发，所以两位大人并没有把皇帝的话当回事，左耳朵进右耳朵出，就这样去江南赴任了。没想到，同样的科举舞弊案又一次在江南上演。顺治十四年八月江南乡试放榜之后，依然引发了一场学子暴动。他们重演了顺天府的游行活动，也集体到文庙去示威哭诉。

这场游行比顺天府的声势更为浩大，甚至有考生还写了一出剧本《万金记传奇》，专门声讨这场科场舞弊案。书名中的“万金”就是在影射两位主考官，正主考姓方，方字去了上面一点就是“万”字，副主考姓钱，钱字去了右半边就是“金”字，“万金”合起来就是“方”“钱”两字。《万金记传奇》记述了考官徇私舞弊的故事。正、副主考官收受贿赂，使得许多不学无术之辈高中榜首，而真正的有才之士却名落孙山。揭榜后，考生大怒，向考官乱扔烂菜叶和臭鸡蛋。考官一看形势不妙，三十六计走为上，慌忙坐船离开，结果遭到士子们的穷追猛打。他们沿着河边跟着船一路直追，一边追，还一边骂，甚至还有人往船上扔石头，幸亏船比较结实，否则两位主考官就要沉船江中了。这个剧本生动地表达了江南落第士子愤怒的心情，也正是顺治丁酉江南乡试士子心灵的真实写照。类似的还有传奇剧《钧天乐》，这两个剧本随着科场案的爆发一时传得沸沸扬扬，成为江南各大书店的畅销书，认识字的几乎人手一本。

这场暴动的导火索是一个叫方章钺的考生，他与主考官方猷同姓，事后御史弹劾方猷假公济私，取中远房亲戚方拱乾的儿子方章钺为举人。御史上官铉又弹劾同考官龚勋离开考场后遭考生羞辱，其中一定有舞弊之嫌。顺治皇帝听到御史的上奏，回想起刚刚才平息的北京考生暴动，心中大怒，下旨严查，马上派人从江南将方、钱两位主考官和十八位同考官统统押解回京，严加审讯。顺治实在是被先前的舞弊案吓怕了，一听到江南又出事了，刚放松的神经又绷得紧紧的。顺治十四年注定是多灾多难的一年，顺治帝被连绵不断的科场丑闻折磨得痛苦不堪。

其实，江南乡试的舞弊现象并没有顺天府的严重，取中的多是江南名士，虽然有一些滥竽充数的南郭先生，但也无伤大雅。为什么这次相对公正的考试反而比前次顺天府乡试遭到更多的骂名呢？这或许和当时江南的严峻形势有关。要知道，清代入关以来，对江南十分严苛，因为江南地区是南明小朝廷的根据地，聚集了大量反清义士，时刻威胁着清朝的统治。况且，为了压倒江南反清势力，朝廷还制造了大量惨案，最有名的要数顺治初年的“嘉定三屠”和“扬州十日”。由于种种原因，满清在江南汉人士子心中的印象很糟，从心底对政府不信任，以至于有很多知名才子不参与满清政权，大名鼎鼎的顾炎武先生就是其中一员。好不容易由于顺治后期的爱民措施，江南士子消除了一点戒备心，愿意去参加满清的科举，却马上又发生了这样一件科场舞弊案，大大伤害了南方读书人的心，人们对满清的态度一下子又回到了不合作的原点。

江南舞弊案被揭发后不久，朝廷迅速做出反应，逮捕了相关涉案人员，考官纷纷锒铛入狱。事后查明，其实方猷和方章钺并无亲属关系，方猷是浙江人，而方章钺是安徽桐城人，两人根本八竿子打不着。虽然方章钺这件事是冤枉的，但是科举舞弊确实存在，只不过是小范围的，并没有影响大局。但是经过上次顺天府的事件，顺治帝决定严厉惩处江南案。因为他之前已经事先警告过方猷、钱开宗了，所以这次即使他们没有参与涉案，也是罪不容诛。在顺治帝的严旨催促下，方猷、钱开宗被就地正法，他们的妻子、儿女沦为官奴，家产全部充公。至于其他的十八名同考官，除了已死的卢铸鼎外，其他考官全部处以绞刑。而涉案举人方章钺等八人，被打了四十大板，同他们的父母、兄弟、妻子一起流放到了宁古塔（今黑龙江省牡丹江市）。

三、皇帝复试考场喋血

当然，在做出这一严厉判决前，还发生了一段不大不小的插曲。顺治皇帝刚接到报案的时候，为了谨慎起见，还做出了一个特别的决定，他把江南乡试榜上有名的诸位考生专门召到北京进行了一场特殊的复试。

顺治十五年（1658）三月，顺治帝在中南海瀛台专门召见了去年在江南乡试中考中的举子。瀛台是位于中南海的仙岛皇宫，四面环水，亭台楼阁无数，这样一个环境优美的好地方，作为考场，和阴暗的小黑屋比起来可算是天堂了。但在考生眼里，这次的瀛台复试就像地狱一样，令人恐惧。每个复试考生都带着木枷，手上和脚上也带着锁链，还有两个带刀的侍卫从旁监视，周围巡逻的侍卫更是无数。在这样肃杀的气氛下，取才的考场生生变成了杀人的刑场。

顺治帝出的题目是《瀛台赋》，当时正值初春，瀛台风光明媚，杨柳依依，湖水波光粼粼，可是考生的心情却如丧考妣，根本无心欣赏周围美好的风光。况且，考生们在牢里关押了将近半年，很多人已经快被折磨得精神崩溃了，还有不少人身染重疾却得不到医治。正值春寒料峭之际，他们身穿单衣，又冷又饿，根本写不出半个字来。试想，在你写作文的时候，旁边有两个全副武装的士兵随身看着，你哪里有心情构思文章呢？就在这种万分紧张的情形下，各位考生战战兢兢地完成了试卷，可以想象，肯定完全发挥失常。

在这场如临大敌的复试中，还爆了一个冷门，竟然有一位考生交了白卷，他就是江南的大名士吴兆骞。吴兆骞，号汉槎，江苏吴县人。他很早就成名了，九岁时就写得一手好文章，从此名震文坛。吴兆骞年少成名，使他养成了高傲自负、愤世嫉俗的性格，所以他虽然才高却不得人心。这次皇帝亲试，他却破天荒地交了白卷。有人说他是被吓坏了，提笔时脑中一片空白，所以交了白卷；还有人说他恃才傲物，故意交白卷藐视朝廷。依我看，吴兆骞纯粹是吓怕了，任何一个正常人在一个如同刑场的考场中答卷，都会发挥失常，尤其吴兆骞还是一个养尊处优、不曾遭受任何挫折的少年才子，他交白卷也是可以理解的。由于吴兆骞意外地交了白卷，解元花落武举人吴珂鸣头上。可能由于吴珂鸣是个武人，心理素质十分过硬，所以最后爆冷夺冠。顺治帝对吴珂鸣的文章大加赞赏，特别恩准他不用参加会试，直接晋级殿试，一下子踏入了官场快车道，可以说是这次复试中唯一的幸运儿。

清初名士吴兆骞

案发之前，顺治帝刚经历了丧子之痛，他的挚爱董鄂妃所生的四阿哥不幸病死，夫妻二人悲痛欲绝，根本无心理会政事。当顺治帝亲自监考复试，看到一份份惨不忍睹的答卷，往日郁结的情绪一下子就爆发了，更加确信了江南乡试舞弊的事实。尤其看到大名鼎鼎的吴兆骞居然交了白卷后，更加生气，认为江南人藐视朝廷，最后竟然把根本没有作弊的吴兆骞也列入了治罪名单之中，和那八个作弊的考生一起流放到了宁古塔。

据清史专家孟森先生考证，顺治十四年丁酉科场大狱几乎波及全国，尤其以顺天府和江南地区最为严重，之后在河南、山东、山西等地，也发生了类似的事情。经过这次科场血案之后，江南士人又遭到新一轮的清洗，顺治处置的官员和考生清一色都是南方人。整个案件从事发到结案持续了近一年的时间，弄得官场、科场人心惶惶，无数人因为这件事人头落地，妻离子散，家破人亡，真实上演了一幕科场喋血记。

吴兆骞流放地宁古塔

因为交白卷事件被连累的大名士吴兆骞后半生很是凄惨，他和弟弟吴兆宜被流放到宁古塔，一直过着生不如死的日子。他在宁古塔待了二十多年，每日辛苦劳作，黑龙江寒冷的天气使他得了严重的关节炎，每到阴雨天就隐隐作痛。二十年的流放生涯把一个养尊处优的柔弱书生变成了一个辛苦劳作的年迈老人。吴兆骞被流放后，他的好友积极营救，其中最积极的要数顾贞观。顾贞观是明末东林首领顾宪成的后代，是个仗义勇为的豪侠之士。顾贞观为了营救好友，投靠了当时的权相明珠，与明珠的长子纳兰性德成了至交。纳兰性德是清初有名的词人，是个至情至性的文人，他听到吴兆骞的悲剧遭遇，决心帮助吴兆骞脱离苦海。纳兰性德与顾贞观约定五年内救出吴兆骞。

于是纳兰性德出面，希望父亲明珠帮忙救出吴兆骞。明珠开始并没有表态，后来顾贞观的忠肝义胆感动了明珠，他才决定鼎力相助。经过多番曲折，在朝廷的默许之下，纳兰父子与顾贞观决定筹集资金，用钱赎出吴兆骞。这一行为得到了广大亲友的大力支持，众人拾柴火焰高，很快就筹集到了赎金两千两黄金。

康熙二十年（1681）七月，吴兆骞终于盼到了还乡的诏书，纳兰性德也实现了五年的承诺。此时，吴兆骞在宁古塔已经度过了二十多个春秋。由于长期在干冷的关外生活，吴兆骞已经不能适应江南的湿热气候，他一回到故乡，就生了一场大病，卧床数月，后来不得不到北京去治病，最后病死于北京的旅店中，享年 54 岁。至此，江南丁酉科场案中的传奇人物吴兆骞最终以凄凉的结局辞世，当年声势浩大的这场科场案也终于画上了一个句号，但其影响却远远不止于顺治、康熙两朝。

19 失而复得的状元
——王氏兄弟的科场奇遇

◇ ……………………

状元是古代学子梦寐以求的头衔，人人都想得到它。大多数状元都是十年寒窗苦读，一朝金榜题名高中的。然而，有时靠人力也是可以得到的。比如前文所说的“拼爹”状元，靠着家里有权有势而抢了一个状元头衔；但是也有怎么抢也抢不来的天命状元。清代科举中就发生了这么一件传奇的事，两个兄弟在一系列巧合下，经历了一次状元失而复得的奇妙之旅，可谓塞翁失马焉知非福。

一、兄弟联名高第起风波

清朝建立到乾隆时期已经有一百多年了，在乾隆皇帝的治理下，天下太平，清朝进入极盛时期，是康乾盛世的顶峰。中国人口在乾隆末年突破三亿大关，占世界总人口的三分之一，领土也达到清朝历史最高点，境内经济繁荣，四海升平，人民安居乐业，一派盛世景象。这时就在浙江湖州沿海的一个小村庄里，有一户姓王的人家，家里有两个相依为命的兄弟，他们是王以衔和他同父异母的弟弟王以铻。他们家虽然穷，但是兄弟俩穷得有志气，他们一边劳动，一边学习，通过自己的辛苦努力终于走出了湖州这个小地方，来到浙江省的省会杭州参加乡试。在乾隆五十几年的时候，他们同时考中了举人。要知道，在浙江考中举人可不是件容易的事情，浙江历来是科举大省，读书人众多，个个文采非凡，每年乡试都有大批声名远著的才子报名，除非你特别优秀，否则根本不可能杀出重围，到北京城参加更高一级的会试。两兄弟同时在竞争激烈的浙江乡试中脱颖而出，足见其出众的才学。

乾隆皇帝

王氏兄弟在弱冠之年就高中举人，开始享受朝廷的俸禄，家里从此衣食无忧。他们高中的消息传到家乡湖州，乡亲们热烈祝贺，纷纷慷慨解囊助他们进京赶考，争取更上一层楼，为家乡争光。怀抱着家乡人民的殷切希望，两兄弟踏上了漫漫赶考路。他们乘着船顺着大运河长途跋涉，一路上风餐露宿，终于来到目的地——北京城。站在巍峨的城门口，他们感受到了和温婉江南迥异的北方豪放之气，心中顿生一股豪气，考试的信心大增。他们找了一个既便宜又舒适的小旅馆住了下来，潜心准备考试。

到了考试那天，他们早早就赶到了考场门口等待，生怕误了点名的时间。这次京城会试的主考官是左都御史（相当于现在中纪委的部长）窦光鼐，他是山东诸城人，乾隆七年（1742）的进士，这几十年来经常去全国各地巡视，负责监督各地的教育情况，素来以公正廉明闻名于世，这次担任会试主考正是仰仗乾隆帝对他的信任。要知道当时乾隆帝已经在位60年了，他继位前发过誓，绝不超过爷爷康熙的在位时间（康熙在位61年）。今年眼看就到了退位做太上皇的时候了，他希望有一个完美的结局，所以特别重视这次科举考试。

窦光鼐

窦光鼐不负众望，始终秉持着公正、公开的态度，他三令五申，要求考官们认真对待每一份卷子，力求将有真才实学的有用之才选拔出来，不可遗漏每一个人才。考官们都懒散惯了，听到窦主考严厉的要求，头都大了，心中叫苦不迭，直抱怨命苦。他严格审核每一份卷子，对每份卷子都作出细致的点评，绝对不让不好的卷子滥竽充数。在经过一遍又一遍的核对后，他觉得十分完美了，才让手下揭开密封条公布名次。

没想到，就这么细致的审核还是难以周全全部考生，录取名单公布后，两个并列的类似的名字吸引了众位考生的眼球，他们分别是今科会元王以铻和榜眼王以衔，弟弟高居头名，哥哥屈居第二，兄弟俩占据了榜单的前两位。又据街头传言，考前窦光鼐曾经去两兄弟的故乡湖州视察过。这样赤裸裸的巧合，不禁引起了众人的怀疑和议论。他们认为一定是兄弟俩联合作弊，提前买通了考官，因此才能取得这样的好成绩，不然凭名不见经传的两兄弟怎么能战胜众多考生，独霸会试前两名呢？这样的议论在坊间流传很广，很快传进了深宫中皇帝的耳朵里。

在一次朝会上，乾隆皇帝问本次会试主考官窦光鼐：“窦爱卿，听说这次主考会试，两个浙江人名列榜首，这件事做得可不合规矩呀！”原来，清代科举为了平衡各省录取名额，乾隆的爷爷康熙皇帝在1712年的圣旨中明确规定，每省二十八名考生中录取一名，每省平均中举率为二十八分之一，而台湾由于是刚收复，特别破例每十人录取一名，即录取率为十分之一。这项规定在之后的科举考试中为后人所沿袭，并成为一种惯例。以这次京城会试来说，既然第一名会元已经是浙江人了，那么第二名就应该从其他省的考生中来选择。窦光鼐在这次会试中无视这条规定，大大破坏了官场秩序，他不止录取了两个浙江人高居榜首，而且这两个人还是亲兄弟，更加惹得众人不平，认为他藐视其他考生。窦光鼐也是个认死理的腐儒，他认为自己行得正，根本不惧众人的诋毁。他坦然地回奏乾隆说：“回禀陛下，微臣是以才取士，按照他们考卷的实际情况录取的，绝对没有一丝偏私浙江人，请陛下明鉴。”

要知道，科举中的地域歧视向来存在，早在明朝初年就发生过一起震惊全国的科场南北榜案。那一年南方人全部上榜，而北方人一无所得，惹得众人大呼不公，虽然主考官是公正判卷，但他丝毫不顾及全局，最后只落了个人头落地的悲惨下场。之后，皇帝吸取教训，十分注意搞好省级平衡，以免江山不保。这回窦光鼐公然违背规定，实乃大错。

二、奸臣弹劾主考除政敌

乾隆六十年的浙江兄弟上榜案引得众人议论纷纷，在这样的背景下，权臣和珅也盯上了这桩案子。和珅是乾隆后期有名的权臣，他是满洲正红旗人，姓钮祜禄氏，是满族大姓。和珅以贫困起家，但他十分聪明且善于逢迎，23岁的时候，他就借着英俊讨喜的容貌赢得了乾隆皇帝的喜欢。之后，和珅就像登上了仕途火箭，官位节节攀升，不到三年时间，就进入了军机处任军机大臣。要知道，清代的军机处原本是乾隆的父亲雍正皇帝为了应付西北军事特别设立的临时部门，但是之后这个部门却变得越来越重要。到了乾隆时期已经成为朝廷的重要决策部门，一旦进入军机处就意味着你是预备宰相，前途无量。和珅以一个家道中落的旗人不出几年就爬上了预备宰相的地位，可见其才。在乾隆后期，和珅官运亨通，身兼数职，他大力打压反对派，在乾隆五十三年(1788)，将大多数政敌铲除，大权独揽，可以说，除了皇帝外，和珅称第二没人敢称第一。和珅独霸朝政时间长了，行为越来越骄横，连皇太子即后来的嘉庆帝都不放在眼里。

和珅

窦光鼐为人正直，不肯攀附和珅，几次坏他的发财大计。有一次，窦光鼐揭发了和珅的铁杆党羽王亶望等人在浙江贪污的罪行，这是乾隆朝有名的腐败大案，和珅十分嫉恨元凶窦光鼐，几次想置他于死地。这次科场丑闻迭爆，和珅感到打击窦光鼐的时机来了。于是，他指使手下党羽弹劾窦光鼐，并向乾隆皇帝汇报说，我怀疑窦光鼐是为了显示自己在教育方面的政绩，或者是与王氏兄弟考前做过交易，所以这才力挺两兄弟平分会元和榜眼。总之就是一句话，考场有黑幕，幕后元凶就是窦主考。乾隆皇帝本来很相信窦光鼐的操守，但是在看到这么多的弹劾奏章后，也不由得怀疑起自己的眼光来。在如山的举报信下，他决定另外派一名主考官重新进行复试。

这位主考官就是纪昀（纪晓岚）。一提到纪晓岚与和珅，恐怕大家便会想起一部熟悉的电视剧《铁齿铜牙纪晓岚》。剧中张国立扮演的纪晓岚是王刚扮演的和珅的头号劲敌，他们在官场上你争我斗，闹得不可开交，上演了一出腐败与反腐败的啼笑皆非的喜剧。剧中纪晓岚的官位与和珅似乎不相上下，但是在历史上，二人却并非那么水火不容，纪昀的江湖地位远远不及他的上司和珅。

纪昀，字晓岚，直隶河间府（今河北沧县）人，是清代有名的文学家，曾经奉皇帝之命主持编纂《四库全书》（我国古代现存规模最大的丛书）。他们的关系并不像剧中那样水火不容，反而相处得跟忘年交一样。和珅比纪昀小25岁，年老的纪昀看到和珅，仿佛看到年轻时的自己。纪晓岚曾经做过和珅的下属，还经常合作共事，二人相处十分融洽。在仕途上，和珅照顾纪晓岚；在人际关系上，纪晓岚则负责协调和珅和其他人的矛盾。基于共同的战友情，纪昀时常暗地里帮助和珅，所以这次派纪昀来调查这件事对和珅是很有利的。

纪大烟袋

纪晓岚接到皇帝的旨意后，首先明确了丑闻责任人。他向皇帝建议，将窦光鼐和其他考官降职留用。因为这场科场风波是因为窦光鼐擅自破坏国家制定的省级平衡原则引起的，所以责无旁贷要承担最主要的责任。而其他考官明知有两个同省人名列榜首，不去劝解或者说劝解不利，理应承担连带责任。乾隆皇帝看到纪晓岚的汇报，同意了他的建议，将窦光鼐等人降职处分。

当然事情并没有就这样了结，主考都遭到了降职处分，身处旋涡中心的王氏兄弟自然也不能幸免，他们是这场科举风波的导火索。正是因为他们两人联名中举，才引起其他省的举子们的嫉恨，使外界质疑清朝取士的公正性，所以理应受到重惩。这样的判决不但让和珅高兴，而且自己也不吃亏，毕竟自己也不是南方人。南方人在科场占尽先机，黜落几个南方人，为同乡们多争取几个名额，不正是身为一个北方同仁该做的嘛！

在这样的方针指导下，纪晓岚开始了他的第二次核卷工作。他和其他调查人员一起仔细研究了两人的试卷，经过反复讨论，终于发现了黜落的借口。鸡蛋里面挑骨头本来就是清朝官员最擅长的，清朝统治者凭借从文字里面挑刺制造了无数惨绝人寰的文字狱，现在要从试卷里找不合格的地方，对他们来说简直是小菜一碟。最后，他们在兄弟俩的试卷中找出了一个相同的句子，即“王道本乎人心”，认为这句就是他俩和窦光鼐约定好的暗号，因此断定二人串通作弊。而且还在会元王以铻的试卷里发现了几处语病以及一些小的错误，当即把弟弟王以铻的名次从第一拉到了倒数几名，同时取消了他殿试的考试资格。哥哥王以衔还比较幸运，能够继续参加殿试，但是他的名次也从第二降到了第四。

纪晓岚

三、皇帝亲自面试复状元

经过这次科场惨变之后，窦主考遭到皇帝的厌弃，两兄弟的心情瞬间从天堂坠入地狱。境遇稍好的哥哥王以衔看到落寞的弟弟，心中也很难过，他真想放弃这次殿试，陪弟弟回乡。但是弟弟以铻劝阻了他，希望哥哥背负两人的希望去应考，为家乡争光。哥哥含泪送走了弟弟，重新踏上殿试的征程。

终于到了殿试那一天，王以衔仍然难以释怀悲伤的心情，虽然有弟弟的宽慰，但是始终提不起精神去答题。那天他悲伤难忍，毛笔都没蘸饱墨，就提笔随便写了一些小文章，也没有仔细检查就提前交卷走了。他和弟弟兄弟情深，相依为命，只盼着弟弟能东山再起，所以对这次殿试根本就没有抱一点希望。但是，有心栽花花不开，无心插柳柳成荫，王以衔这次随随便便的答卷居然奇迹般地中了状元，他弟弟失去的会元在殿试中又被哥哥夺了回来，真是上天庇佑。

原来，在考前还发生了这样一段插曲。正巧和珅府上原来的一位教书先生也要参加今年的殿试，他事先专门求见了以前的雇主和中堂，希望他能通融一下，让自己考中。这位先生以前在和府教书时还算不错，和府中的人关系也很融洽，和大人就破例答应帮他一下。考前和珅提醒那位先生说："你在殿试答卷的时候不要忘了用淡墨写字，这样一来我就知道这是你的卷子，我会大力向圣上推荐的。"没想到阴差阳错，王以衔也是用淡墨写的卷子。和珅当时也参与了殿试的评卷，他一眼看到王以衔用淡墨写的卷子，误以为是家里原来的教书先生写的。由于清代考试实行糊名制，在成绩公布之前，任何人都不知道卷子是谁的。所以和珅将那份淡墨写的卷子毫不犹豫地列为推荐卷中的第一名。

评卷完毕，考官们把推荐的卷子送到皇帝面前，等待乾隆最后评定名次。乾隆翻开推荐的第一名时就看到一份用淡墨写的卷子，字迹十分模糊，他戴上老花镜才勉强看清楚写了些什么。乾隆帝生气地向随侍在旁边的和珅骂道："狗奴才，看你推荐的什么卷子，字都看不清，哪里能看出他的文采呢?"和珅还以为那份卷子是家里先生的文章呢，极力推荐说："这个人用淡墨写字，都能写得如此端正典雅，比起那些用浓墨写还写得一塌糊涂的人有才多了，想必这位考生一定是个知识渊博的才子，选他为状元一定错不了!”乾隆已经80多岁了，耳根子越来越软，听到宠臣这样说，也觉得有道理，就定了他为状元。

到了最后公布名次的时候，戏剧性的一幕出现了。当和珅正得意地幻想着状元教书先生来谢恩的时候，却发现第一名竟然是以前的榜眼王以衔。皇上看到折腾了半天却是这样的结果，眼睛瞪得如铜铃般大，便问众位阅卷官：“这状元是谁选出来的呀?”身为礼部尚书的纪晓岚出列说：“是臣选的。”皇上又接着问：“那他的名次又是谁定的?”和珅低着头小声说：“是奴才定的。”乾隆想起会试时，他一直攻击王氏兄弟串通作弊的事，死瞪着和珅骂道：“这次难道也是窦光鼐干的吗?”和珅吓得大气也不敢出。乾隆帝又说：“看来上次王氏兄弟同时高中只是一场巧合了，窦爱卿并没有欺骗于朕。”和珅自知理亏，再不敢应一声。最后王以衔的状元头衔就算是敲定了，窦光鼐也因此官复原职。而王以衔的弟弟，曾经的会元王以铻也被恩准参加补考，嘉庆六年（1801）参加殿试，最终也赢得了进士的头衔。世事就是这样奇妙！由和珅导演的这次科场闹剧，以悲剧始，以喜剧终。小人的拨弄最后反而造就了君子的福运。有诗云：“险哉获间遽相倾，难得王言诘厉声。淡墨偏教关节合，师生兄弟迹同明。”

王以衔中状元以后，由于他性格宽厚，为人和蔼，从来不说别人的坏话，被时人称为“好好状元”。和珅倒台之后，由于这段恩怨，嘉庆帝并未将他列入和珅奸党行列，反而加以重用，恩宠有加，官至礼部尚书，在教育方面做出了一番事业。

20 致命的文字
——科场文字狱杂览

◇ ……………

文字说小也小，它不过是人们交流沟通、表达思想的一种工具，无关紧要，但是一旦涉及政治，小事也可以转变为大事，小小的文字也会马上转化为杀人的利器。大家都知道，中世纪欧洲有一个万恶的宗教裁判所，专门遏制、残害一切危害教皇统治的言论以及发表言论的人，著名的天文学先驱布鲁诺就是被这种裁判所活活烧死的。这样的事情在中国也时有发生，古代因文获罪的事情不胜枚举。科举是统治者选拔人才的重要措施，当然免不了利用文字来整治政敌。清朝统治者为了维护自己的统治，制造了多起文字狱事件，现在就让我们来看几起与科举相关的文字惨案。

一、出题须谨慎，不慎遭枭首

清代雍正年间，发生过一起因考题而惹祸的科场文字狱事件，它就是广为人知的“查嗣庭案”。查嗣庭，浙江杭州府海宁县人，康熙丙戌科进士，是现代大名鼎鼎的武侠名家金庸先生的先祖。金庸先生在他的传记中记载了先祖查嗣庭的一个冤案，就是我们现在广为人知的“维民所止”的试题案件。《金庸传》中说，金庸先生的祖上查嗣庭有一次出了一道“维民所止”的考题，其中“维”“止”二字影射当今皇帝“雍正”没有了头，结果引来杀身大祸，遭到文字狱的清洗。事实上，经过翻阅史籍，早就证明了这种说法的荒谬。翻遍雍正时的考题，没有一个试卷的题目是“维民所止”，可见其谬误。不过查老先生确实遭受过文字狱的迫害，他与儿子同时被拷问，惨死狱中，死后还被戮尸，抄没全部家产，全家未死之人全被流放三千里，甚至连江浙两省的读书人都受到株连，六年内不准参加科举考试。

清代文人因文字惨遭横祸

那么查嗣庭到底是因为什么被朝廷迫害的呢？他确实是因为试题被处罚的，只不过不是那道大名鼎鼎的“维民所止”罢了。雍正四年（1726）六月，查嗣庭奉命担任江西乡试主考官。清代乡试要考三场，第一场考“四书”“五经”，总共有七八篇文章，要写出自己的感想。过两天再考第二场应用文，就是朝廷的常用公文，诏、判、表、诰各一篇。最后考时政，针对时政热点，结合经史理论，写出自己的对策，就像现在的公务员考试一样，先考理论，后考申论。查嗣庭按照惯例，出了几道试题，考题一出炉，就遭到了雍正帝的严厉批判，被认为是借试题讽刺朝廷。

到底试题哪里有问题呢？主要有以下几点：1.《论语》题：“君子不以言举人，不以人废言。”就是说朝廷鼓励舆论，广开言路。雍正却小题大做，认为查嗣庭是在影射朝廷阻塞言路，对朝廷心存不满。2.《孟子》题：“山径之蹊间，介然用之而成路；为间不用，则茅塞之矣。今茅塞子之心矣。”这一道题与上面的论语题类似，意思是山间小路，朝廷弃之不用，其实是讥刺当今抛弃乡间的大才，用人不公。3. 策题：“君犹腹心，臣犹股肱。”这原本是盛赞君臣相得的佳话，并无不敬之意，但雍正帝却过分解读，认为查嗣庭不尊称皇帝为“元首”，反而贬低皇帝为“腹心”，实在是侮辱君上，就像拍马屁拍到了马腿上，得不偿失。4.《易经》次题：“正大而天地之情可见矣。”5.《诗经》次题：“百室盈止，妇子宁止。”最后两道题才是致命的关键，这两句其实很普通，不过就是形容庄稼丰收的场景，比喻家庭安乐的吉祥话。普通的几句话放在神经过度紧张的雍正皇帝那里，马上就变了味道，变成赤裸裸对他的诅咒。他认为这两句中的“正”“止”二字，前后呼应，是诅咒大清不得善终。

为什么雍正会有这样扭曲的理解呢？原来，上一年的时候也发生过一件大案，汪景琪是雍正时期的大将军年羹尧的幕僚，他曾经跟随年羹尧西征，为了奉承年羹尧，专门写了一篇文章，盛赞年羹尧的武功，称他为宇宙第一伟人，天上地下皆无，唐代大将郭子仪和他相比，简直就是萤火之于皓月，微不足道。这篇文章最后收录到他的自选集《西征随笔》之中。后来年羹尧事败自杀，汪景琪也惨遭株连，他的随笔也成为逆书。在他的书中有这么一篇文章《历代年号论》，文中写道："正"字有一止之象，凡带"正"的朝代都不得善终，比如金哀宗年号"正大"，元顺帝年号"至正"，明英宗年号"正统"，明武宗年号"正德"。这几个皇帝中，金哀宗和元顺帝都是亡国之君，而明英宗和武宗也没有什么好运，英宗被蒙古人俘虏，囚禁数年不得自由，武宗耽于享乐，是明朝有名的荒唐皇帝。总之，这几位皇帝没有一个善终，所以汪景琪得出结论，凡年号带正字的皇帝都不得善终。雍正皇帝的年号正好带正字，汪氏此语不是赤裸裸地打皇帝的脸吗？没想到，事情才过去一年，就有人翻旧账，大胆的查嗣庭居然连用正与止字，简直就是咒自己短命嘛！

雍正皇帝

是可忍孰不可忍。雍正看到这几道悖逆的试题后，勃然大怒，马上下令将查氏革职问罪。最终，经过反复拷问，78 岁的查嗣庭和他的儿子冤死在狱中，死后还被戮尸枭首，其他家属都被流放。雍正帝对区区几道题做出这么严重的惩罚，当然并不只是因为几句文字，背后还有更深的政治原因。正如为了打击年羹尧同党而兴起汪景琪逆书案一样，同样兴起查嗣庭案，也是为了整肃隆科多党羽作铺垫。隆科多是雍正皇帝的舅舅，他在雍正即位这件事上出了很大的力，雍正即位之后，隆科多深受重用，权势滔天。但雍正素来刻薄寡恩，生怕舅舅泄露自己从前的阴暗事，对他早有戒心，一直想找机会斩草除根。查嗣庭得以高升，全靠隆科多的提拔，隆科多可以说是查氏的官场领路人。查氏的试题案发之后，雍正借题发挥，立马将矛头直指他的后台隆国舅。同年，雍正召开会议，议定了隆科多41条大罪，鉴于他以前的功劳，免死改为终身监禁，一年后，隆科多死于禁所。

查嗣庭

一场科举试题大案就这样完结了，查嗣庭的悲惨遭遇提醒我们，“出题须谨慎，文字最致命”，幸亏我们没有活在文网密布的清朝。

二、献诗要小心，功名有风险

因为科举试题出的有问题而摊上事的在清朝还算可以理解，毕竟文字有迹可循，就算捕风捉影，也能说出一些歪理来。下面的事件却是因为一些无稽的原因惨遭灾祸，实在值得同情。乾隆年间的文字狱最为奇特，他的父亲好歹是因为政治目的，才借文字打击政敌，乾隆自己却是出于莫名其妙的理由，刻意制造出一些荒诞不经的文字冤案，其中就包括由疯话和邪言造成的悲剧，有时根本没有任何政治目的，仅是出于自己的多疑，竟然将疯子说的话当真，酿成一幕幕文字悲剧。下面我就来为大家介绍一下乾隆年间关于科举的几起荒唐的文字狱。

乾隆十六年八月初九是个普天同庆的好日子，因为这天是皇太后的生日。全国都在为太后庆祝寿辰，紫禁城里收到了来自全国各地的贺礼和祝寿词。这时，在山西介休县，有一位书生正筹划着一件惊天大事，他就是王肇基。王肇基是一个穷书生，住在山西介休县，祖籍河北直隶。他屡试不中，做梦都想中举做官，为此被折腾得近乎疯癫。就是这样一个人，他正途不成，就想改走小路。听说皇太后的生日快到了，正在全国征集祝寿诗，王肇基那颗被功名折磨的心又开始躁动不安了。他大喜过望，心想，我的机会终于来了，只要我写上一首好诗，借机大大颂扬太后一番，功名不是轻而易举就到手了吗？他自认为自己还有些文采，盘算着通过他写的颂扬太后的贺寿诗，说不定能得到官府的举荐而做个小官什么的。主意一定，他苦心冥想，绞尽脑汁拼凑出了一首贺寿诗，决定尽快献给上官。

于是，王肇基到处打听山西汾州府同知（相当于现在的副市长）图桑阿的行踪。终于，他瞅准机会将自己精心写作的贺寿诗献给图大人，希望他代为转交并上呈给朝廷。交完之后，王肇基幻想着图大人一看到自己的诗，马上惊为天人，立刻送交朝廷，赏给自己一官半职，而自己谦虚不受，最后三推四请，才接受了知府好意。没想到，几天过后，他不但没有等来封赏的诏书，反而招来一大群来势汹汹的士兵把他抓进了同知衙门。

原来，图桑阿收到下人传上来的诗，看到是一个名不见经传的小人物写的，随手就丢在了一边，本来他要是扔掉也就没有什么大事了。但是有一天，他闲着无聊，又翻开王某人进献的贺寿诗，不看不知道，一看吓一跳，诗中的语句不仅荒诞不经，简直就是狗屁不通，看得他几乎把前几天吃的饭都要吐出来了。图桑阿虽然是个旗人，但是汉化程度很深，即使称不上文学大家，也算粗通文墨了，看到王肇基的大作，顿觉不堪入目。他放下诗便大骂下人，说：“这样的诗也能呈上来，难道你们都长了个猪脑袋?”话音未落，突然瞥见诗联末尾还有一小段议论，看完之后，图桑阿脸色大变，原来这几句议论除了词句颠三倒四之外，居然还有“毁谤圣贤、狂妄悖逆”等词语。图桑阿顿时大惊，急忙派人将王肇基抓来关进监狱。

王肇基就这样被关进了大牢，偷鸡不成蚀把米。随后，图桑阿将他写的《恭颂万寿诗联》上交给汾州知府李果，李果看后不敢怠慢，又上呈山西巡抚阿思哈，还特意作了报备。阿思哈看到反诗后，将这个事件定性为“借名献颂、妄肆狂言”的文字大案，下令将王肇基押解到省监狱关押，同时上报朝廷。乾隆看了阿思哈的奏折后，马上派出专员去调查这一谋逆大案，阿思哈接到上谕后，便开始严刑审讯王某。

王肇基一介草民，哪里见过这样的场面，顿时吓得屁滚尿流，还没用刑他便招供说：“草民献诗恭祝皇太后万寿，只是小民的一点心意，同时希望圣上怜悯，赏赐个一官半职，并没有别的意思。”阿思哈又问：“你所献诗词末尾写的‘妄议国家事务，指斥文武大臣，毁谤圣贤’又是什么意思呢？是否意在讽刺朝廷?”王肇基赶紧解释说：“小民哪里有这样的胆量，我只不过是把孔、孟、程、朱的话糅合在一起，借此来展示我的博学多才，希望得到上面青睐，求得一官半职罢了，万万不敢做这样大逆不道的事情。”阿思哈又追问：“那你诗中涉及的其他官员的事情又是从哪里知道的?”王肇基回答说：“我原先做过地方的小官，有的是亲身经历的，有的是道听途说来的。”

几次审问之后，阿思哈便将王肇基的供词、审判记录和一干证物一起上呈乾隆皇帝。皇帝看过之后，亲自下令，说王肇基侮辱圣人，歪曲时事，混淆视听，这样大奸大恶之徒绝对不能宽恕，于是传旨阿思哈，把王肇基活活打死，以儆效尤。

阿谀献诗求功名的王肇基落得活活被打死的下场，这代价过于沉重，其实王肇基也不过是想投机取巧，侥幸取得功名的痴人罢了。而下面提到的这个人物却是个彻头彻尾的疯子，这次的文字狱便是由这个疯子引起的。他叫丁文彬，是个精神病患者，生病不可怕，出来祸害人就很可怕了。丁文彬是个想象力丰富的人，他曾幻想自己是历史上的名人，大智若愚，其中最有想象力的意淫对象就是衍圣公孔子的后人了，正是这次付诸实践的幻想为他惹来了杀身之祸。

乾隆十八年，山东曲阜孔府的大宅门前来了一个奇怪的疯子，他衣衫褴褛，背着个破包，自称来自浙江上虞，是现任衍圣公孔昭焕的亲戚。他就是丁文彬，门房一看他枯瘦的面容和诡异疯癫的行为，认为此事有假，怎么也不肯放他进门。但看他言之凿凿的样子，又不敢确定，就这样僵持着。要知道孔家的亲戚再穷，也是圣人的后代，如果是真的，可绝对不能怠慢。因为孔子在历朝历代备受推崇，唐朝开元二十七年，孔子被封为“文宣王”，宋仁宗时封为“衍圣公”，这些称号也一直延续下来，因此孔子的后代也备受重视。

僵持了一阵，看见那个疯子还没有走，而且还在大吼大叫，引来许多闲人围观。门房怕事情闹大，惹来麻烦，最后还是妥协了，于是赶紧去通报孔昭焕。孔昭焕听了也很是奇怪，他回想了半天，也没有想起浙江有什么姓丁的亲戚。为了谨慎起见，决定派自己的老管家先去探一探口风，老管家深知家中的底细，一定可以知道丁某人是真还是假。过了一会儿，管家拿了一张丁文彬的介绍信交给孔昭焕，孔昭焕一看惊诧不已，信中丁文彬居然自称是孔子附体，孔昭焕觉得一定是有人专门派他来陷害孔家的，马上派家丁抓住他，暂时关在了柴房里。

丁文彬被关在柴房也不老实，一直嚷嚷着自己是孔子附体，七八个家丁一起动手才制住这个疯子。后来，他们拿走了丁文彬的随身物品，从他的破包里搜出了三本书，分别是《文武记》《洪范春秋》《时宪书》。孔昭焕仔细翻了一下，竟然看到许多大逆不道的言语。在《洪范春秋》一书中，丁文彬自称自己娶了孔广棨的两个女儿，之后继承了孔家衣钵，建国大夏，年号天元。孔广棨正是孔昭焕的父亲，这不是诬陷孔家谋反吗？也难怪孔昭焕如此惊慌。另外在《时宪书》中，还使用了逆臣吴三桂造反时的年号昭武。看到这么多危险致命的文字，孔昭焕吓出了一身冷汗，急忙派人将疯子丁文彬押送到曲阜县衙，同时将搜到的证据送给山东巡抚杨应琚。杨应琚收到那三本书，心想可摊上大事了，急忙发了一个加急特快密件给乾隆皇帝，汇报这次紧急事件。

乾隆是个好大喜功的人，自视甚高，平日最喜欢舞文弄墨，一生作诗万余首，是历史上作诗最多的人。他看了杨应琚的密奏后，命令山东各级官吏严厉查办，绝不姑息。杨应琚也知道事态的严重性，马上把丁案当作头等大事来对待，丁某一入狱，马上开始三堂会审。虽然事情很严肃，但审讯过程却是笑料百出。

乾隆

丁文彬交代说，他是浙江上虞人，从小在杭州长大，小时候曾经当过童工，所以认识一些字。他小的时候跟随族叔到过山东曲阜，见过老衍圣公孔昭焕的父亲孔广棨，老衍圣公十分欣赏自己，当场表态要将自己的两个女儿嫁给他，还传授了他一些孔孟之道。这次来曲阜是为了兑现老衍圣公的承诺，来接自己未过门的两个媳妇回家，但孔家背信弃义，想要悔婚，污蔑他是疯子，还送他到牢中吃牢饭。杨应琚听到他这一番胡言乱语，实在是感觉很好笑，因为老衍圣公根本就没有两个女儿，这一切全是那个疯子臆想出来的。杨应琚也不能反驳一个精神病人的话，于是顺着他的话又问："你一个乞丐一样的人物，老衍圣公怎么会把女儿许配给你？你把婚书和媒人说来听听。"丁文彬的回答十分奇葩，他居然说："我和孔小姐的婚事是上天定的，老大人觉得我有舜的福相，可以继承他的衣钵，哪里需要什么媒人和婚书？"

杨应琚听到这一番话，从心里确定了他是个疯子，但是这件事一定要有个了结，于是他又问："你既然敢写逆书，背后一定有主谋，趁早把你的同伙招出来，否则大刑伺候。"丁文彬哭诉说，自己本来不愿意做这样的事情，实在是奉了上帝的命令写书，没有主谋，更没有同党。杨应琚接着追问："你口口声声说上帝，上帝是谁，他又在哪里，难道是暗中教唆？快说！"丁文彬无奈地说："上帝就是上天啊，怎么会有别的人，小人时常听闻上帝圣音，旁人是听不到的。"

杨应琚百般拷问，一无所得，丁文彬依旧是前言不搭后语，疯疯癫癫的样子。无奈之下，只好痛打丁文彬一顿，之后，叫人押他回牢房，这个案子也只得就此了结。杨应琚总结了丁文彬的供词密呈给乾隆，明确指出他是个精神病人，但罪行不可饶恕，就凭他胆敢撰写逆书，意图蛊惑民心，就应该凌迟处死。乾隆接受了杨巡抚的建议，不久之后，丁文彬被押送济南凌迟处死了。

丁文彬的发疯还祸害了其他人，他的哥哥丁文耀和两个侄子士贤、士麟，他们还是文盲，也惨遭斩首，还有其他看过丁文彬逆书的邻居，由于知情不报，也遭到流放和杖刑。科举让无数人疯狂，有王肇基那样的科举痴人，更有丁文彬这样的疯子，科举之途如此凶险，断送了多少人的美丽梦想！

21 优伶中举人
——咸丰戊午科场案

◇ ……………

清代科举已经发展到了晚期，弊端丛生，考场作弊更是司空见惯的事情。政府虽然对舞弊处以重刑，但是仍然灭不了前赴后继者的侥幸之心。这类事情除了皇帝被蒙在鼓里外，上至宰相下至百姓全都心知肚明，就连洋人也在报纸上公然揭露科考弊端。在这种作弊成风的大背景下，咸丰八年爆发了一场惊天动地的科场大案——戊午科场案。这场大案使无数大员人头落地，对作弊人员的处理堪称严厉，其中最倒霉的要数军机大臣柏葰了。军机大臣放在现在算得上是中央常委之一，可以说是位高权重，一人之下万人之上，他的倒台震撼了整个官场。咸丰八年的这场戊午科场案牵连之广，远超世人想象，可以说是满清以来第一科场大案。

一、优伶中举惹争议

咸丰八年（1858）是多灾多难的一年，那时第一次鸦片战争刚刚结束十六个年头，第二次鸦片战争也烽烟再起。没想到外患未息，内忧也不止，朝廷与太平军作战屡战屡败，连在南方的大本营也被洪秀全的大军一窝端了。在这样内忧外患的形势下，远在战场之外的北京城却依旧热闹非凡，迎来送往一批又一批行商和学子。不知不觉又到了八月的乡试周，原本就十分热闹的北京城又涌入了大批学子，使得京城周边的客栈家家爆满，酒店茶馆座无虚席，满北京城都是之乎者也的调调，文化气息无形中也浓了不少。许多考生千里迢迢来到顺天府参加乡试，这可是学子们进入官场的第一步，大家都十分珍惜。

咸丰皇帝

八月的北京，烈日炎炎，连日未雨，考生的心也随着闷热的天气而躁动不安。他们怀抱着热情和希望一次次踏入考场，只为争一个好的前途。咸丰皇帝整日为了洋鬼子和发匪（朝廷对太平军的蔑称）发愁，急切地想通过科举选拔人才来拯救大清于危难之中，所以十分重视这次顺天府乡试。为此，咸丰皇帝优中选优，特意选派了一个德高望重的大臣担任这次主考，以示郑重，他就是柏葰。柏葰是蒙古正蓝旗人，道光六年进士，其官运亨通，短短两年就从一个小小的官员升到了军机大臣，可谓是当时炙手可热的红人。皇帝异常宠信他，让他负责这次至关重要的乡试，一方面是信任他，希望他能为朝廷选出英才；另一方面也是借主考机会，为提拔他作好铺垫。能在官场上混的人脑子都是很灵光的，一看柏葰任主考，官员们纷纷恭喜他更上一层楼。柏葰也在为自己平步青云而得意，怎么也想不到，这次看似优渥的差事却暗藏着杀机，自己也因此人头落地，春秋好梦一场空。

就这样，柏葰带着皇帝的厚望主持完成了这一年的乡试，因为主考之利，官位又一次得到晋升，一个月后，升为文渊阁大学士，正式成为宰相中的一员。就在阖府欢庆老爷晋升的欢乐时刻，突然传来一个噩耗，顺天府考生暴动了。门房来报，府门前聚集了上百号落第考生，要求朝廷严惩舞弊考官。随着这个噩耗的来临，一场欢庆宴会也戛然而止了。但是让柏葰没有想到的是，这只是噩梦的开始，更大的悲剧还在后头。

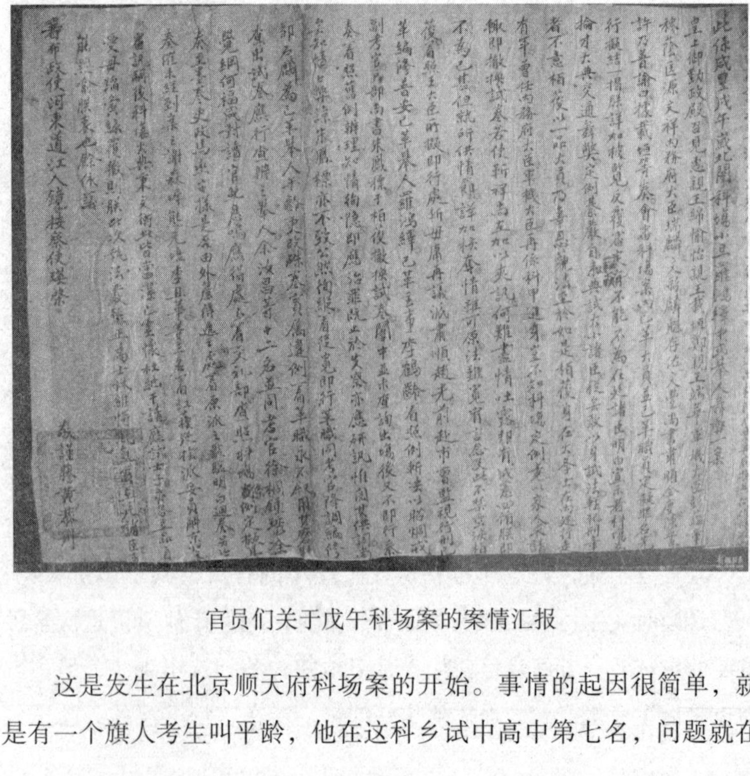

官员们关于戊午科场案的案情汇报

这是发生在北京顺天府科场案的开始。事情的起因很简单，就是有一个旗人考生叫平龄，他在这科乡试中高中第七名，问题就在于平龄是个京剧票友，平日喜欢到戏院去客串戏子演出，这样一个声名狼藉的戏子居然考中了举人，众位落第考生便把怒火撒在柏葰的身上，认为戏子中举，其中必有黑幕，一定是有人通关节才让优伶取中的。现在，演员是令人羡慕的高薪职业，要知道，在古代戏子可是卑贱的职业。古代是等级森严的社会，士农工商，四民分立，互不通婚，戏子却是在四民之外更为卑贱的贱民，大多是贫民或罪民，他们的后代根本就不允许参加科举。如今，人们听说戏子竟然也能中举，这样惊人的消息叫落第的举子愤怒了，自己堂堂读书人竟然比不上一个戏子，岂有此理，其中一定有黑幕，于是就有了前面举子暴动的一幕。

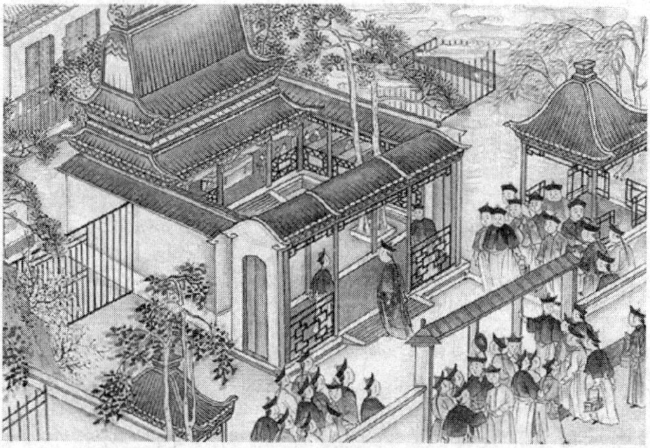

清朝进士考试

事实上，咸丰八年顺天府乡试开考前夕，就有一个小道消息说，考场里出现了大头鬼。于是就有捉鬼专家出来证实，说是贡院里从来不轻易出现大头鬼，一旦出现就一定会发生大规模科场弊案。考前这个消息就被传得沸沸扬扬，古代人都很迷信，自然信以为真，十分惊慌。因为以前就发生过类似的事件，如顺天丁酉科场案，那惨剧仿佛还是昨天发生的事，时刻警醒着考官和学子。据先辈说，顺治十四年也曾发生过这样诡异的事情。在江南乡试前夕，封锁考场后，看守的士兵晚上经常听到断断续续的鬼叫，十分凄厉。放榜后果然有弊案发生，主考方猷、钱开宗，房考李上林、商显仁等十八人，都遭斩首。这样的事情在咸丰八年又一次重现了，回想起上次考官的悲惨遭遇，众位考官皆不寒而栗。

考前诡异的鬼叫奇迹般地预言了弊案的发生，而戏子平龄的中举则加剧了考生对科场黑幕的愤怒。咸丰八年戊午顺天府乡试于八月初八开考，九月十六揭榜。十月初七，御史孟传金便上奏咸丰，指出此次乡试存在严重的舞弊现象，奏请马上立案侦查，奏折中还说平龄的原卷与抄写的墨卷不符，据说在考后查卷的时候在原卷中发现了七个错字，而这七个错字到了誊写的卷子上全部成了正确的。要知道，古代对字迹要求很严格，试卷上一旦有墨迹就马上黜落，更别说错字这么严重的情况了，错字改对放在古代科场可是很严重的舞弊现象。这件事一经揭发，马上引来物议沸腾。

同治皇帝

二、皇帝复查牵扯多

咸丰皇帝看到孟传金的奏折后，认为事态很严重，马上命专人组成专案小组特别调查这一弊案。小组成员分别是怡亲王载垣、郑亲王端华、兵部尚书陈孚恩和户部尚书全华，他们在朝廷素有清名，是满朝公认的清官廉吏，他们之中有宗室，也有汉人重臣，可以说是满汉联合的豪华专案审查团。清代科举考试规定，礼部要对中榜举人的试卷进行复查，以免其中有舞弊行为，但是卷子那么多，没有人能够把上千份卷子一一看完，所以以前所谓的磨勘（复核试卷）只是个形式，走个过场而已。这次皇帝下旨特别强调复核试卷这一环节。十月二十四日，咸丰帝命令载垣、端华、全庆和陈孚恩全程监视，由刑部尚书赵光、翰林院编修郭嵩焘等人在圆明园复查全部试卷，于是，几位主审官员严格执行皇帝的旨意，指挥手下查阅那些乡试原卷，与抄写后的评卷作比较，就这样查了整整两天。

不查不知道，一查吓一跳。经过考官的磨勘，发现将近十分之一的卷子都有问题，其中有一份试卷竟然出现了三百多个错字，而且还名列前茅。要知道，一篇文章最多五六百字，有一半都是错字，这卷子还看得过去吗？这一科总共才录取了300名举人，其中就有50名有问题，实在令人惊讶。咸丰皇帝听到专案小组的联名报告，龙颜大怒，他下旨一查到底，宁可错杀一千，不可放过一人。他决心要一整科场风气，严惩作弊黑手，以儆效尤。

在皇帝的严旨催促下，有关部门立刻展开全面调查。办案人员首先提审案件导火索平龄，平龄是满洲旗人，他平日最大的爱好就是唱戏，曾经以“票友”身份登台演戏，场场爆满，是京城有名的戏痴。载垣、端华在公堂审问平龄，问到卷子涂改的时候，平龄一开始死不承认，后来在大刑之下，被迫承认作弊事实，但是细节始终语焉不详，最后平龄遭酷刑被折磨至死。后查明，平龄只是票友，并不是职业演员，而他卷子里改动的七个字是同考官邹石麟以为是抄录人员笔误，所以顺手改回来的，并没有篡谋作弊的嫌疑。审案官最后得出结论，认为平龄虽没有违反法律规定的“优伶”不能参加科考，但他的原卷遭到篡改，影响了考试公正，所以违反了考试规定，应该予以除名。咸丰皇帝大怒，下令将主考官柏葰革职，副考官朱凤标、程庭桂解任听候查办。

当然，平龄的作弊事件只是个引子，更大的作弊者另有其人，黑幕之后还有黑幕。户部尚书肃顺平时就和主考柏葰不合，一心想抓住他的小辫子，拖他下台，这次科考弊案终于让他逮到了机会。肃顺经过明察暗访后，发现了前刑部主事（今司法部处级官员）罗鸿绎和同考官浦安通关节作弊这一事实。

原来，罗鸿绎是广东肇庆人，以前在刑部做个小官，觉得没什么前途，于是他决定辞官参加乡试，以便得到一个更好的功名。由于他以前在京师做官，认识很多官员，所以在考前，他特意联系了自己的老乡兵部主事李鹤龄，以他作为中间人，联系同考官浦安。同时约定了几个关节：第一篇，文末用“也夫”二字；第二篇，文末用“而已矣”三字；第三篇，文末用“岂不惜哉”四字；韵诗的结尾，用“帝泽”二字。两人交易完毕，浦安靠着约定的几个关节，找到了罗鸿绎的卷子，他的编号是“中皿恭字十二号”。找到罗鸿绎的卷子后，浦安在推荐栏中写下了卷子的编号，同时推荐给主考柏葰。柏葰也是通过科举正经考上进士的，看卷子也很有眼光，自然看不上这份才气平平的卷子，但是看在浦同考的热情推荐下，只好收下作为候补，如果实在没有优秀的再选这个。最后柏葰看完所有的卷子后，直接把罗鸿绎的卷子打在三甲榜单之外。

浦安听到这个消息后，觉得大事不妙，连忙把柏葰带进考场的下人靳祥叫出来，给了他一大笔银子，求他帮忙向主考说情取中罗鸿绎，就说浦考官只推荐了这一份卷子，大人还把他黜落了，太不给浦大人面子了。最后柏葰出于团结同事方面考虑，同意以第 238 名举人录取罗鸿绎。事成后，浦安向柏葰送了感谢银十六两，李鹤龄则向罗鸿绎索要了五百两银子，其中三百两转送给浦安。

肃顺得知这一内幕后大喜，心想，柏葰，这回终于有法子治你了，看你还怎么嚣张。他连忙把查来的这一案件的情况报告给主审端华、载垣等人。这件轰轰烈烈的科场弊案越挖越深，从一个伪戏子中举开始，查到最后竟然牵扯到了刚刚荣升一品大员柏葰的头上。柏葰那时候刚刚荣升一品文渊阁大学士，是朝廷中红得发紫的大人物。几位大人听到这件事居然和当朝红人柏葰有关系，觉得事关重大。为了谨慎起见，他们决定把调查结果如实禀报皇上，让皇上裁断。

三、宰相下台起政争

当咸丰皇帝收到专案小组的调查报告后，看到舞弊官员居然有他最信任的柏中堂，顿时勃然大怒，立刻下旨逮捕涉案官员和作弊考生，让调查小组继续详查，务必要挖出根子来，狠狠治一下官场歪风。

专案小组调查人员继续审理这场滚雪球般的大案，他们首先把矛头指向了作弊的关键人物同考官浦安。浦安供出他收了罗鸿绎三百两白银，通关节才取中罗鸿绎的卷子，为了让他上榜，还贿赂过柏葰的下人靳祥，事后给了柏葰十六两银子。之后，马上审讯靳祥，在严刑之下，他承认收过浦安的银子，为此向主人求情，主人也同意录取了。靳祥招供不久，就死在了狱中。随后，审案官员又提审了其他涉案人员，证实罗鸿绎串通作弊属实。这下柏葰可脱不了干系了，皇帝下旨将柏中

肃顺

堂革职下狱，一品大员的顶戴还没有戴热就被摘掉了。

眼见由一个戏子引起的科场丑闻越闹越大，就连当朝一品大员也陷入这一惊天丑闻之中，但是这件弊案到了这个地步，还没有结束，案子越查越深。这不，浦安为了减轻罪行，又供出了一个大人物，那就是副主考程庭桂。之前，浦安在供认作弊事实时提到，他看见副考官程庭桂曾经秘密烧毁一个写满字的条子。程庭桂是苏州人，道光六年进士，长期在京城任职，是道光、咸丰年间的重臣。这次临危受命担任副主考，皇帝也是寄予厚望的，没想到，最后也被查出有舞弊情节。咸丰帝听到办案人员的上奏，简直愤怒到了极点。

咸丰九年正月十三，咸丰帝下令将副考官程庭桂革职收监，对他的舞弊情节进行审讯，依旧由专案小组负责。程庭桂最后招认，那些条子是他的儿子程炳采转送过来的，不知道是谁送的，他看过之后马上就烧掉了。他虽然看过那些条子，却没有按条子录取考生，那几个人都不在录取名单之内。那些条子里面有工部候补郎中谢森墀、恩贡生王景麟、附贡生熊元培、李旦华、潘敦俨、潘祖同和陈景彦七人，其中李旦华、潘祖同、潘敦俨三人的父亲都是朝廷高官，个个位高权重，而陈景彦更是这次审判官之一陈孚恩的儿子。陈孚恩没想到审案子居然审到了自己儿子头上，顿时傻了眼。他依照回避原则，请求暂时退出审案组。但是咸丰皇帝非但没有停止他的工作，反而要他继续秉公审案。这样审案组四人又继续提审程副主考的儿子程炳采，他供认那些条子是李旦华、潘祖同、潘敦俨等人转送给他的，他趁着家人胡升给父亲送铺盖的机会，偷偷溜进考场，把纸条转交给父亲，求他代为通融。

就这样，咸丰八年的这次科场案越闹越大，几乎把所有考官都牵扯进来，上至主考，下至仆役，无一幸免。案子审到这个地步，也算告一段落了，稍有关系的全部被牵扯进这次大案之中。咸丰九年二月十三，专案小组向皇帝报告了案情的最后处理意见，建议将主考、副主考斩立决，考官革职永不续用，作弊考生也依例处罚。咸丰帝十分宠信柏葰，一听到要将他斩首，十分不忍，于是用眼神示意手下，希望他们为柏葰求情，减免罪行。不知是皇帝使眼色的方法不对，还是下面人一心想要柏葰死，竟然没有一个人响应皇上的暗示。肃顺早就盼着柏葰倒台，看到皇帝迟迟不宣判，一着急，连忙出列说："万岁爷，柏葰堂堂一品大员，居然顶风作案，带头作弊，若不严惩，以后考场作弊就会更加猖獗，我大清如何才能有新的希望？希望陛下早做决断。"咸丰帝等了半天，没有一个人为柏葰求情，反而肃顺一番义正词严的话语逼得他不得不学诸葛亮，挥泪斩马谡，忍痛将柏葰处死。

当斩立决的消息传到柏葰耳朵里的时候，柏葰大惊，他原本以为不过是流放宁古塔，因此早就做好了准备，和亲友们告过别了，没想到居然会因此送命。要知道，当年贪污了大半个国库的和珅也不过是被赐自尽，并没有到当街问斩的地步，没想到自己却因为受贿十六两白银竟然惨遭斩首。几天后，肃顺与刑部尚书赵光奉旨到菜市口监斩，将大学士柏葰斩首。柏葰成为有清一代因科举舞弊被处死的唯一大学士，陪伴他的还有考官浦安，以及李鹤龄和罗鸿绎。而罪行较重的副主考程庭桂却因为有人求情，免遭一死，改死刑为流刑，只是将他的儿子程炳采处以极刑，其他作弊考生均宽大处理，被发配到新疆。另一位副主考朱凤标因失察而遭到革职，陈孚恩、潘曾莹、潘铎等也被降级留用，同考官邹石麟、徐桐因为更改朱卷被革职。至此轰轰烈烈的戊午科场案就此终结。

柏葰被处斩后，肃顺平步青云，不出几年就坐到了柏葰当年的位置，代替了伯葰在皇帝心中的地位，成为咸丰后期的朝廷重臣。

慈禧太后

肃顺为人张扬跋扈，又十分守旧，屡次与咸丰的弟弟恭亲王奕䜣和宠妃懿贵妃发生冲突。在咸丰皇帝临终时，他与当时的审案官载垣、端华同时被任命为托孤大臣，名列首席，大权在握，一时风头无二。但是随着咸丰帝的死讯传来，肃顺的好日子也就到头了。咸丰皇帝一死，懿贵妃升格成为慈禧太后，联合奕䜣发动了辛酉政变，将肃顺为首的八大臣一并铲除。这时候，就有一些人出来翻旧账，说从前柏葰的案子是冤案，是肃顺故意栽赃，应当平反。慈禧太后不敢违背先帝的判决，但是也想挫一下肃顺老儿的锐气。于是，她迂回行事，特别恩赐柏葰的儿子，给了他一个小官，柏葰的事情也算间接平反了。

顺治、康熙年间也爆发过两起严重的科场舞弊案，所有涉案考官都因此被处斩，严厉的整肃迎来了短暂的考场新气象。但是没过多久，又故态复萌，到了内忧外患的咸丰朝，皇帝以公开处斩当朝“真宰相”的代价，才换来科场风气的彻底扭转，此后再无人敢以身试法。而这次科场新气象，也成了行将就木的科举制度最后的回光返照。几十年后，科举制度便彻底废除了。

22 “道高一尺，魔高一丈”
——多样的科场舞弊手段

自科举制诞生以来，科举便渐渐成为人才仕进的唯一方式，引得无数读书人趋之若鹜。如果你爱一个人，就让他去科举，因为那是天堂；相反，如果你恨一个人，也让他去科举，因为那也是地狱。自从隋朝开始了这一制度后，无数人为之疯狂。只要有考试，而且和利益息息相关，那么作弊现象就是不可避免的。虽然每个朝代都严厉打击科场舞弊，但上有政策，下有对策，舞弊现象屡禁不止。下面让我来为大家盘点一下古代科举考试中常见的几种作弊手段。

一、小抄满场飞

马克思说过，资本家有百分之五十的利润，就会铤而走险；有了百分之一百的利润就敢践踏人间一切法律；有了百分之三百的利润就敢冒上绞刑架的危险！作弊的小危险和中举后的大成功相比，作弊那一点点危险几乎可以忽略不计。成功的巨大诱惑可以使得无数学子铤而走险，尤其在古代没有摄像头、没有通信工具，操作性更是强，即使在严密监视下，依然有许多漏网之鱼。

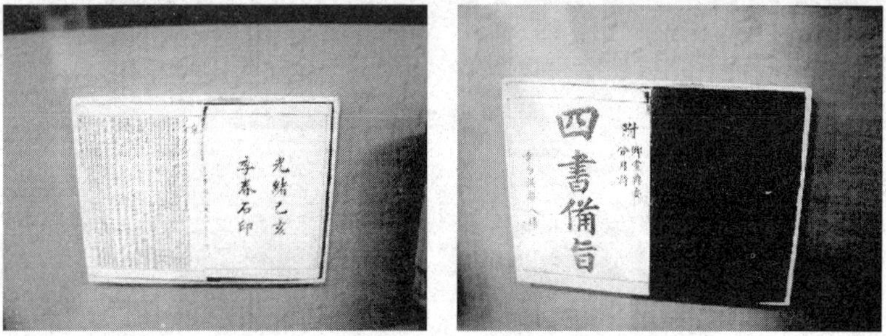

火柴盒中的袖珍小抄

在科举考试中，小抄算是最常见的作弊方式，从古至今通用，经久不衰。现在逢考必备小抄，临时抱佛脚的情况已经成为常态，在打印店缩印考试要点的人屡见不鲜。古今雷同，古代考生考试时也常备袖珍书，上面写着考试重点和必考文章，实在是考试必备的神器。那袖珍书做得比现代人的小抄精美多了，简直可以称作一种艺术品，与现代的手工艺品相比毫不逊色。

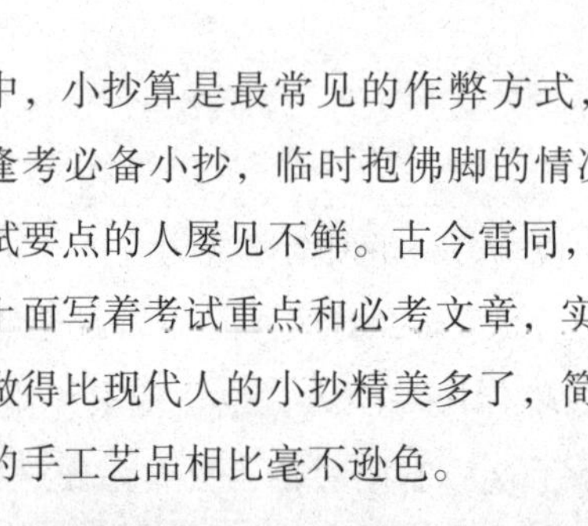

和火柴盒差不多大的小抄

在100多年前的考场里，这样的场景屡见不鲜。许多考生纷纷拿出一本类似于火柴盒那样大小的袖珍书，塞进衣服口袋或别的隐秘地方，偷偷带入考场，趁巡考官不注意的时候，掏出来猛抄一通。

2003年2月8日，徐州圣旨博物馆展出了一本石印作弊小抄，做工之精美，直叫参观的人惊叹。那本书名叫《四书备旨》，厚1厘米，长5厘米，宽3厘米，大小大概和现在的火柴盒差不多，很像今天的英文袖珍小字典。那本小书虽然看起来小，但浓缩的都是精华。一本小小的书中竟然收录了“四书”的全部内容和批注，足有20多万字。密密麻麻，一页就排了900多个字！其中，正文的字大小为2毫米见方，而注解文字的大小仅为1毫米见方。看到这里，我实在佩服古代学子们的视力，这么小的字拿着放大镜放在明亮的灯光下凑近看都很吃力，更别提古代考场用的还是昏暗的油灯，不知道他们在那样的光照条件和慌乱的情形下能抄到多少，是一个值得怀疑的问题。

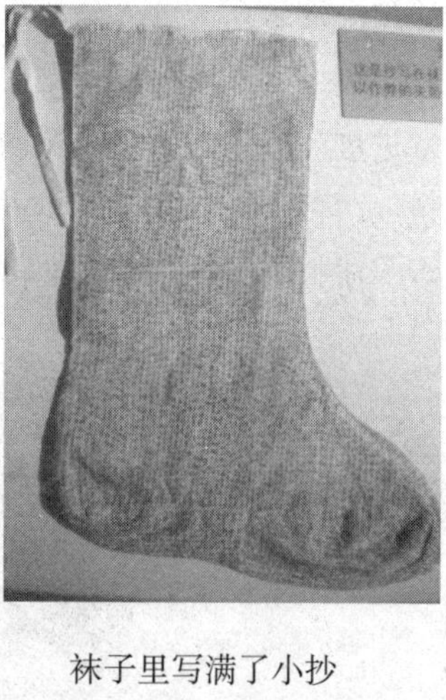

袜子里写满了小抄

当然，工欲善其事，必先利其器。光有作弊利器——火柴盒大小的小抄书还不够，当时人人还必备一件作弊神器—— 一件可以穿在身上的特制作弊服。那件衣服看似一件普通的马甲，但是里面另有乾坤。在84厘米长、40厘米宽的马甲内衬里，上面写满了密密麻麻的小字，有三四万个字，每个字还没有半粒绿豆大，都是用老鼠胡须特制的毛笔抄的。马甲里面精选了《大学》《论语》《孟子》《中庸》的经典必考文章，是每个有需求的考生必备的神器，千金难求。当然这种小抄由于做工精良，造价很高，是奢侈品，只有那些富家子弟才消费得起，一般平民是买不起的。

有了作弊神器，能带进考场而不会被发现才是本事，否则任你有七十二变也是白搭。鉴于考场小抄满天飞的猖獗行为，朝廷出台了严厉的惩罚措施去制止这一科场的歪风邪气。譬如进入考场前的搜身变得越来越严格，就像现在我们考试前总要拿掉一切通信工具一样。古代的考场纪律更为严格，规定一张纸片也不能带入考场，同时对文具也有明确的限制。最严厉的要数搜身了，每个考生进门前都要经过搜身，考生要脱下全身衣服，赤身裸体地接受搜检员的检查，这对考生是一种身心的双重折磨。

当然了，这也难不倒神通广大、经验丰富的考生。他们在重重的反舞弊下积累了丰富的“战斗经验”，和那些走私贩子有一拼。考生们把小抄带入考场的方法真可谓五花八门，他们有的将其藏在特制的中空鞋底里，有的藏在做了手脚的墨盒和砚台里；一些考生还把小抄烙在一个火烧或馒头里，因为那时候并不禁止带食物进考场，也没有人仔细搜查吃食；更有甚者，一些考生拿油纸包了答案塞进肛门里。由于那时考场是封闭的小黑屋，不交卷不准出屋，小黑屋门口挂着竹帘，监场官在外边巡逻，没有特殊情况不进屋检查，所以只要过了考前的检查关，就绝对万无一失了。

作弊神器夹带鞋

尽管夹带风险极大，但是在名利的巨大诱惑下依然有很多人铤而走险。乾隆九年（1744）顺天府乡试时曾经发生了这么一件事，乾隆皇帝突发奇想，决定对考场来一次突击检查，他鼓励每一位搜检员搜到一个就奖励一两，这对于搜检员来说可是一笔巨款呀！所以一个个奋勇争先，揪出来许多作弊者。由于搜查得仔细，一上午过去了，还没有检查完十分之一的考生，最后有很多考生放弃了这次乡试，连那些没有带小抄的考生也站得两腿发麻，眼冒金星，最终放弃了考试。经过这一连串折腾，那一年的录取率急剧下降，许多考生由于进场太晚，根本就没有答完题时间就到了，交白卷的更是比比皆是。这一年乡试仅仅是特例，这样的搜查方式毕竟效率太低，朝廷很快就放弃了，又恢复了以前的方法，所以仍有大批大胆带小抄作弊的考生。

小抄棉袄

二、枪手最盈利

枪手这一行业历史悠久，但凡有考试的地方，就一定有枪手的存在。借着科举的东风，枪手这一职业养活了无数贫寒学子。一般这一行业的受众大多是不学无术的富家子弟，他们没有强大的背景可以直接保送做官，但是他们有厚厚的钞票，专门雇用一些有才无钱的贫寒学子，请他们代替自己答卷。这项职业风险很高，但回报很丰厚，一旦事成，当然对交易双方都有好处，富考生中了进士，贫考生保住了基本的生活。看似公平，但是却丢失了做人的道德底线，对社会的损害是长远的。

唐代出了一位奇葩的枪手——温庭筠，他帮别人答卷完全是大公无私型的，全部免费，答不答只看他的心情，曾经被同房考生视为及时雨。他帮助了无数考生度过苦海，没有要过一点报酬，真可谓“赔钱赚吆喝”。最强的一次，温庭筠一次替八位考生答完了卷子，替考的八人都中了榜，就他自己名落孙山。因为温庭筠在考场的恶劣表现，考官把他拖到了黑名单中，终身不曾中过进士。当然这样大公无私的奇葩枪手只是少数，大部分枪手还是要养家糊口的，冒了那么大的风险，不收一点报酬，难道是慈善家吗？

到了清代，枪手渐渐发展成为一条龙的产业，从各个方面开始市场化，花样不断翻新，在考试的各个阶段，都有不同层次的枪手存在。从一开始的童生试到最后的殿试，都有专人负责。那些从县试到府试再到院试连包三场的被称为“一条葱”。甚至出现了专门的中介机构招募职业枪手，为各式各样的顾客提供多样的选择，收取一定的中介费，同时签订正式的雇用合同。

职业枪手一般都会事先侦察一下考场情况，踩好点，做好万全准备。《儒林外史》记载了这样一则故事：匡超人原本是一个勤奋上进、侍亲至孝的好学生，但是在科举考试屡次失利后，因为贫困潦倒，为生活所迫，利益所趋，当上了科举枪手，渐渐走上了邪路。匡超人与衙役潘三认识后，他们狼狈为奸，干起了泯灭人性的勾当。有一次，潘三让他为一个读书人的儿子代考秀才，匡超人看在高额酬金的份上，硬着头皮答应了这件事。匡超人在内部人员潘三的帮助下，考试那天，伪装成监考人员，和要求代考的学生见了面，通了消息后，不安地等待考试开始。正式开考时，主考官点号发卷，那个童生领了试卷马上溜到阴暗的角落，匡超人和他接头后，像两个地下组织的成员一样，迅速和他换了衣服，拿了考卷，然后坐回原位上答题，而那个童生则换上监考人员的服装睡懒觉。考试结束时匡超人大摇大摆地交了考卷，离开考场。过了几天，潘三拿回了500两酬金，分给了匡超人300两，还给他介绍了对象，解决了光棍儿匡超人的家庭问题。

清代枪手买卖的市场十分兴盛，到了清末已经成为科场的一大难题。有财无德之士不惜动用巨资另辟蹊径，以实现龙门科第的梦想，而那些科场失意而又缺乏谋生手段的士子则很容易走上卖文为生的道路。清末有很多官员的文章都是找枪手代写的。据说晚清洋务派大佬李鸿章会试的文章就是他的朋友代作的。

当然，对于这一严重科场舞弊现象，政府是严厉禁止的，一旦发现，不仅要剥夺政治权利终身，还要被流放到不毛之地的边疆，后果极其严重。明朝万历四十四年（1616）曾经发生了一次替考事件，沈同和是个不学无术的纨绔子弟，肚子里没有一点墨水，但他的父亲确是朝廷高官，时任河南巡抚。他父亲为了让宝贝儿子顺利考上进士，专门雇用了一个叫赵鸣阳的枪手。在会试的时候，沈巡抚买通了考场相关人员，将他儿子与赵鸣阳的座位安排在一起，方便作弊。赵鸣阳果然不负才子之名，在短短几炷香的工夫，分别完成了自己的和沈同和的文章。最后，录取榜一张贴，不学无术的沈公子居然中了头名会元，赵鸣阳也取得了第六名的好成绩。这本来是一件两全其美的好事，但是天有不测风云，其他落第考生都知道沈同和的德性，心想，他怎么可能中头名呢？其中必有猫腻。于是群情大哗，闹得不可开交。朝廷知道了这件事，就决定让考生们再考一回。这回沈同和没招了，决定破罐子破摔，居然堂而皇之地交了白卷。见事情属实，朝廷追问沈同和，牵出了枪手赵鸣阳。结果两人同时被革去功名，发配边疆，再也没有做官的机会了。

三、关节制胜术

古代科举考试作弊手段多样，除了夹带、枪手外，还有“通关节”这一考场的不二法门。所谓通关节，就是指考官与考生通过卷面上特定的字眼来作为作弊的暗号，比如考生在卷子上故意在明显的地方写出暗号，这样考官收到卷子后就直接取中该卷。在北宋以前没有考试糊名和重抄卷子这一程序的时候，通关节的情况很少，它操作起来很容易，有后门的直接跟考官打声招呼就行。但在北宋之后，这种情况发生了改变，宋真宗时加大了反作弊措施，在评卷前，增加了两道程序，一道是考卷加密封线，遮蔽考生信息；二是由专人重新抄写卷子。这样一来，只有等名次确定后，拆开原卷，才知道中举名单，除此之外，根本无法在拆卷前做手脚。然而，你有张良计我有过墙梯，中国人向来不乏这样的智慧。他们在新形势、新政策下，马上就发明了新的作弊对策，那就是定关节、递条子。他们事先和评卷人串通好作弊暗号，在试卷内特定位置嵌入特定字眼，为确保录取时准确无误，每份卷子都在不同的地方约定不同的通关暗语。这样一来，评卷官只要凭事先定好的关节暗号录取，一取一个准儿，一般不会失误。那些送了银子通了关节的考生，哪怕是答卷驴唇不对马嘴，也能取中。

功名的诱惑真是冲昏了不少人的头脑。在北宋真宗时，朝廷刚刚出台了新的科场作弊防范措施，就有人大胆包天，顶风作案。那时，有个叫杨亿的翰林学士，他是个有名的宫廷诗人，开创了西昆体。杨亿当时被皇帝任命为新科举考试的主考官，他十分注重老乡情，在开考前几天，杨亿专门把应试的小老乡们请到酒楼大吃大喝了一顿，在席间，杨亿极力勉励小同乡们，其中有投机取巧的学子赤裸裸地求指导。听到这明显违规的话语，杨亿勃然变色，马上离席，边走还边说：“丕休哉。”“丕休哉”是《尚书》中的一句话，表面上是在骂人，实际上却是在透露考场的通关密语。脑袋灵活一点的人马上就领悟了杨大人的真意，高兴地离开了酒楼，提前庆祝胜利去了。几天后杨亿主持了科举考试，那几位同乡在卷子中不约而同都嵌入了“丕休哉”的字眼。出榜后，果然不出所料，这几位同乡都被录取了。可能这次杨主考泄题范围较小，朝廷并没有发现。

通关节发展到了明代，技术手段更加隐秘，花样不断翻新，无所不用其极，几乎每一场都有作弊的事件发生，十分猖獗。明神宗万历年间曾经发生了一起有趣的通关节作弊案件。万历十六年（1588）北京科举考试开考在即，宰相黄洪宪担任北闱考官（明朝分南、北两地学子分开考试和录取）。这位主考大人十分喜爱黄白之物，早在入场之前就收受了如山的金银，他做的可比杨亿过分得多，录取时不论才学，只看有没有通关密语。由于他收受的贿赂太多，仅有的几个进士名额根本不够用，所以看到给钱多的密语就高高取中，给钱少的就排到后面，甚至黜落。当时，有一位叫李鸿的浙江士子，考前花重金买通黄洪宪，暗中定下密语，在卷子中使用了与上下文毫无关系的吴地土语“囡”字，最后被录取为第十一名举人。类似李鸿这样的卷子在黄洪宪的名单中比比皆是，每一个都名列前茅。红榜一下，群情大哗，御史纷纷弹劾黄洪宪，引发了一阵热议，但终因黄洪宪权势太大，最后还是不了了之。

当然，有时考场通关节不是出于私人的目的，而是出于为国求贤的公心。晚清的一次科场舞弊案就是一个明显的例子。清光绪十八年（1892）壬辰科会试，帝师翁同龢任当年主考官。参加此次会试的就有后来的状元实业家张謇。说起张謇的状元之路，真是极其坎坷，每一次提起都要流一把辛酸泪。他总共花了 35 年的光景在科举上，光是在考场里就待了 160 天。光绪十八年不知是他参加科举的第几个年头，之前每一次都是铩羽而归，这一次不知命运如何。考前，张謇与好友刘可毅一起去拜访老乡翁同龢。翁同龢一直很赏识小老乡张謇的才气，急于提拔老乡上位，可惜张謇运气太差，屡考屡败。于是，翁同龢特意在见面的时候，借机提点张謇暗语，他在席间反复叮嘱张謇说："今日时势，宜统筹全局。"正直的张謇以为翁同龢是在议论时局，压根没有想到这是一种暗示，但旁边的好友刘可毅却铭记于心。在正式的考试中，刘可毅将"统筹全局"四字嵌入八股文的破题之中，翁同龢看到这份卷子时，大喜过望，以为一定是同乡张謇的，还没看完就定了这份卷子为第一名。等到拆封时才发现不是张謇的，而是那天的陪客刘可毅的。翁同龢的一番好意白白便宜了刘可毅，而张謇依旧没有中第，继续在科场的泥潭里挣扎。

后来张謇还是高中了状元，只是这已经是几年以后的事情了。

23 “嬉笑怒骂皆文章”
——狂士赶考记

◇

科举制度作为古代中国重要的选官制度，一面世就吸引了无数学子投身其中，为之奋斗，终生不渝，痛并快乐着。因为科举考试是明清以后做官的唯一途径，一旦高中，进入仕途，不仅光宗耀祖，而且荣华富贵也会随之而来，为此前赴后继的学子冲锋上阵就为了争这一张做官的门票，就连放荡不羁的狂生也不例外。他们以自己特立独行的个性在考试中抒发别样的情怀，为严肃的科举考试增添了一丝色彩。

一、笑闹考场的徐渭

徐渭可是中国历史上的著名人物，他在大明朝的知名程度绝对排得上前三名。徐渭号称大明三大才子之一，其他两位分别是编永乐大典的解缙和写“滚滚长江东逝水”的杨慎。徐渭之所以排在第三，不是他的学问差，只是因为他生得晚。论博学，他不如大才子解缙，论江湖地位，他不如宰相之子杨慎，但比起他们两个人来，他却是知名度最高、传说最多的人物。少年时他智斗县令，惩治奸商的桥段早就成了人们津津乐道的趣闻，在民间家喻户晓，广为流传。他不只是在生活中特立独行，在严肃的科举考场也不走寻常路，创造出独一无二的考场标签，任何人都无法模仿。

徐渭

徐渭，字文清，后改为文长，号青藤道士，绍兴府山阴（今浙江绍兴）人。他出身官宦之家，父亲也是知名大儒，有两个同父异母的哥哥。他一出生似乎就注定了不幸的命运，他生于正德十六年二月四日，照算命的迷信说法，这个年份出生的孩子注定要一生霉运连连，是天下第一的倒霉人物。或许被他说中了，徐渭出生一个月后，正德天子便驾崩了，一百天后父亲也不幸去世。邻居们看到徐家发生的一切，都在徐渭背后指指点点，说他是一颗“丧门星”，既克天子又克父亲。这当然是迷信的说法，但是当时的人却信以为真，所以小徐渭一直活在别人的冷眼和嘲笑中，从小便养成了孤傲清高的性子，被同窗认为是“非主流”。由于徐渭的父亲去世早，他是由嫡母抚养长大的。徐渭的生母是卑微的小妾，在徐渭 10 岁的时候她就被当作货物卖掉了，而养他的嫡母也在他 14 岁时离他而去。小徐渭彻底成了孤儿，他只得投奔两个哥哥。在两个哥哥的拉扯下，徐渭才得以继续学业，后来侥幸中了秀才。

徐渭在童年经历了这样悲惨的遭遇，但从未丧失过生活的勇气，依旧顽强地活在世上。即使徐渭过得如此潦倒，他的才名依旧传遍了当地，是山阴县有名的神童。张爱玲曾经说过，出名要趁早，而小神童徐渭就是她的榜样。据说，在徐渭还在上小学的时候，就通读了汉代文学家扬雄的名著《解嘲》。要知道汉赋这种文章比较长，还喜欢用许多生僻难懂的词语，而且韵散夹杂，一般成人都很难懂，别说还在认字的小学生了，能把书上的字认全就不错了。而徐渭这个牛人还古灵精怪地改编了这篇文章，大大嘲讽了一番古人。这一番创意当然得不到老师的理解，结果他被罚抄了学校规条一千多遍，还被罚站了一天。但是经过徐渭这一番恶搞，他的怪才之名也渐渐传开了，成了当地的小名人。

徐渭在20岁的时候就考中了秀才，这时他已经是全国有名的大才子了，与北边的王世贞、中原的李攀龙并称文坛领袖，有“南徐北王中攀龙”之称，就像金庸小说中写的“南帝北丐中神通”一样，是公认的文坛大佬。虽然他还没有中进士，但是在全国已经拥有了大批热情的支持者。眼看前途大好，徐渭相信自己已经转运了，于是决定抛掉过去，重整旗鼓，创造美好的未来。过了一年，他抖擞精神，准备一鼓作气，参加乡试考取举人，然后到北京参加会试，一举拿下进士，一洗以前的晦气，开创崭新的未来。徐渭认为凭自己的才学拿一个区区进士，还不是轻而易举的事情。但是他完全估计错了，乡试中他遭遇了一生的滑铁卢，一连八次未中，以致最后无法翻身，真应了算命先生的话——潦倒终身。

徐渭是个天才，所有人都坚信这一点，但是天才也不一定能考上进士。要知道，八股文是一种严格规范格式的应用文，考生必须要严格按照规定完成考试内容，这是最基本的要求。若是你不按规则办事，那么对不起了，即使你再文采斐然也上不了榜。徐渭也是一样，他一向自由惯了，哪里受得了这样的约束，所以落第也是可以想到的。

徐渭那年二十多岁，第一次来到省城杭州参加乡试，因为他是远近闻名的大才子，因此有大批仰慕者蜂拥而至。进考场前有好事者问他是否有信心登第，徐渭自恃才高，自然拍胸脯保证必中，引来众人一阵欢呼。他正式进入考场后，一翻开试卷，看到题目，心中大喜，这题正合自己心意，下笔如有神，不到半个时辰就交了卷。整篇文章写得短小精悍，痛快淋漓，针砭时弊，可谓是一篇文笔犀利的时政评论，放到现在，就凭这篇文章的质量，绝对可以登上《人民日报》。他想当然地认为这次一定高中，必定能光宗耀祖。但是他却忘了作文的要求，字数必须在五百字以上，他才写了一百多字，这可犯了考场大忌。应试作文不比平时的练笔，想怎么写就怎么写，一旦犯了规则，任凭文章妙笔生花，也是无力回天。所以，考官评语“太短”，看也没有看文章内容就打回了他的卷子。

徐渭落第，回到了故乡山阴，他继续刻苦学习，准备再考。三年后，他又卷土重来，没想到在第二次乡试中又碰到了上次的考官，真是冤家路窄。徐渭一看又是上次的考官，就是你让我考不中的，心想，老小子，你不是嫌我上次的文章写得短吗，那我写个长的给你看看，气死你。说着，他也不管题目的要求是什么，一展腹中才华，把腐败的科举制度说得暗无天日，想到哪里就写到哪里，一张卷子写完了还不够，又站起来在桌子上、椅子上继续写，字密密麻麻的不下万数。到了交卷的时候，他把卷子放在桌子上，扛着桌椅就横冲直撞地出去了，那考官自然也认得徐渭，吓得躲到一边，急忙说：“君子动口不动手。”徐渭把桌子放下来说：“你不是嫌我写得短吗，这篇长得很，请你好好看看。”经过这一番大闹，徐渭因为搅闹考场被轰了出去，自然第二次也没有考中。

又过了一个三年，徐渭再次来参加久违的乡试。这次他终于吸取上几次失败的教训，准备收敛个性，好好按照规定，安安稳稳中个举人。虽然这次他没有捣乱考场，但他前两次的恶名已经传遍了浙江，早就被列入考场黑名单，况且“江山易改本性难移”，一个自由成性的人哪有那么容易收敛性格呢？徐渭一翻开试卷，看到题目，就迅速地写起来。他本来就是个“愤青”，虽然提醒自己注意要求，但是写到高潮，情绪一激动，就控制不住写了些愤世嫉俗的语言，到后来早就把要求忘到脑后了。说实话，这回他的文章虽然有点小“愤青”，但是也算是一篇优秀的应试作文，无奈他的恶名在外，浙江所有考官都如雷贯耳，根本无人敢招惹这个考场疯子，所以这一回徐大才子又一次落第了。

徐渭画作

前三次的考场失利使得徐渭深深地反省。经过几夜的苦思冥想，他把罪名归到了自己的表字上。他原本字文清，文清就是“文轻”，文章自然不会被“重”视了。于是，徐渭便想把字改成“文昌”，想借一下考神文昌帝君的运气，但转念一想，“昌”这个音太容易使人产生联想，又将“昌”换成了“长”。文长，文长，文脉悠长，这样一定能中。经过这次改字，徐渭不死心地又参加了第四次乡试，这回他是真的想中。眼看已经三十多岁的人了，旁边的同学早已事业有成，而自己少时成名，现在混得还不如班里垫底的差生呢！一想到这儿，就心生懊恼。他发挥了百分之百的功力来应对这次考试。他本来就是八股文专家，写得一手好文章，只是平时不屑如此，这回发全力应该没有问题了。但是写得太好也是问题，徐渭写八股文的水平很高，句句珠玑，这种文章是需要慢慢欣赏的，一般人看一遍根本不知道说的是什么。而那些评卷官要在短时间内看完上千份卷子，根本没有工夫对一份看不懂的卷子进行研究，所以这回徐渭精心准备的考试依然以失败告终。

之后徐渭又接连考了四回，不知是不是他考运不好，每次都有意外发生，徐渭就这样在考场上蹉跎了二十多年，自己也已经四十多岁了。眼看同学们都结婚生子，事业有成，自己人到中年，却连举人都考不到，真是往事不堪回首，不禁悲从中来，从此越发纵情恣意。后来徐渭进入胡宗宪幕府参谋抗倭大业，也算勉强实现了自己的一点愿望。后来他因为痛风发狂误杀了自己的妻子，在监狱关了七年，多亏同学相救，才保释出狱，这时他已经 53 岁了。徐大才子的晚年十分凄凉，靠卖画勉强度日，1593 年，73 岁的徐文长离开了人世，结束了他悲惨的一生。

二、戏弄考官的金圣叹

徐渭不走寻常路，大闹考场，最后蹉跎终身。虽然他被后世誉为“中国的梵高”，有无数书画家都曾立誓“愿为青藤（徐渭）门下走狗”，但是和已死的徐渭又有什么关系呢？荣誉再大，也享受不到了。徐渭在生前孤独寂寞，没有知心好友，如果他出生再晚一点，遇到金圣叹，一定会将其引为知己的。因为他们是同类人，都是不走寻常路的怪才。金圣叹也和徐渭一样，在考场干过许多奇葩事，大大戏弄了一把考官，最后和徐大才子落得一样的下场，终身未第。

金圣叹是明末清初著名的文学批评家，他对《庄子》《离骚》《史记》《杜诗》《水浒传》《西厢记》这六本书十分推崇，称它们为“六才子书”。他点评的《水浒传》最为著名，现在书店还有出售。

金圣叹

金圣叹本姓张，名若采。说起他的改名换姓，还有一个有趣的传说。据说，有一次金圣叹和同窗去孔庙拜祭孔圣人，刚拜完，一群学生马上冲到祭台去抢供桌上的馒头和猪头肉。原来，古代有一个传说，谁先抢到祭孔的猪头肉与馒头，谁就会高中状元，前途无量。年轻的张若采根本就不相信这种说法，大笑不止，还为此起了个笔名金圣叹。“金”指孔夫子的金身，而“圣叹”指的是孔圣人也在为他们叹息。真是嘲讽得入木三分，不愧是“幽默大师”。金圣叹这个笔名流行之后，人们就不再记得他的真名，就像鲁迅一样，他的大名周树人渐渐为人遗忘，笔名取代了真名。总之，金圣叹就这样成了他的代号，一生也摘不掉了。

金圣叹出身于富贵人家，自小家庭环境优越，吃穿不愁，所以他可以自由地选择自己想做的事，这点与贫寒的徐渭不同。但是金圣叹美好的童年被清军的铁蹄破坏了，随着清军的南下，平静的江苏吴县陷入了战乱，南明政权与清军犬牙交错，使得张家从富贵之家落得一贫如洗，父母在战乱中死去，金圣叹一夜之间沦为孤儿，差一点连家也没有了，所幸有舅舅钱谦益帮忙，才保住了祖宅。经过这一场离乱后，金圣叹从一个富家公子沦落为一个朝不保夕的平民，使得他原本就幽默诙谐的个性中多了几分愤世嫉俗。他用冷眼旁观这个光怪陆离的世界，从不主动参与这个奴才社会的竞争，所以他虽然才高八斗，学问渊博，却始终游离于主流社会之外，成了一个奇怪的局外人，被摒弃在科举考试红榜之外，多次名落孙山。

明清两代科举考试程序十分烦琐，一个学生首先要接受完整的启蒙教育（就像现在的幼儿园），成功通过入学考试（即县试），成为童生，这样就正式踏进学校的大门，取得了进一步参加考试的资格。金圣叹为人诙谐幽默，学问渊博，文章不拘一格，是学校里有名的偏科生，所以在期末考试中屡屡垫底。经过他的努力，最后勉强完成了学业，进入中级阶段的乡试。乡试是古代学子的一道坎，一旦乡试通过了，那就迈入了成功的快车道，以后有机会谋到更好的工作，就相当于现在的高考一样，考入大学后，不管怎么样，毕业后的工作机会就增多了；而高考失利，就只能提前找工作，一般找的工作起点都很低，要从基层做起。金圣叹如今也正面临人生的转折点，成败就在此一举。虽然他恃才傲物，但也得在这世上生活，所以他十分重视这次乡试。

金圣叹第一次参加乡试信心满满，十分轻松地上了考场。这回的题目是“吾岂匏瓜也哉，焉能系而不食”，这是孔子形容自己像匏瓜一样怀才不遇的感慨。当时金圣叹肚子正饿，一看到这个题目，马上勾起了馋虫，在试卷上开始了自己的即兴创作。他在白纸上画了一个光头和尚，一把剃头刀，酷似匏瓜的样子，然后就在那里回味起匏瓜的味道来，馋得口水都流了出来。他回味了一会儿才意犹未尽地在纸上剩余空间开始作文，不久之后，他就交卷了。交卷的时候，考官看到上面的漫画，就问他这是什么，金圣叹说，这是匏瓜的漫画版。这样戏弄考官当然不能中了，第一次乡试金圣叹就这样失败了。

金圣叹第二次参加科举考试的经历更加有趣。那回的作文题目是

“吾四十而不动心”。金圣叹发挥了自己充分的想象力，想象自己动心的情景，提笔这样写道：“空山穷谷之中，黄金万两；露白葭苍而外，有美一人，试问夫子动心否乎？曰：动动动动动动动动动动动动动动动动动动动动动动动动动动动动动动动动动动动动动动动!”在试卷上用着重号连写了39个“动”字，随即就交了卷。考官监考了这么多年也没见过这样奇葩的卷子，就追问他为什么写了这么多动字，金圣叹风趣地说：“孟子说过，人到了四十岁才不动心，那就是三十九岁之前看到美女一定会动心，所以我只写了39个动字。”这样惊世骇俗的回答吓傻了考官，金圣叹也遭到除名的下场。

金圣叹评点的古代六大奇书现在仍流行

金圣叹第二次乡试又铩羽而归，他的科场恶名已经传遍了江南，但他依然我行我素，坚持不走寻常路。又到了下一场乡试，金圣叹又来凑热闹，这回的题目是“西子来矣”，是要考生对越国美女西施出使吴国的史实加以评论，这样一个题目在金怪人的笔下也有了新的含义。金圣叹在卷子里调侃美女说：“出其东门，西子不来；出其南门，西子不来；出其北门，西子不来；出其西门，西子来乎？西子来乎？”考官看到这份啼笑皆非的答案，也幽默了一把，评点道：西子一来，秀才去矣！结果，金圣叹果不其然又落榜了。

经历了这几次失败的考试，金圣叹彻底把考试当作玩笑，每次乡试不调戏一下考官，他就浑身不自在，可不，这回他又来闹场了。这次作文的题目是“孟子将见王”。金圣叹对此不屑一顾，他随性地在卷子上画了五个圆圈，中间一个最大，四个角分别画了一个小的，不到半个时辰就交了卷。考官虽然早就习惯了金圣叹的怪癖，这回看到连字也没有了实在是不知所云，于是问他是什么意思，金圣叹解释说：“前面的题目中我写了上百遍孟子，不用写了，他见王的经历前面也早就写烂了。只有‘将’勉强可以写一下。大人没看过唱戏吗？大王上台之前，旁边总跟着四个彪形大汉，这就是‘将’啊！”主考官当场被雷得外焦里嫩。

金圣叹就这样传奇地考了许多回乡试，次次夺人眼球，成为人们关注的焦点，是考场上的明星人物，备受瞩目。他终身保持白身，半个功名都没有拿到，最后在顺治十八年牵连进“哭庙案”中，被处以死刑，在死前还玩了一把刽子手。金圣叹担心等待死刑的煎熬，想早死早超生，于是他开了一千钱的空白支票给了刽子手，要他第一个砍自己的头。刽子手贪图蝇头小利，果然第一个就杀了金圣叹，死后从金圣叹耳朵里滚出两个纸团，刽子手疑惑地打开一看：一个是“好”字，另一个是“疼”字，这就是金大才子对这个世界开的最后一个玩笑。

金圣叹和徐渭的事例证实了历史上一个颠覆不破的真理：个性者必出局。要想在社会上活得滋润，还是要收敛一下自己的个性。

24 状元出使记

——洪钧使外趣闻

◇……………

历史上的状元不计其数，但是青史留名的却很少。曾经有人写过一篇《状元多是样子货》的文章，文中犀利地指出古代状元高分低能的现状，说他们中很多人只是死读书，知识面很窄，并没有什么实际的才干，大多是金玉其外，败絮其中，只是样子货。这些话说得有一定的道理，但是我们也不能忽视那些有真才实学的真状元，他们之中有的文武双全，有的多才多艺，有许多人在自己的领域中做出了旁人难以企及的成就。在这些真状元中，只有一位破天荒地当上了外交大使，他就是本文的主人公洪钧，他是历代状元中唯一出使过他国的外交状元。

一、状元美人双喜临门

说到洪钧，可能许多人不了解他的生平，但是说到他的姨太太赛金花，大家或许就清楚了。晚清名妓赛金花正是借着与丈夫洪钧出使四国的资本，最后重操旧业成为晚清一代传奇女子。洪钧祖籍安徽歙州（今安徽歙县），他的祖先是个商人，出于经商的便利，所以很早就落户在了浙江。大家知道，徽州地形狭窄，山高林密，人多地少，生活不便，所以许多徽州人选择了出外经商，就像现在的许多人到外地打工一样。徽商足迹遍布全国，洪钧的祖辈就是其中一员。到了洪钧这一代，一家人早已定居江苏苏州，成了地地道道的苏州人了。

洪钧

洪钧小的时候，因为家道中落，无力维持生计，父亲苦口婆心劝他辍学去赚钱还债。洪钧是学校里有名的学霸，他勤学好问，深得先生的喜爱，先生把他视为未来状元的不二人选。当先生听说状元的好苗子洪钧要被生计所迫而辍学，十分心痛，连忙找到洪钧的父亲，向他说明洪钧的天赋。看到先生如此诚挚，洪老爹想起儿子听到让他辍学时痛苦的表情。记得那天，洪钧跪在地上，苦苦哀求自己，发誓一定要靠自己的才学为洪家翻身，求父亲给自己一个继续读书的机会。老父亲十分感动，因此决定宁愿自己苦点累点，也要支持儿子继续读书。经过了这一段小插曲，洪钧更加发奋读书，每日头悬梁锥刺股，经常学习到凌晨。

功夫不负有心人，洪钧果然不负众望，在他 18 岁的时候考中生员，成为县学的正式学生，享受朝廷免赋税的优厚待遇。又过了几年，在洪钧26岁的时候，顺利考中了举人。洪老爹听到这个喜讯真为儿子感到骄傲，也为自己当年改变决定而庆幸。同治七年(1868)，洪钧进京参加戊辰科殿试，没想到鸿运当头，一下子就考中了状元，真是天佑英才。当时洪钧只有29岁，正值青春年华就高中状元，可谓春风得意少年时，前途一片光明。同治九年，洪钧出任湖北、江西等处学政。

凭着状元的桂冠，洪钧的仕途一帆风顺。同治九年（1870），洪钧就被委以重任，远赴湖北、江西等地监督那里的日常教学和考试工作。自从他在教育部任职之后屡挑重担，不久之后又被派往京城担任顺天府乡试的评卷官。经洪钧提拔过的考生都很有才干，许多都在政府部门找到了合适的岗位，实现了自己的人生价值，人送外号“科场伯乐”，是众多贫寒举子的福音。他唯才是举，曾经不避嫌疑冒死举荐了一位治水大臣潘骏文。光绪九年（1883），黄河发大水，在山东决口，洪钧主张加筑大堤，防止洪水泛滥，因此他举荐了一个犯官潘骏文。潘骏文虽然有治水之能，但是因为曾经犯过事无人敢推荐，洪钧为了受灾的百姓，大力举荐了潘骏文。潘骏文被起用后，竭尽全力治理河患，堵住了决口。事后证明洪钧果然没有选错人。

光绪十年（1884），中法战争爆发，洪钧是一个坚定的主战派，坚决要求和法国洋鬼子一战到底。但是令人大跌眼镜的事情发生了，洪钧的铁哥们清流健将张佩纶战前说得大话满满，没想到马尾海战一开打，马上就吓得屁滚尿流，拍拍屁股溜走了，而他推荐的主将云贵总督岑毓英也不幸战败，洪钧担了个举荐失误的罪名。洪钧迎来了他事业的低谷期。就在此时他的母亲病重，他就以伺候老母亲为名，请假回到了阔别已久的家乡苏州。

在洪钧事业处于低谷期的时候，他的情场却意外地迎来了第二春。洪钧在家乡休假不久，他的母亲就因为重病难治与世长辞了。他只得向朝廷打停职报告，在家守孝三年。在守孝期间，洪钧遇到了他一生中最为重要的红颜知己。45 岁的洪钧初识赛金花是在苏州的街头，当时洪钧正一个人在街头闲逛，突然听到一阵银铃般的歌声，他循声过去，只见一个美丽的布衣女孩站在街头唱歌。她就是洪钧未来的女人赛金花。赛金花本姓赵，名彩云，赛金花是她自己取的艺名。赛金花初识洪钧时只有 13 岁，两人相差三十多岁。“金风玉露一相逢，便胜却人间无数”，二人一见钟情，马上坠入爱河。洪钧派人一打听，得知她是苏州花船上的一个清倌人（卖艺不卖身），叫赵彩云。在守孝期间，多亏这位解语花陪伴，洪钧才度过了漫长的三年。孝期一过，洪钧马上迎娶赵彩云过门做了他的姨太太。那时赛金花还不到 15 岁，洪钧已经快 50 岁了，老牛吃嫩草，这一对老少恋轰动了全苏州城，一时间被传为男状元娶“女状元”（赵彩云是苏州青楼头魁）。洪钧是个文化人，嫌彩云这个名字俗气，特别改名为梦鸾。二人度过了许多美好的时光。

八国联军在北京

二、出使外国不丧国威

光绪十二年（1886），洪钧和赵彩云喜结良缘后，不久就接到了朝廷的复职诏书。正巧当时出使德国、俄国、荷兰、奥地利、比利时五国外交大使许景澄任期已满，朝廷正在物色接替的人选。这时候，洪钧刚刚复职，还没有选好位置，在潘祖荫、翁同龢等人的推荐下，洪钧接替了许大使的职务，成了光荣的驻外大使。光绪十三年（1887），朝廷正式任命洪状元担任驻俄国、德国、奥地利、荷兰四国外交大臣，从教育界正式跨界到外交领域。

消息一传到洪府，众人的反应各异，有人欢喜有人愁。洪钧的两位原配夫人都是名门贵族。大太太出生在南京，二太太出生在扬州，还有一个儿子是南京的大太太所生，娶的是京城高官前状元陆润庠的女儿。洪府除了赵梦鸾是个妓女外，几乎满门社会名流。他们还保持着旧的观念，自恃为天朝上国，根本就瞧不起那些蓝眼睛高鼻子的洋妖怪。一听到要去那茹毛饮血的野蛮之地，就整夜做噩梦，洪府愁云密布。只有新过门的三姨太赵梦鸾表现得不一样，想到要去西洋花花世界，就十分兴奋。最后，他的两个太太都不愿意随行，宁愿待在苏州生老病死，只有小妾赵梦鸾愿意跟随。

就这样，洪钧孤零零地带着小妾赵梦鸾坐船赶赴欧洲去任职，为了充颜面，洪钧将小妾假扮为夫人，当时人人都称赵梦鸾为状元夫人。夫妻二人一路上看遍了外国的花花世界，有长相奇怪的黑人，还有更多和国内洋鬼子一样打扮的白人；见识了许多奇妙的异域风光，有意大利的火山，浪漫的爱琴海。赵梦鸾还在旅途中自学了德语，由于她天资聪颖，不到十天，已经能进行日常交流了。经过几个月海上旅途的颠簸，终于从德国上岸了。

来到德国柏林的前几天，洪钧在早已安排好的公馆里休息调养，过了几日，他正式履行公使义务，开始例行拜访。首先去拜见了德国首相俾斯麦，俾斯麦可是德国史上有名的“铁血宰相”，是德意志帝国首任宰相，他一手统一了分裂的德意志王国，厥功至伟。可是洪钧拜访的时机不对，每次都碰巧赶上俾斯麦繁忙的时候，一连求见了五次才得以见面。之后他又拜访了德国其他重臣和其他国家的公使。

当时，清朝政府仍然推行闭关锁国的政策，大多数中国人很少了解国外的情况。作为封建王朝第一个出洋的中国状元公，洪钧自恃大国尊严，从来不肯主动接触国外的文化，认为他们是不服王化的野人。洪钧出洋近一年了，没有学会说一句洋话，也看不懂洋文。不管走到哪里，洪钧都穿着他的招牌衣服——石青色官服，他去拜见首相的时候也穿着那套万年不变的补子服。洪钧处处固守着封建士大夫的迂腐，有一次宴会之后，主办方想要众人拍照留念，洪钧一听坚决不肯，因为他怕被相机摄去灵魂，所以极力抗拒。在国外几年来，洪钧一直穿着从国内带来的用土布做的衣服和袜子，他宁愿穿着早已破了洞的土布袜去磨脚，也不愿意换上一双新买的用西洋毛线织的“洋袜”。洪钧在出洋的这几年中除了正常办公和必要的外交礼节之外，几乎不出门。他每天的工作就是看从国内带去的线装古书，仔细研究我国的边防。

虽然洪钧如此迂腐，但是他还是不忘国难，尽心尽职，处处捍卫国家尊严。在国外期间，他创造性地改革了中国的电报字码，使之与国外大致统一，不仅便于彼此间的交往，而且为朝廷节省了巨额通讯费用。在出使过程中，洪钧以他敏锐的洞察力，认真研究俄、德、奥、荷兰四国的政治、经济、文化等各方面情况，在平时的公使聚会上，他察觉到欧洲各国之间的利益冲突，做出了一个预测，那就是，不出十年欧洲大陆必将爆发战争。因此他向朝廷发电报详细报告各国的动态，并向朝廷建议抓紧时机改革内政，趁着欧洲动乱的时候，加紧发展自己的国力。后来的世界形势发展正如洪钧预测的一般，欧洲果然爆发了第一次世界大战，但是中国政府并没有捉住这一良机，导致近代中国饱受磨难。

赛金花

洪钧在国外的时候，曾经花重金从洋人手里购买了一张俄国制作的中俄边界地图，他如获至宝，一买到马上派专人去校对整理，随后飞速传给朝廷。事实证明，不懂一门外语是无法在国外生存的。这张图不仅给洪钧的仕途造成了阻碍，而且成为日后中俄边界纠纷的导火索。原来，由于洪钧不懂外文，所以被洋人所蒙蔽，他花大价钱买来的中俄边界地图其实是俄国人特意篡改过的，图中将新疆帕米尔地区许多关卡划出中国边界，成了俄国的领土。这张山寨地图后来被别有用心的沙俄公使搜集起来，作为两国边境争端的“证据”，成为洪钧外交事业上的污点之一。

瓦德西

丈夫忙工作的同时，状元夫人赵梦鸾也不甘寂寞，她靠着以前在花船上学到的交际手段，出入于欧洲各大宫廷。赵梦鸾特有的中国才貌和灵活的交际手段使其迅速融入了欧洲上流社会，赢得了一票欧洲权贵的赞誉，德国皇后甚至称她为“东方第一美人”。交际方面远比丈夫做得好上百倍，赵梦鸾最大的意外收获就是在德国结识了青年军官瓦德西，而瓦德西就是日后侵华的八国联军的统帅，这样才有了赛金花巧言退兵的传奇故事。

三、死后遗孀拯救国难

光绪十六年（1890），洪钧卸任回国，转任兵部左侍郎兼总理各国事务衙门大臣，主管外交事务。这时，他买的山寨地图事发，引起了中俄两国在帕米尔边界的纠纷。最后错误虽然澄清了，但是洪钧难辞其咎，他精神遭受到沉重打击，在悔恨交加中抑郁成疾，光绪十九年（1893），洪钧死于北京公寓，年仅 54 岁。洪钧一死，一时风头无二的“状元夫人”就倒霉了。赵梦鸾本来就是冒牌状元夫人，上文说过洪钧家中还有两位夫人，全是名门贵族，她们根本就瞧不起赵梦鸾这个风流女人，运送洪钧遗体的灵船刚到苏州老家，赵梦鸾就被洪家人赶出了门。当时她还怀着身孕，身无分文，净身出户，赵梦鸾在上海生下了洪钧的遗腹子，孩子因为营养不良只活了十一个月就夭折了。这一切就像一出豪门兴衰剧的前半段，若是交给现代雷人剧导演来拍的话，一定会演绎成妓女复仇的戏码。但是，现实比想象更离奇，赵梦鸾不仅没有挟恨报仇，反而正式掀起了她的传奇一生。

赵梦鸾离开洪家后，辗转来到上海，重操旧业，干起了妓女的老本行，改名“曹梦兰”。她在上海租了一间房子，正式命名“曹梦兰书寓”，开门迎客。为了招揽顾客，还把以前的戏称“状元夫人”拿出来搞噱头，一开始生意很红火。但是好景不长，洪家在苏州，和上海相隔并不远，一听到那个妓女居然把“状元夫人”的名号拿出来招摇撞骗，火冒三丈，马上指使上海的黑白两道，联合狙击曹梦兰。曹梦兰在上海被逼得走投无路，只好北上离开洪家的势力范围，另谋生路。

光绪二十四年（1898），她坐船到了天津，为了避开洪家的耳目，正式启用了“赛金花”这个日后轰动一时的名字。赛金花在天津红灯区江岔胡同租了一所房子，开了一家名叫“金花班”的妓院，她班子里有五个从南方来的妙龄女子，而她自己顶着“状元夫人”和“公使夫人”的名头，妓院一开张就吸引了大批慕名而来的豪客，生意十分红火。不久之后，赛金花的生意就做到了帝都北京，她把“金花班”开到了北京著名的花街柳巷八大胡同。说起八大胡同，可是每个老北京人津津乐道的交际场所，那里妓院林立，美女众多，是富豪享乐的销金窟。赛金花把生意搬到北京后，营业额比在天津时翻了一倍，生意蒸蒸日上，财源广进。

八国联军进北京

转眼到了1900年，赛老板正在北京过着舒坦的日子，突然传来噩耗，说是老佛爷不自量力地向洋人宣战，结果引得洋鬼子反击，官军抵挡不住，洋鬼子已经攻破天津，眼看就打到北京城了。洋人侵华的消息传遍了北京的大街小巷，全京城上至皇帝老佛爷，下至贩夫走卒，人人收拾包袱准备逃跑。赛金花听到这一消息后，并没有惊慌，反而继续经营她的妓院。最后，八国联军还是打进了北京，这时慈禧太后早已逃之夭夭，而赛金花还留在八大胡同里。洋鬼子一进城，百姓就遭殃了，由于先前义和团的暴民在愤怒之下打死了德国公使克林德男爵，所以引来德军对帝都百姓的一阵屠杀。北京城幸存的百姓人心惶惶，生怕有一天屠刀就架在自己脖子上。这时候，传奇的女主角赛金花如救世主般闪亮登场了，她凭着一副伶牙俐齿及与德国军官的交情，拯救了北京城许多贫苦百姓。

原来，八国联军的统帅正是赛金花在德国的老相识瓦德西军官。赛金花随丈夫出使俄、德、奥、荷兰四国的三年，在德国待了大半时光，其间，她出入于德国宫廷，认识了许多上流社会的人物，其中就包括瓦德西，还有被打死的克林德男爵的夫人。赛金花担忧百姓的处境，不忍看到八国联军在京城烧杀抢掠，由于她会德语，还在德国待过，在李鸿章的请求下，她主动请缨担任与德军讲和的民间使者。瓦德西一见是曾经的大使夫人，马上接见了她。赛金花一番巧言善辩，竟然说服了德军放弃报复，最后政府花重金在城中为克林德男爵立了一个纪念牌坊才算了事。这个牌坊现在已不再纪念克林德了，而是被移至中山公园，并改名为“保卫和平碑”，作为表彰中国人民为保卫世界和平而做出的贡献。

克林德公使

赛金花在德国与瓦德西的这段交情，竟然成为保全北京城的法宝，真是一段不可复制的神话。赛金花在1900年的劫难中厥功至伟，后来《辛丑条约》得以达成，也全靠她从中斡旋。北京百姓对她心存感激，称她为“平康女侠”“护国娘娘”，感谢她使北京免遭屠城之劫。后来还有人作诗专门记录了这件事，诗云：“千万雄兵何处去，救驾全凭一女娃。莫笑金花颜太厚，军人大可赛过她。”赛金花晚年生活穷困潦倒，1936年病死于北京，追随丈夫洪钧而去。

克林德牌坊

25 状元下海

——实业家张謇的故事

◇……………

科举制发展到了晚清，考生层出不穷，但状元可是独一无二的。状元及第可是每一个读书人梦寐以求的最高荣耀，正所谓：“三更灯火五更鸡，正是男儿立志时。十年寒窗无人问，一举成名天下知。”状元的荣宠可谓天下无双，曾经有一位宋朝人说过，状元及第的荣耀，即使拿将兵百万，光复被契丹夺走的幽燕两州，得胜献捷太庙，其荣也比不上。可见状元的头衔诱惑之大，值得所有读书人用一生来换。但是晚清时期却出现一个异类，他在状元及第后，却放弃了入阁拜相的机会，反而投身于当时人人鄙薄的贱业——经商，成为一名实业家。他就是本节的主人公——晚清状元张謇。

一、初生牛犊不怕虎

张謇，字季直，江苏通州（今南通）人。他的家乡邻近上海这个繁华都市，耳濡目染，受到商业大潮熏陶的他从小就很有商业头脑。张謇出生时，家境还算富裕，有房有地，还有一个小瓷货店。他的父亲在务农的同时，还在闲暇的时候做些小买卖贴补家用。

晚清状元张謇

张謇从小头脑就很聪明，在当地有“神童”之誉，5岁时，就可以将《千字文》倒背如流，家里人十分高兴，认为一定是上天庇佑，文曲星下凡。从此一家人把张謇当作家中的宝贝，很早就把他送到私塾去读书。在私塾学习了几年后，他已经熟读各种儒家经典，学业突飞猛进。有一次，老师在考查学生的时候，出了一个对子：“月沉水底”，张謇听后，不假思索地指着太阳说：“日悬天上”，从中可见他的捷才。

随着张謇学业水平的提高，他的父亲又为他请了一位新的师傅。他重新读了以前学的经典，并开始跟随新师傅学习写八股文。八股文就像我们现在公务员考试中的申论之类的应用文。在一次上课时，私塾门外一个武士骑马经过，先生即兴想出一联：“人前白马门前去”，张謇福至心灵地答了一句：“我踏金鳌海上来”，先生听到这一句妙对，大为赞赏。他的父亲听到他的下联后，心中更为其中蕴藏的吉兆而振奋，认为儿子以后一定会有一个锦绣前程，独占鳌头。

同治七年（1868），张謇15岁，他第一次踏入科场就面临一个天大的难题。原来张家祖上三代没有人获得过功名，也就是所谓的

“冷籍”，当时科举规定冷籍不能参加考试。为了取得考试资格，张謇大胆地作了一个决定，那就是冒籍考试。张謇经老师介绍，结识了一位邻近如皋县的张姓举人，冒充他的孙子，改名张育才，结果顺利通过了县试、州试，轻易地考取了秀才。

这本来是一件喜事，但是冒籍却为他惹来了天大的麻烦。他冒籍的那户人家勾结当地官府，借冒籍一事对张謇家百般勒索，张謇一家苦不堪言，濒临破产，两家因此还打起了官司。张謇因为这件事被折磨了好几年，幸亏有贵人相助，才得以解决。当时的通州知州孙云锦出面为他调解，并将这件事上报给上级。直到张謇 20 岁时，这件公案才得以了结，礼部终于同意张謇重填简历，恢复通州原籍。

张謇对这一次冒籍风波心有余悸，好在官司已了，还恢复了原籍，他决心继续潜心学习。但是这几年的官司打下来，他们家已经倾家荡产，没有钱再供他读书了。在接下来的十多年里，别的读书人忙着赶考，他却只能勤工俭学，一边学习一边积累社会经验。在张謇最绝望的时候，是孙云锦将他拉出了黑暗的深渊。在孙云锦的邀请下，他为了报恩，便决定跟随孙大人，做他的师爷，这样也可以填补家用。张謇在读书深造的同时，广泛地接触社会，了解民生疾苦。

随后，经孙云锦介绍，张謇又加入了淮军吴长庆幕府，那时他的才华已有些名气了。吴长庆是李鸿章的部下，很欣赏张謇的才华，让他参与机密要务，每个月补助他二十两金子。光绪七年（1881），小张謇 6 岁的袁世凯来投奔吴长庆。由于袁、吴两家是世交，吴长庆十分照顾这位世侄，但他觉得袁世凯学问浅薄，于是让张謇做袁世凯的老师，教导袁世凯读书。此后，张、袁二人成为吴长庆幕府中重要的两大文武幕僚，他们两人还一起远赴朝鲜处理事务。总之，张謇在吴长庆的幕府里待了很长时间，直到吴长庆去世才离开。

二、历尽艰辛终中举

张謇在近十年的幕僚生涯中，收获颇丰。他不仅提高了自己的知识积累，而且还扩大了人际网络，才华也有了展示的场所。这些经历为他以后的事业打下了坚实的基础。光绪十一年（1885），张謇在结束游幕生活之后，重整旗鼓，决心再一次参加乡试。功夫不负有心人，这次他旗开得胜，取得了第二名的好成绩。

他认为上天终于又一次眷顾了他，他一定可以及第。这时的他名气也大了许多，有更多的人知道了他的名字。就连当时皇帝的老师，京中赫赫有名的清流派领袖翁同龢也听说了他的大名，想招揽他到自己的队伍里，共同对抗一心要败坏祖制的洋务派那一帮人。在张謇到了京师的时候，这位帝师还特意派人和张謇见了一面。

面对这样的大好形势，张謇十分得意，自信心十足，认为自己一定会中。但是幸运女神并没有继续光顾张謇，或者说是翁同龢好心帮了倒忙，很富戏剧性的一幕发生了。当时翁同龢、潘祖荫等清流派人对张謇极力拉拢，许诺会试的时候录取他。没想到好心办坏事，翁同龢叫他的门生在会试中暗中确定张謇的试卷，结果认错了张謇的笔迹，连着三次误认了别人的试卷，使得张謇三次落第。

1889 年，张謇参加会试，结果清流派的考官们将无锡考生孙和的卷子误认作张謇的，而把张謇的卷子打掉。录取名单公布后，孙和中举而张謇落第。翁同龢的门生潘祖荫知道这件事后，捶胸不已，甚至拒绝认孙和这个门生。1890 年又发生了同样的事情，不知道是不是考官都是老眼昏花还是别的什么原因，这次又将陶世凤的卷子误认为是张謇的，结果陶世凤考中会元，张謇又一次落第。1892 年，考官们的脑袋又秀逗了，居然又一次误认了刘可毅的卷子，结果张謇再次落第。

命运跟张謇开了一个天大的玩笑，张謇因为考官的拔苗助长，错失了三次中举机会，蹉跎了大好年华。张謇在这几次考试中连连受挫，以致对科举产生了厌倦心理，甚至有了打包回家改操别业不再应试的想法。就这样他在家中闲居了两年，时间到了 1894 年(就是甲午战争那一年)，因为那年正值慈禧太后的六十寿辰，因此特设恩科会试。张謇本来已经心灰意冷，没有意愿去参加这次特别的考试，但是他的父亲诚恳地劝他不要失去这次机会，希望张謇在他垂暮之年金榜题名，荣耀乡里。张謇无力拒绝父亲的请求，于是借了朋友的考试用具，只身进京了。张謇对这次恩科并没有抱什么希望，只是不忍拒绝父亲的殷殷希望，才勉强来京一试。

张謇抱着无所谓的心情进京应试。没有想到，有心栽花花不开，无心插柳柳成荫，在这一回懒散的会试中，张謇居然被取中了。名单公布后，张謇被列为第六十名贡士，成功步入预备官员之列。这一次意外的中举使得张謇冷却的功名之心又一次燃烧了起来，他失落的科举之路又一次出现了新的希望。在这一次成功之后，他再也不敢掉以轻心，以百倍的精力投入到下一次考试中，争取连胜。果然在三月的礼部复试时，张謇又一次拔得头筹，中了一等第十一名。翁同龢听说了他的成绩，又一次暗箱操作，将他改为第十名（因为只有前十名才有机会去参加殿试）。张謇听到他有机会去面圣，这才相信幸运女神这一回真的眷顾他了，他多年的抱负终于有机会施展了。

终于到了令人热血沸腾的四月，殿试的时间到了。翁同龢对前三次的误选事件心有余悸，迫不及待要提携张謇做状元，甚至到了不顾帝师声誉的地步。这一次，翁同龢生怕又出错，在考试中的每个环节都安排了自己的人，从张謇进入考场到交卷的每一个步骤，都有专人盯着，他坚信这一次绝对不会认错张謇的卷子。果然，翁同龢命收卷官坐着等张謇交卷，张謇一交卷，他的卷子就直接送到翁同龢的手里。翁同龢随便看了一下，便把张謇的卷子定为第一。由于同房阅卷的人都是他的晚辈或门生，所以张謇定为状元就成为必然的事情。随后，翁同龢特地向他最得意的弟子光绪介绍说："张謇这个人才学十分出色，又是一个有孝心的人。他要是成为状元的话，一定能改变我大清的气象。"于是张謇在41岁的时候，历经浮沉，终于到了他人生的最高峰，考中一甲头名状元，被朝廷授以六品翰林院修撰官职。

张謇就这样步入了官僚的上层。就在他意气风发准备大干一场的时候，被迫卷入了激烈的帝后党争中。当时围绕着是否对日宣战，朝廷里发生了激烈的争论，一派是以光绪帝为首的帝党坚决主战，另一派则是以慈禧太后为首的后党想要议和求安。本来这样的军国大事应该与张謇这样初入官场的小官毫无关系，但是由于翁同龢视张謇为他的政治继承人，对他寄予厚望，而且张謇在以前的幕府生涯中也接触过很多对外交涉事务，所以翁同龢时常让他参谋。张謇等帝党派人积极活动，成功推动了清廷对日宣战。

就在帝党心腹不断集会商讨对策时，张謇接到了父亲病故的噩耗。张謇痛心疾首，想起父亲含辛茹苦地把自己养大，因为自己科举不顺，连累家里受苦，若不是父亲一再鼓励，自己也不可能金榜题名，获得高官厚禄，如今终于可以回报父亲的大恩了，可惜子欲养而亲不待，不禁悲从中来。张謇匆匆辞别恩师和同僚们，赶回家乡通州守灵，结束了短暂而活跃的政治生涯。

三、石破天惊创实业

张謇经过十多年曲折的科举之路，终于得到了读书人的最高荣耀——状元，这时的他，可谓前途一片光明，然而世事无常，张謇卷入了晚清变幻的政局，内外风潮的涌动影响了他的抉择。面对这动荡的时局，张謇作出了一个令人匪夷所思的决定，他在三年丁忧期满后，毅然决然地放弃了光荣的状元头衔，决意下海经商，创办实业。当时他作出这个决定，对他寄予厚望的翁同龢很不理解，多次写信给张謇，希望他放弃这个决定，重新回朝做官。张謇并没有接受翁同龢的好意，还是决心经商，实业救国。

光绪二十一年（1895）四月，张謇回到家乡通州不到半年，听到《马关条约》的签订，这给回乡守丧的张謇带来了巨大的震动，这次事件直接刺激了他走向实业救国的新道路。就在这时候，张謇接受了两江总督张之洞的邀约，总办通海团练，抵抗外国侵略。张謇见到张之洞后，两人一拍即合，尤其是关于救国强兵的主张。1895 年，张之洞向朝廷请示，委派张謇、陆润庠和丁立瀛分别在通州、苏州和镇江兴办洋务企业。丁立瀛在镇江无所作为，陆润庠也对经商办厂毫无兴趣，只是在服丧期间尸位素餐，两年后重归仕途，后来扶摇直上。而张謇却是离开官场再不回头，就这样义无反顾地走上了经商这条实业救国路。

张謇大生纱厂旧址

江苏是中国的主要产棉区之一，纺织业很兴盛。当时日商在中国大量采购廉价棉花，加工成棉纱之后以高价卖给中国人，抢占了大半国内市场。因此，许多有识官员积极扶持民族工业，希望抢回这一市场份额。张謇将新厂命名为“大生纱厂”，并采取现代管理方式。从1895年年底开始筹办到1899年4月投入生产，总共花了四年多的时间。其间历经曲折，几次濒临倒闭。但是张謇始终未曾放弃，一直都在努力。办厂首要面临的问题就是资金不足。大生纱厂原先是纯商办，由张謇出面在民间公开集资。但是一些股东畏缩不前，始终不敢拿出大笔资金来冒险。最后，张謇只得向官方求助。危难之际，他得到了当地官员的大力扶持。千辛万苦，经过张謇的多方筹措，办厂的资金终于勉强到位。

张謇大生纱厂码头

办厂的资金勉强凑齐了，但是维持运营的费用又是一笔巨款。因为资金不足，张謇被迫一再降低生产目标。同时他继续四处奔走，筹措资金。虽然他仗着之前的状元名头，靠自己的老关系，获得了许多友情捐助，但是大部分时候都在四处碰壁。张謇曾经到上海去招募股本，一无所获，甚至连回家乡的路费都凑不齐。无奈之下，只得在路边摆摊卖字，靠给别人写家书来赚取回乡的路费。一个堂堂的大清状元沦落到街边卖字，何其悲惨？张謇在路边听着那些小人官吏们对他的冷嘲热讽，心像被利刃刺穿，不断滴血。他多想反唇相讥，但是他不能这么做呀！“为了国家大业，我什么屈辱都可以忍受。”张謇这样劝慰自己，咬着嘴唇，忍受着那些嘲讽的利刃。此时的张謇已经不是头顶状元七彩光环的天之骄子了，而是一个普通的商人，他放下骄傲和自尊，勉强筹足了资金，大生纱厂终于建成并正式营业了。

张謇为了建厂卖字筹资

纱厂刚营业的时候，一直处于亏本的状态，幸亏当时棉纱的需求不断增长，工厂加派人手，不分昼夜地赶工加工棉纱。经过全厂上下的共同努力，终于在几个月后收回成本，纱厂才得以正常运转。因为张謇是状元出身，大生纱厂早期的棉纱产品使用“魁星”商标，是谓魁星点斗，独占鳌头。由于状元的明星效应，纱厂的生意芝麻开花节节高，仅仅过了一年半，就赚回了半个厂。张謇就这样一步步建立起了自己的商业帝国，成为民国著名的实业家，与北方的周学熙（北方一带的商业巨头）并称“南张北周”。张謇在自己商业帝国不断壮大的同时，还积极投身教育事业，是社会上有名的慈善家。1922 年，商业精神领袖、“状元企业家”张謇在帝国主义的围攻下破产了。1926 年 8 月 24 日因病在南通逝世，他的陪葬品很简单，只有一顶礼帽、一副眼镜、一把折扇，还有一对金属的小盒子，分别装着一粒牙齿，一束胎发。

张謇是晚清时期富有传奇色彩的人物，他千辛万苦才考中状元，却在考中状元之后毅然放弃了状元的荣耀头衔，转身投入到商业大潮之中，以实业救国，最终成为民国著名的爱国商人，为我国近代化做出了突出的贡献。从晚清状元到爱国实业家，他的事迹值得我们每个人学习和借鉴。

张謇

26 草莽政权中的另类科举
——炭状元和女状元

科举考试是我国古代重要的选拔官员的方式，偌大的国家没有人管理可是治国大忌，所以每个朝代都十分重视科举。不只是正统王朝的统治者重视科举，就连农民起义军也需要靠科举来招揽人才。中国历史上，有两个农民起义政权曾经举办过科举考试，它们分别是明末张献忠的大西政权和清末洪秀全的太平天国政权。在这些草莽政权中，他们用自己另类的方式来选拔适合自己的人才，堪称千古一绝！下面就让我们来看一看这些草莽政权是如何选拔状元的。

一、卖炭翁高中状元

封建社会向来视农民政权为叛逆，自然对他们自作主张录取的状元也不予承认，这是可想而知的。而且一般情况下，农民政权存在的时间都很短暂，忙着争权夺利还来不及呢，哪里顾得上办什么科举呢。但是事有例外，明末张献忠就办过这样的奇葩科举，他建立的大西政权正式算起来只有短短两年零一个月的寿命，却举办了两次乡试和会试联考，还有一次特科考试。若论起考试的频率，可比正统王朝高多了，但效果却不得而知。

张献忠坐像

张献忠，字秉忠，号敬轩，出生在陕西省定边县的一个小山村。他小的时候读过一些书，但是由于家贫中途辍学，长大后参军入伍，后来因为犯了军纪，被赶出军队，成为无业游民。那时正值崇祯年间，崇祯皇帝实在很不幸，他本是个励精图治、勤政爱民的好皇帝，但是时运不济，刚好在明朝无力回天的时候接下了这个烂摊子。当时明朝内忧外患，人民处在水深火热之中。内是天灾肆虐，盗匪横行，民不聊生；外有努尔哈赤正野心勃勃地想要夺取大明江山。三百年过去了，眼看明朝山河破碎，风雨飘摇，局势危如累卵，而张献忠所在的陕西就是明朝的重灾区。崇祯初年，陕西发生了严重的旱灾和蝗灾，陕北地区首先爆发农民暴动，接着很快形成燎原之势，燃烧到全国各地，张献忠带领的农民起义军也是其中一支。崇祯十七年（1644）十一月，张献忠正式在成都称帝，国号为“大西”，改元“大顺”。

张献忠建立新政权后，为了吸纳四川的知识分子，他在大顺元年（1644）举办了草莽政权的第一届科举，开创了农民政权开科取士的先例。这一次科举，张献忠搞得很隆重，他派人张贴布告，贴满了他辖内的所有地区，甚至连小村庄也不放过。如果有人不认识字，他还派专人予以朗读，使每一个百姓都知道这条消息。他的用心得到了全面通达，所有的人都知道了“张魔王”要开科举了。虽然这条消息家喻户晓，但是张献忠的残暴之名早已传遍四川，他可不像李自成那样有爱民的好名声，况且当时正处于战乱时期，政权林立，清朝已经正式在北京定都，而李自成也在河南、陕西一带占山为王，建立大顺国，江南地区更是有代表明朝正统的南明小朝廷。正值城头变换大王旗的重要时刻，说不准哪个政权就一下子一统全国了。大地主家大业大，事关全族生死，他们可不敢随便下注。抱着这样一种谨慎的态度，他们对凭空开创的新科举持一种观望的态度，既不合作也不抗拒。

张献忠实在高估了自己的亲和力，他满以为自己登高一呼，必然应者如云，自己举办的第一届科举一定红红火火。没想到却反应平平，报名的考生少得可怜，大部分人都在观望。要知道，为了这次考试，张献忠可下了不少本钱，他花重金包了一个可以容纳数百人的大场子，专门当作考场。照眼下的报名情况来看，随便租个小院就可以解决了，何必费那么大劲呢！

张献忠十分生气，他好歹也是一个皇帝，怎么能这样没有威信。他瞬间火了，既然软的不行就来硬的，他下令所有适龄学生一律都得参加科举考试，尤其是士大夫家中的子弟，如果不参加考试的话，妻子和女儿就要被卖作军妓，全家男丁去坐牢。在这样严厉的强制措施下，他苦心经营的科举总算有人报名了，虽然报名的人还是不太多，但是总算比之前强多了。

农民政权第一届科举考试就这样正式开幕了。张献忠十分重视这次考试，他亲自出题，还亲临考场巡视。为了让更多的普通老百姓也能参与进来，他降低了考试标准，开创了一个先例，那就是用白话文写作，禁止用那些生僻、古怪、华而不实的文字，只要能抒发自己的情感，怎么写都行。同时，他还突发奇想地应用了许多简体字，当时社会上已经开始流行简体字了，但是只是在下层百姓中应用。就这样，一场跨时代的“新文化运动”在大西王朝以一种特殊的方式展开了。

终于到了考试那天，张献忠亲自监考。当时正值八九月份，秋高气爽，只见偌大的考场零星坐着一些考生，显得十分空旷，一点也没有他想象中那样激情洋溢的气氛。就在他暗生闷气的时候，突然看到在考场外徘徊着一个黑瘦的老头儿，他挑着炭站在门外东张西望，好像对这次考试很有兴趣的样子。张献忠很高兴，心想老百姓中还是不乏有见识的人嘛，这不就有一个主动送上门的吗？

于是，张献忠叫住那个卖炭翁，和蔼地问他：“这位老先生，你认识字吗？”那个黑老头儿答道：“小民小的时候读过两年书，只是后来没有钱交学费所以放弃了。”他又问：“那你知道我大西要举办科举的事情吗？”老头儿说道：“当然知道了，村里派官差来宣读过好儿回了，耳朵都听出茧来了。”张献忠暗喜，又问：“那老先生可有兴趣参加考试，来圆一圆你儿时的梦呢？”那个卖炭翁吃了一惊，惊呼道：“我真的有机会吗？不是说只有有功名的人才能报名吗？”张献忠摆摆手说：“哪里有那么严格的要求，我朝奉行人人平等的原则，只要你愿意，随时可以来考试。”

老头儿听到张大王的话喜出望外，刚想放下担子去考试，马上又挑起来说：“不行呀大王，我的炭还没有卖完，这样回去要被东家骂的，我好不容易找到的活儿就没了。”张献忠不耐烦地说：“好，那我把你的炭全部买了，你就可以去考试了吧！”老头儿马上放下担子，高兴地说：“好嘞，小的这就去，多谢大王！”说完，一头冲进了考场。他在试卷上作了一首白话诗："草莽深山烧炭工，家无尺土半生穷。大王慷慨行天道，许我科场搏一通。"这样的大白话诗却触到了张献忠的内心深处，他瞬间想起了自己的过去，感同身受，一高兴当场钦点卖炭翁为状元。一个卖炭翁就在这样的机缘巧合下莫名奇妙中了状元。那一届张献忠一共录取了 80 多人，大多都是些文字不通的普通老百姓，真正玩了一把"平民科举"的游戏。

在之后的一年，张献忠又接着办了两次不成功的科举考试，最后都以大屠杀结尾。由于他对知识分子的仇视，直接把考场当成了刑场，他在成都贡院前拦了一条大约一米三高的绳子，进考场前，要求考生一个个从绳子下面穿过，凡是身高超过绳子的考生全部就地斩首。前后一共杀了几万人，尸首堆积如山，张献忠看着那些人头，高兴地哈哈大笑。张献忠这些残暴的行为，让人忍不住想起他的一句话："天生万物养于人，人无一物回于天。杀！杀！杀！杀！杀！杀！杀！"明末四川人被张献忠屠戮殆尽，所以才有了清初的"江西填湖广、湖广填四川"。当然其中也不乏战乱造成人口锐减的原因，但是张献忠残暴的面孔彻底留在史上。

二、千古第一女状元

历史上第一次农民政权的科举被张献忠搞成了屠杀文化人的刑场，连一个卖炭翁都可以高中状元，可见其荒谬。真正的农民政权科举在民间生根发芽还要再等三百年，即洪秀全建立太平天国时才得以真正确立。太平天国起义是历代农民起义的最高峰，无论在制度建设上，还是在斗争方式上都达到了新的高度。洪秀全本人也曾经多次参加过科举考试，只是因为屡试不第才走上了反抗政府的不归路。洪秀全在建国之初，就创立了一套完善的科举制度，和张献忠的平民科举比起来好上几万倍。

洪秀全不只开创了农民政权第一次真正的科举，还开天辟地第一次创立了女子科举，允许女子报名考试，这一举措真正走出了男女平等的第一步，是历史的一大进步。大家应该听过黄梅戏《女驸马》吧，剧中讲述了一个奇女子冯素贞为了救自己的未婚夫李兆廷，冒未婚夫之名代夫参加科举，最后高中状元的传奇故事，这个故事寄托了人们对才女的美好期待。这个美梦在清末终于得以实现，在太平天国时期，有一个女子获得了这个独一无二的殊荣，她就是历史上唯一的女状元——傅善祥。

洪秀全

傅善祥，南京城里数一数二的才女，出生于书香门第，从小饱读诗书，琴棋书画，样样精通。她的父亲是私塾老师，开了一家私立小学，负责教授语文课程，善祥小的时候就在父亲的课堂外旁听，也学父亲的学生一样摇头晃脑地读着那些之乎者也的文字，她过耳不忘，只听一遍就记住了，与男生不遑多让。跟父亲学习的学生也渐渐和善祥熟悉起来，十分佩服这个小女生。父亲知道了女儿的事情后，专门抽出时间教女儿读书。在父亲的悉心教育下，小善祥 4 岁开始读一些有趣的儿歌，5 岁学习写对联，6 岁开始学习《三字经》，7 岁就将《百家姓》《千家诗》等启蒙书背得滚瓜烂熟，与姐姐鸾祥并称“傅家姐妹花”，为乡里邻居所称赞，经常拿她俩来教育自己的儿女。

幸福的生活总是短暂的，8 岁的傅善祥失去了慈爱的双亲，成了一个无家可归的孤儿，她只得投奔邻县的哥哥和嫂子，寄居在他们家。年幼的小善祥在哥嫂家里，虽然衣食无忧，但是失去了开明的父亲，没了知心的朋友，生活十分孤寂。她被困在小小的院子里，每天只能看到头顶上的一小片天，失去了书本的精神慰藉，她的整个生活都失去了色彩。

洪秀全在南京巡视

转眼间，傅善祥已经 13 岁了，从一个稚龄幼童长成了一个亭亭玉立的少女，眼看就到嫁人的年龄了。父亲生前早就为爱女安排好了一门婚事，是南京城一家富户的公子。现如今哥哥遵照父亲的遗命，将她嫁给了早已指腹为婚的李家。她丈夫比她小 6 岁，根本什么都不懂，13 岁的善祥嫁进来本来是来做老婆的，可是她整天忙着照顾小丈夫的饮食起居，从起床到睡觉，24 小时寸步不离地跟着他，像个标准的贴身保姆。这些烦琐的事情让从小就饱读诗书的小才女十分不适应，她对自己的未来深深地迷茫了。她的公婆是典型的封建家长，公公虽然迂腐，但处事还算公道，对善祥还不错。但是婆婆就不是这样了，自古家里最难相处的便是婆媳，要是婆婆看不惯媳妇，整天没事找事地折磨她，媳妇就难过了。善祥就遇到了这样的情况，婆婆看不惯她柔弱的个性，对她颐指气使，把新媳妇当丫鬟一样用。既要照顾幼稚的丈夫，还要应付难缠的婆婆，小善祥整天生活在水深火热之中。

就这样，傅善祥煎熬了几年，唯一可以安慰她弱小心灵的只有她天真的小丈夫。好不容易熬到丈夫成年，可以摆脱公婆的控制，过自由的二人世界了，这时候，傅善祥已经18岁了，她正幻想着未来的幸福生活，谁料她的小丈夫突发麻疹身亡了。要知道，麻疹在古代可算是大病，弄不好就会要命的，不像现在打一针疫苗就可以预防。傅善祥就这样失去了丈夫，成了寡妇。经历了这样的人生巨变，傅善祥的生活彻底坠入地狱。她刻薄的婆婆嫌她读书太多心思多，担心她和野男人私奔，败坏了李家的门风，整天把她关在暗无天日的小黑屋里。除了干活外，一律不许外出。这样也就罢了，善祥还可以忍受，但是有一天，恶毒的婆婆竟然要把她卖掉换钱。

千古第一女状元傅善祥

听到这个消息，傅善祥再也忍受不了了，她就像电影里演的白毛女一样，被逼得进退维谷，再也没有办法在李家待下去了。进一步，悬崖峭壁；退一步，万丈深渊。傅善祥在李家已经到了走投无路的境地。此时南京城也发生了巨变，从广西跑来的洪秀全占领了南京，建立了太平天国，定都南京，他为了显示男女一视同仁，破天荒地设立了科举女科，允许女子报名考试。这一喜讯传到了傅善祥耳中，仿佛在她昏暗的心中开了一扇窗，窗中透出一丝阳光。

傅善祥当机立断报了名，参加了这次史无前例的女子特科。这次的主考是洪秀全的妹妹、西王肖朝贵的妻子洪宣娇，考官张婉如和王自珍也都是女人，其中有一道考题是谈谈你对“唯女子与小人为难养也”这句话的理解。那次参加考试的有几百位女性，她们都照着历代男子们的理解，来为“三从四德”的女德歌功颂德。只有傅善祥另辟蹊径，她一反传统观念，犀利地指出孔子口中的女子专指卫灵公夫人南子，并非指天下所有女子，同时还列举了许多奇女子来支持自己的观点。

傅善祥大胆新颖的答卷得到了天王洪秀全和东王杨秀清的赞赏，他们当即决定立她为第一届女状元。当时的场面十分轰动，傅善祥戴着花冠，穿着礼服，像个仙女一样坐在马车里游街三日，比起她结婚的时候盛大百倍，旁边还有乐队伴奏，周围的行人都围着马车看热闹，一阵艳羡，恨不得取而代之。这件盛事一时间轰动了整个南京城，“但见街头巷尾中，众口连呼傅状元”。繁华过后复归平静，傅善祥被召入东王府中担任女秘书，以“女丞相”之名参与太平天国的军国大事，颇受天王重视。以至于当时南京城里流传着一些歌谣：“跟着洪宣娇，会打火枪会耍刀。”“跟着傅善祥，能治国来女自强。”还有“武有洪宣娇，文有傅善祥”的说法。

杨秀清

傅善祥越来越得到杨秀清的重视，二人日久生情，傅善祥那颗孤寂的心渐渐靠向了杨秀清。说起来傅善祥虽然才华出众，但终究是一个普通的女子，她禁不住爱情和名利的双重诱惑，最终依附于杨秀清，过上了奢华的生活。当时，东王杨秀清权倾朝野，掌管天国境内一切事务，而名义上的天王洪秀全却天天沉溺于酒色，不能自拔，彻底当起了甩手掌柜。在这样极度浮华的环境下，傅善祥纯真的心灵也慢慢沉沦，她一不小心染上了毒瘾。当时洪秀全严禁属下吸鸦片，傅丞相作为天朝位高权重的大人物，竟公然违背禁令，被洪宣娇告到了实际掌权人杨秀清的案头。杨秀清对她十分失望，一怒之下罢免了她的官位，虽然最后还是官复原职，但是经此一难，傅善祥彻底绝望了。当然最惨的还在后面，1856 年，北王韦昌辉发动了“天京事变”，血洗东王府。整个南京城血流成河，尸横遍野，活脱脱像一个人间地狱。傅善祥也未能幸免，她的尸体被抛到江中，香消玉殒。中国唯一的女状元就这样结束了她曲折的一生。

27 落难公子中举记
——文学作品中的状元爱情

◇

古代戏曲小说中时常出现这样一个熟悉的桥段，富家小姐和落难公子在一个月黑风高的夜晚，在后花园里私定终身，二人结下海誓山盟，最后总是以公子高中状元又娶了钟情的小姐的大团圆为结局。这样的结局虽然俗套，但是满足了广大老百姓的美好愿望，为人们喜闻乐见，几千年来经久不衰，不断在各大剧院上演。有情人终成眷属的美好结局，赚得无数少女少妇的热泪。但是中举之后，公子和小姐是否就能幸福地生活在一起呢？这真的很值得怀疑，现实中始乱终弃的事比比皆是，这在戏曲小说作品中也有体现，如北宋的陈世美就是这样一个薄情寡义的负心人的典型。

一、杀妻求官的陈世美

话说北宋年间，在湖广均州（今湖北省丹江口市）有一位年轻的书生，名叫陈世美。这位陈小哥是穷人家出身，家里的茅草屋破烂不堪，每到刮风下雨之时，是最难熬的日子。就像诗圣杜甫形容的那样，“八月秋高风怒号，卷我屋上三重茅”“床头屋漏无干处，雨脚如麻未断绝”。屋外狂风大作，风雨交加，房顶上的茅草随着风雨飘向了远方的树上和水洼里，掉得满地都是；而屋里断断续续下着小雨，小小的房子里放满了坛坛罐罐，里面积满了雨水，连下脚的地方都找不到，当时的陈世美躺在潮湿的木板床上，翻来覆去睡不着。年轻的陈世美就生活在这样一个糟糕的环境里。幸运的是，在这样贫寒的生活里，有一个美丽善良的仙女般的女子一直陪伴在他的左右，不离不弃，也算他黑暗生活中唯一的阳光，她就是陈世美青梅竹马的爱妻秦香莲。

戏剧中负心汉陈世美被抓

说起陈世美和秦香莲，他们俩也曾有过一段轰轰烈烈、罗曼蒂克式的爱情。秦香莲是陈世美的邻居，他们从小就经常一起玩耍，感情十分深厚，可以说得上是青梅竹马，两小无猜。二人在慢慢的交往中互生情愫，郎有情妹有意，很快就到了谈婚论嫁的年龄。陈世美的父母也很中意香莲这个好儿媳，彼此知根知底，性子也很好，重要的是对他们陈家一家老小都很好，于是默许了这门婚事。在一个星光璀璨的夜晚，二人坐在院子外的草垛上互诉衷肠，表白了爱意，陈世美深情地指着月亮发誓说：终身不负爱妻香莲，以天地为证，和香莲结为夫妻，爱她、安慰她、尊重她、保护她，像爱自己一样。不论香莲生病或是健康、富有或是贫穷，始终忠于她，直到离开人世！香莲听后十分感动，她高兴地接受了爱郎的求婚。

二人婚后十分恩爱，琴瑟和谐，香莲为了支持丈夫读书考取功名，起早贪黑地干活，照顾年迈的公公婆婆，给他们做饭、洗衣、打扫，家中一切琐事全被香莲包了。香莲这样的好媳妇，放在现在就是贤妻的典范，没有几个女人可以做到她这样。在香莲的全力支持下，陈世美每日用功读书，不到几年就将所有书背得滚瓜烂熟，深得老师欣赏，老师认定他将来定能中举。

过了几年，陈世美首先参加了乡试，并顺利通过了乡试，准备去国都汴梁（今河南开封）参加三年一度的会试。这时候，陈世美和香莲已经有了自己的爱情结晶，那就是他们的一双儿女。秦香莲听到丈夫要离开自己和孩子去赶考，既舍不得他离开又希望他考中，让家里过上富裕的生活，在这样矛盾的心情下，秦香莲含泪送别丈夫。陈世美此时还是一个纯情忠贞的男人，他在走之前，发誓一定要考中状元，接父母妻儿去京城享福。香莲送丈夫来到村口，久久不愿离去，眼看日头快要落山了，才依依惜别，约定早日见面。

带着爱妻的祝福，陈世美踏上了漫漫赶考路。一路上为了节省开销，他经常住在郊外的破庙里，实在找不到住的地方才去客栈投宿一晚。就这样，紧赶慢赶终于来到了汴京城。陈世美一个贫寒学子，在偌大的京城根本无人看重，他踌躇满志的心遭到了严重的打击，决心凭自己的本事一定要考中状元，让嘲笑他的富家子弟刮目相看。陈世美憋足一股劲，在会试中超常发挥，果然高中会元。一个名不见经传的湖北人居然考中了会元，这在汴京城一时传为奇谈。要知道北宋考坛一向是北方人的天下，北方人在科举方面一直独占鳌头。陈世美一中会元，他的身家资料马上被送到北宋各个权贵的府中，成为候选女婿的人选，只等殿试的结果一出，权贵们就准备开抢。

秦香莲不远万里携子见夫遭羞辱

这次殿试过后，候选女婿陈世美不负众望，果然高中状元。这条喜讯传到各权贵的案头，老爷们马上要家丁准备开抢。宋代科举极盛，每年取中的进士近千名，多是青年才俊，比起唐代50多岁的老头儿有吸引力多了，所以他们就成了家中有女儿的权贵们的候选女婿。每次放榜后都因为抢女婿，闹得满城鸡飞狗跳，不得安宁。陈世美当时要了一个小小的心机，他伪造了自己的履历，将婚姻状况一栏写成了未婚，再加上他长得十分英俊，一表人才，风流倜傥，一出场就虏获了众多未婚少女的芳心，就连堂堂皇家公主也动了心。

话说那天殿试，当太监宣布状元陈世美进殿时，公主就在帘幕后偷偷观看，一看到陈世美英俊的面庞和落落大方的言行，她的心顿时泛起了涟漪，她认定陈世美就是她要找的郎君。仁宗皇帝十分疼爱这个女儿，一看到女儿如此神态，马上猜出了一二。之后，他派人专门召见了陈世美，传达了一下想要他做驸马的想法。陈世美已经不是当时那个淳朴的少年郎了，他早已被京城的浮华迷了心智，把父母和妻儿忘在了脑后。他一听到皇帝赐婚要他做驸马的喜讯，顿时心花怒放，满口应承下来。答应之后，才想起秦香莲还在均州老家苦等自己回去，感到很愧疚，但是想到马上到手的富贵又释然了，心想，不行的话，让香莲做妾就是了嘛！

陈世美就这样毫无愧疚地和公主成婚了，他们幸福地过了几年，丝毫不理会远在均州的父母和妻儿。话分两头，秦香莲在家中苦等丈夫不归，一个人把两个孩子拉扯大，她还以为是丈夫赶考不顺利，没脸见她们母子才滞留京师不归。几个月后，正好有一个同乡要上京，香莲连忙托他给丈夫捎去一封信和一点钱。等回来的消息却是丈夫早已考中了状元，还成了当朝驸马。香莲还好，他的父母一听气得生了一场重病，不到几个月就撒手人寰了。香莲含泪安葬了公婆，收拾好行囊，带着两个孩子开始了漫漫寻夫路。

香莲费尽千辛万苦终于来到汴京城。她来到了驸马府，希望丈夫念一点旧情，就算不留自己，也要留下这一双儿女，谁知陈世美早已被京城的花花世界腐蚀了，根本不理会香莲的苦苦哀求，毫不留情地将他们孤儿寡母赶出了驸马府。当时正是秋风萧瑟的季节，漫天飞舞的落叶，见证着他抛妻弃子的残酷。陈世美在关门的那一刻，彻底断绝了他的后路，他和从前的幸福永远分离了。

戏剧中包青天接状纸

当然，这并不是最惨的结果，让香莲寒心的是陈世美居然为了斩草除根不留后患，派亲卫韩琪去追杀他们母子，幸亏韩琪良心发现，最后以自杀救了他们母子，这才使他们母子逃过一劫。经此一劫，香莲彻底看清了这个负心汉的真面目，她决心要让陈世美付出他应有的代价。那天天还没亮，香莲就跑到开封府去击鼓鸣冤。当时的开封知府正是大名鼎鼎的包青天包拯，中国历史上著名的大清官，他一接到状纸，马上开堂审案，他派人发传票给被告驸马陈世美。陈世美接到传票后气得火冒三丈，气鼓鼓地来到大堂，态度十分嚣张，对包拯威逼利诱，拒不承认罪行。最后在铁证面前，不得不承认自己买凶杀人的事实。依据宋代刑法规定，应处以死刑。本来倨傲的陈世美顿时吓得面如死灰，连连求饶。公主和太后赶来求情，包拯也不为所动，最后负心的陈世美被铡刀咔嚓一刀结束了性命，付出了他应有的代价。

其实历史上陈世美确有其人，但他是清初有名的清官，并不是故事中那样的负心汉。随着《铡美案》的热播，陈世美被钉上了耻辱柱，成为负心汉的代名词，怎么也翻不了案了。陈世美的悲剧告诉我们，在利益面前迷失自我的人都没有好下场！

二、不忘糟糠的王十朋

贫寒公子发迹后并没有迎来幸福的生活，反而屈服于名利的诱惑，最后走进了坟墓，这就是状元爱情的反面例子。当然并不是所有状元都像陈世美这样忘恩负义，杀妻灭子，为了爱情忠贞不屈的好男儿还是有的，例如《荆钗记》中的王十朋。王十朋以荆钗为聘礼，迎娶了钱玉莲，他在中状元之后，抵挡住了金钱和权势的诱惑，最后几经周折，才子佳人成就了美满的姻缘，王十朋事业、爱情双丰收，可谓状元爱情的成功典范。

王十朋是浙江人，他家世代以打鱼为生，家里过得很清贫。王十朋并不想靠打鱼过一生，他十分好学，立志要通过读书改变自己的命运。他雨季的时候帮着父母捕鱼，而到了旱季总是抓紧时间读书，每日头悬梁锥刺股，学习到凌晨还不休息。父母也知道他的志向，十分支持他，省吃俭用为他买昂贵的书籍。要知道那时印刷术很不发达，书籍是达官贵人才能消费得起的奢侈品，一般人家可是买不起的。依王家的窘迫程度，买书实在是超出他们的承受能力，所以王十朋多是借老师和富人家的书抄读。

就这样王十朋半工半读地完成了学业，长成了一个儒雅的翩翩君子，他的才华也誉满乡里，十几岁就通过了乡试，成了举人。这时，王十朋即将遇到命中的恋人，邻村的钱乡绅看中了王十朋的潜力，把女儿钱玉莲许配给了王十朋。钱小姐个性十分温和，琴、棋、书、画样样精通，是一个贤淑佳人。她嫁到王家后，非但没有嫌弃王家贫穷，相反嫁鸡随鸡嫁狗随狗，马上换下了绫罗绸缎，穿上了粗布衣服，这一举动深深赢得了王家上下的喜爱。王十朋和钱玉莲先结婚后恋爱，他们在相处中慢慢坠入爱河，二人之间的感情迅速升温。在浪漫的海滩边，王十朋将荆钗戴在爱妻的发髻上，面朝大海结下了一生的誓言，发誓一生不离不弃，永远相伴终老。

荆钗记

婚后还不到半年，就到了进京参加会试的日子，王十朋在短短的半年时间里，深深为妻子的魅力所倾倒，十分舍不得与爱妻分开。在离别前，二人依依不舍，王十朋深情地发誓中状元后一定把爱妻接到身边，钱玉莲也向家里借了盘缠，支持丈夫远行考取功名。钱娘子站在渡口，遥望着远去的客船，默默地为丈夫祈祷，保佑他金榜题名。

时光流转到了春季，那时京城春光明媚，小鸟成双成对地在枝头歌唱，王十朋思念着妻子的一颦一笑，这更加激励了他考取状元的决心。那年会试，王十朋果然高中第一，在随后的殿试中一鼓作气，一举夺魁，成了人人称羡的状元郎。王十朋的相貌和才华同样吸引了众多权贵的目光，他们纷纷相中了这个贫贱的状元郎。一时间，他所住的旅店门庭若市，不断有媒婆来提亲说媒，为各个权贵说项。其中最殷勤的要属当朝的头号大人物万俟丞相，他正好有一个女儿待字闺中，还没有找到婆家，如今王十朋年纪轻轻就中了状元，岂不正是送上门来的女婿嘛！

戏剧中王十朋与钱玉莲一对恩爱夫妻

王十朋可不像陈世美那样无耻，私自更改履历，他的简历上明明白白写着已婚。那日，万俟丞相的使者带了许多礼物，来到他住的客栈里，店小二一看是权倾朝野的万丞相的使者，马上把他请到了王十朋住的房间。进门落座后，使者开门见山地说："丞相大人十分欣赏大人的才华，想要招您为婿，这些只是见面礼，小小心意，请您笑纳。"王十朋十分诧异，说："回这位大人，小生家中早已娶妻，丞相厚爱，小生实在无以承受，望贵使向相爷解释清楚。"使者回答道："大人难道没有听过一句俗语吗？'富易妻，贵易友'，富贵后换妻子本来就是平常事。如果大人真的做了丞相的女婿，前途将不可限量，这总好过一个平凡的妻子吧！"王十朋听到这些谬论，愤怒地站起来说："糟糠之妻不可弃，这也是俗语。道不同不相为谋，我绝不会休妻再娶的，请贵使转告丞相。"说罢拂袖而去。

万俟丞相听到使者的回报，十分生气，他是个睚眦必报的小人，很快就开始报复新科状元了。原本王十朋是派到江西饶州做通判（相当于副市长）的，任命书还没到手，马上被贬到了广东潮阳做了一个不起眼的小官。潮阳可不比鱼米之乡饶州，那里气候潮湿，是官员的流放之地。

王十朋就这样离开京城去了偏远的潮阳。在走之前，他派人捎了一封信回老家，交代接妻子和老母去任所，一家团聚。谁知道送信的途中发生了变故。原来王十朋的家书在半路上被一个别有用心的小人截了去，他就是家乡的地痞无赖孙汝权。孙汝权仗着家里有些小钱，在乡里横行霸道，他早就垂涎钱玉莲的美色，一心想占为己有。这回拦截到王十朋的家书可算逮着了机会，他悄悄掉包了真家书，另外请人代笔模仿王十朋的笔迹写了一封休书，把休书捎回了家乡。

钱玉莲天天在家苦盼丈夫归来，盼来盼去没想到等来的却是一份休书。她虽然不相信是丈夫的意思，但也只得回娘家居住。这时，孙汝权趁火打劫，提出了迎娶钱玉莲的要求，还附带大笔聘礼，那些钱足以把钱府买下来。钱玉莲的继母见钱眼开，根本不理会女儿的哀求，痛快地答应了婚事。钱玉莲是个坚贞的女子，不肯应允这桩婚事，最后毅然跳进河中自尽以明志。所幸天无绝人之路，钱玉莲被路过的钱安抚所救，还做了钱安抚的义女。王十朋到了潮阳不久，就听到了爱妻的死讯，十分悲痛，发誓不再另娶。

荆钗记

五年后，王十朋升任江西吉安知府，钱安抚也正好在江西为官，十分欣赏十朋，想把义女许配给他。王十朋以为妻子守节的原因婉言拒绝钱大人的好意。后来有一次，他去钱府参加宴会，居然看到了熟悉的荆钗，细问钱大人后，才知道原来夫人没有死，王十朋马上与夫人相见，二人久久相拥。最后王十朋和钱玉莲喜结姻缘，过上了幸福的生活。

像王十朋这样面对名利诱惑拒不屈服的实在是少数，他最后好人有好报，爱情、事业双丰收，令世人艳羡。在现代社会生活中，我们也需要学习王状元的这种富贵不能淫的品质，坚守本心，这样才能走正确的道路，实现自己的人生目标。

28 鬼神参与的科举盛会
——科场中的灵异事件

◇

每到科举考试的重要时刻，在这个可以决定所有考生命运的重要转折点，许多人在考前就开始了求神拜佛。其实在古代科举考试前，不仅神佛需要拜祭，就连小鬼也需要打点。不是有一句俗语这样说："阎王好见，小鬼难缠。"小鬼若是较起劲来，也是十分可怕的。现在我们来讲一讲传说中古代科举考场中发生的鬼故事，看看小鬼们的手段吧！

一、女鬼报恩，书生高中

俗话说"善有善报，恶有恶报"，这句话是说善恶终究都会有报应，做好事终究会有好的回报，做坏事终究会有坏的报应，讲的是因果报应。这句话最早出自佛教《缨络经》，是佛教用来规劝人们存好心，做善事的一句话。传说古代有这样一个故事，一个秀才因为答应给女鬼办一件事，最后通过科举考试，考取了功名。

这个故事发生在南宋富春地区。这一年乡试的主考官名叫汪玉山，汪玉山有个朋友，要参加这一年的科举考试。其实这个朋友已经参加科考多年，奈何屡试不中，如今已过不惑之年，还未成家立室。汪玉山与其相识多年，深知其怀才不遇，于是决定尽己所能帮他一把。

汪玉山寺庙奇遇

因为汪玉山是主考官，有职务之便，于是他就差人送信给他的这个老朋友，约他到富春江边的一座寺庙相聚，一起商量办法。汪玉山来到寺庙已是正午时分，拜访过住持后他就在寺院里闲逛，其实是为了找个可以谈话的地方。就这样他一路走到了寺庙的后院，看到角落里有一间房子，里面布满了蜘蛛网，看起来已经闲置了很久。这时，他的朋友来了，仆人将他的这位老朋友也带到这边。汪玉山看看四周没人，就悄悄对他朋友说：“我想到一个办法，考试的时候，你在试卷第一段连用三个‘古’字，等到阅卷的时候我就能知道那份考卷是你答的。”朋友听后连声称好，也暗自松了一口气。朋友道谢之后，二人又在寺院里散步、聊天，吃过斋饭后才一起离开。

考试的日子很快就到了，考卷也交到了主考官的手里。汪玉山开始翻试卷，果然在最底下找到了一份在文章第一段连用三个“古”字的卷子，遂将这份卷子放在了前面。等到阅卷完毕，拆开弥封的试卷，这里需要插一句，其实弥封试卷的方法在唐朝已经出现，称为糊名法，和今天一样，就是将籍贯、姓名等考生信息弥封起来防止作弊。拆开试卷后，汪玉山一看就傻眼了，那份试卷上的名字居然不是他的那位朋友的名字，汪玉山暗自说道：“不好，泄密了!”不由得担忧起来，同时也对朋友的行为恼火不已。

汪玉山准备找朋友问个清楚，没想到，第二天一早朋友就赶过来了，汪玉山生气地问道：“你怎么能把咱们之间的秘密透露给别人呢？我本来是好心帮你，你这样做事会害了我呀!”朋友听得一头雾水，忙问道：“发生什么事了?”汪玉山更加来气：“我让你在试卷第一段用三个‘古’字，我找到那份试卷放在了前面，结果拆开试卷后才发现那份卷子不是你的!”朋友一脸迷惑和委屈：“我那天生病，差点要了老命，根本就没去参加考试啊!”汪玉山更加觉得奇怪。朋友又说：“我敢拿我今后的仕途起誓，我绝对没有将秘密告诉第三个人。”话毕，汪玉山的气也慢慢消了。汪玉山对朋友说道：“这样吧，改天我见见那份试卷的主人，探探口风。”说完二人就各自回家了。

没想到，汪玉山刚进家门，仆人就说有人等他。汪玉山见到客人一问，原来那份试卷就是他答的。还没等汪玉山问他，他就说，我给大人讲一下我的经历吧：“那时，学生前来参加考试，就投宿在富春江边的一座寺庙里。有一天学生在寺院散步，结果发现寺院后院的角落里有一间空置的房间，里面有一口棺材。后来学生询问寺里的师父，被告知，棺材里是一位官员的女儿，放在这里已经有十个年头了，不知何故至今未葬。学生当时也就是好奇一问，没太当回事。但是，当天夜里，学生做了一个梦，梦到一位妙龄女子，她对学生说，她就是躺在那个棺材里的官员的女儿。还让我在试卷第一段连用三个‘古’字就能登科，并说，希望我高中后将她埋葬，我就答应了。其实我第二天就找人将她入土安葬了。考试的时候我也按她所说的做了，没想到最后真的名列前茅。”

说完后，二人都感慨不已。原来是汪玉山与朋友的对话被寺中的鬼魂听到，还被她转告给了施恩者。与其说是女鬼的帮忙，倒不如说是那个考生的善心帮了他自己。这故事虽然玄乎，但却表达了“善有善报”的思想，应该是在告诉人们要心存善心，做善事，说不定你的某次善举会给你的成功埋下伏笔。

二、小鬼捣乱，富者登第

我们通过媒体，偶尔会听说“××年考研英语泄题”等新闻，这样的事会发生，自然少不了背后搞鬼的暗箱操作。接下来我们就来听听古代科举考试中背后“搞鬼”的故事。

上个故事中出场的女鬼，她只是为了自己的尸身能够入土为安才染指科举考试，但是有些鬼插手科举的目的可就没那么单纯了。

南宋淳熙十三年，福建邵武正在举办“发解试”，就在这次考试中发生了小鬼祸乱考场的事件。

在讲故事之前，先来说说“发解试”。“发解试”是为“发解”取士而举行的考试，“发解”就是将各地考试合格的举子按解额发送到尚书省。宋代的发解，在每年的秋季举行，所以也称“秋闱”。北宋的秋闱何时举行由各地自定，南宋时一般在农历八月举行。也就是说，这次考试就决定了举子们能不能参加省试。

故事中的这件事几乎所有人都不知道，只被当时的一个当差的小吏看到了。这个小吏有一种特殊功能，就是能看到别人看不到的东西，说白了，就是能看到妖精鬼魅，考场闹鬼的事情被他一一看在眼里。具体过程是这样的：

这一天，阳光惨惨淡淡，一反往常秋高气爽的天气。考生们在考场上答卷，有的冥思苦想，有的奋笔疾书，整个考场都安安静静。此时，这个小吏在贡院巡逻，正当他来到考场外时，只见一个黑色影子从天而降，仔细一看是个头发散乱，面色惨白的家伙，小吏心想，这不是人，一定是鬼。再看看其他官差，仍然照常巡逻，他们什么都看不到。

小鬼闹贡院

小吏看到那个鬼手里好像拿着二十余枚铜钱，穿梭在考场中，遇到有的考生，他就面露喜色，将铜钱放在该考生桌上，但是这些考生并不知情。等到手中的铜钱放置完毕，不知从哪里弄来一根胳膊粗的木棍，敲打那些没得到铜钱的考生，他们被打得有的趴在桌上，有的躺在地上，有的试卷飞到半空中，有的连笔也掉了，但是他们本人却毫无感觉，只有这个小吏看到了。他边走边想：这是不是预示着有了铜钱的人就能被举荐参加会试，而那些没有拿到铜钱的人就会落第呢？

等到揭榜的日子，这个小吏专门过去看了榜单，榜上有名者果然都是得到铜钱之人，也就是那二十几个“有钱人”啊！

其实类似的故事不光发生在宋朝，明代考场也发生过这种事情。事情发生的具体时间、地点已经无从可考，不妨先来听听故事吧：

时间从南宋转换到了明朝，也是在一次科举考试中，一个小鬼从天而降，手里抓着一大把小旗子，有红色的，有白色的，在考场上来来回回盘旋，然后给每个人头上都插了一面小旗，有的插了红色旗，有的插了白色旗，但是考生们却毫无察觉。有懂得异术的人看到后，只是觉得蹊跷，不明白是为什么。后来才发现，原来那些头上被插了红色旗子的人最后都取得了好成绩，而那些被插了白色旗子的人最终都名落孙山。

事情流传开来后，有人就说，这小鬼这样做也不是为了钱财，莫非是伥鬼作怪？民间传说伥鬼就是被老虎吃掉的人变的，这种鬼专门引诱其他人给老虎吃，其实讽刺的就是那些趋炎附势、为虎作伥的人。

这两个故事其实讽刺的都是我国古代科举考试中真实存在的现象，一种是考生用金钱收买考官，暗箱操作；一种是有人以功名讨好有钱、有权的人。科举考试在这里似乎变了味道，一方面有人用钱财求得功名，一方面有人将其作为求得钱财的手段。

三、考场命案，尊鬼为神

古代科举考试都有固定的场所，除了殿试在大殿之上进行外，会试和乡试都在贡院举行，因此，贡院遍布全国各地。殿试由朝廷直接负责，贡院的管理则由当地官府负责。至于管理方法、力度要与殿试有差别，而且各地之间也存在差异。这样，问题也就出来了，事实上，在科举考试年，各地贡院都有人员伤亡事件，其中一些事件往往带有灵异成分。

宋人的笔记小说中记载过这样一个故事：

嘉兴贡院几乎每次举行考试都会有考生莫名其妙死去，尤其是位于西廊第三间的号房，分到这个号房的举子经常会无缘无故地死去。于是，有人就开始传言，一定是冤死的鬼魂又出来索命了，大家对此都心有余悸。每次有巡考的考官和巡逻的官差路过那间号房都匆匆走过，有的甚至直接绕道而行。考生们对此也早有耳闻，考试前都暗自祈祷不要分到那个号房。

其实，这些传言也并非空穴来风。嘉兴的贡院所在地，在此之前是勘院，勘院就是古代审讯犯人的场所，这种地方少不了刑讯逼供、严刑拷打，自然枉死之人也不在少数，有冤魂出没自然也不是不可能。问题是冤魂索命影响了科举考试秩序和考生们的心态，事情就严重了。当地官府和主考官们也想方设法解决这个问题，甚至私下里找来风水先生肃清污物，可是每次都收效甚微。

这一年，又是大考之年，共有两千多名举子参加考试。主考官们一边准备出题工作，一边祈祷考场千万不要再发生考生暴毙之类的事情。生活中很多时候就是这样，越怕发生的事情往往越会真的发生。开考的前几天平安无事，考官们都捏着一把汗。果然，就在考试结束的前一天，不幸的事情又发生了。一个官差过来报信说：

“西廊第三间又出人命了!”主考官年事已高，一听到这个消息，顿时瘫坐在了椅子上，豆大的汗珠顺着面颊就掉下来了。“大人，赶紧去看看吧，附近的举子们都人心惶惶，赶紧安抚安抚吧!”主考官哆哆嗦嗦地戴好帽子，用袖子拭了拭脸上的汗珠，就急匆匆赶过去了。

到了现场一看，那个举子已经气绝身亡，整个身体趴在桌子上。主考官对报信的官差说：“快，找几个人把这位举子抬出去，再派个人去通知他的家人准备后事，你赶紧到府衙通报知府大人。”安排好这些后，主考官又对西廊附近的考生逐一安抚，勉强算是安定了人心。

回到房间，主考官赶紧和副主考官商量对策，直到深夜也没有想出个行之有效的办法。送走了副主考官，年事已高的主考官疲惫不堪地坐在椅子上，两眼直直地望着窗外，不知不觉就睡着了。迷迷糊糊中，他发现自己站在贡院中轴线的大路中央。这时面前出现了一个人，此人面色苍白，身穿铠甲，仿佛刚刚出征归来，面无表情地对主考官说：“我乃贡院将军，生前冤死于此地，经过修炼，如今我道行已深，成为神仙，专门负责贡院的治安。不瞒考官大人，此前贡院发生的命案都是我的手下所为。”听到这里，主考官又气愤又害怕，但仍强作镇定地问道：“那我们如何做才能免除这种灾难?”贡院将军哈哈大笑，说：“这事说来也简单，只要你们在贡院的西北角建一座庙，横匾就书‘贡院将军’四个金色大字，然后每到大考之年差众考生前来拜祭就可。”主考官只好答应了他的要求。

第二天醒来，主考官将昨夜的梦境说给知府大人，这位知府大人对鬼神之事颇为相信。于是在乡试结束之后，就开始动工，在贡院的西北角为“贡院将军”建庙。数月后竣工，知府亲手为匾额题字，还带领其他官员一起烧香祈福。

三年后，新一轮的科举考试就要开始了。不同于往年的是，在考前，许多考生都会先到贡院西北角的“贡院将军”祠拜祭，一方面是保佑自己中举，一方面将大量的钱财捐给“贡院将军”，以求庇护。开考了，举子们和主考官都捏着一把汗，一天、两天……直到考试结束，果然，这一年的乡试风平浪静。试毕，众人又相约去“贡院将军”祠拜祭，感谢“贡院将军”的庇佑。

像这种参加科举考试时伤亡的人不在少数。过去科举考试，一科下来，贡院中总要抬出几具尸首，又要架出几位疯癫者。这事放到别处，总得要对事故原因做个调查，有个交待，但在考场中就省了这些过程，理由是现成的——冤鬼报怨，谁管得了。如果家属再来追究，弄不好就把这事编进《棘闱夺命录》，或者演绎成一场小戏，成了“满村听说蔡中郎”，身后是非无可奈何地任人评说也是有可能的。当然这些伤亡事件是有自然原因的，比如乡试，过去一般在农历八月举行，虽说已经进入秋天，但是南方的天气仍然炎热，再遇上个秋老虎，那么肯定会有人中暑。若是在北方，则有可能遇上霜雪寒灾，冻死考生的情况也不是没有发生过。这两种情况是自然原因，没办法改变。还有一种情况虽说可以预防，不过，一旦发生就是毁灭性的结果，这就是火灾。由于贡院多是木制结构，再加上贡院的“锁院”制度，和贡院四周的“棘闱”，里面的人很难逃出去，所以发生火灾的后果几乎就是毁灭性的。

然而这些鬼神故事只是封建时代官府在面对人命事件时对责任的一种推诿，它的广泛传播反映的却是民众对负心忘义者的痛恨。科举考试对读书人来说的确是不折不扣的“龙门”，跳过去就是身价百倍，科举制度在一定程度上确实给了寒门士子一个进入上层社会的机会。正是因为这个缘故，穷书生“成龙”之后忘恩负义的事情就特别引人注目。所以传说中考场上仇鬼的出现，大多是针对夫妻、情人、朋友之间负心背义的报复。

科举考试让更多的寒门子弟有机会出人头地，他们几乎都怀揣“朝为田舍郎，暮登天子堂”的美梦，然而成功的人只是少数，更多不幸的人就倒在了这通往成功的路口。正所谓“八仙过海各显神通”，于是众多考生纷纷寻觅自己中意的鬼神祈求高中，光耀门楣。如果拜神用处不大，那就试试下面的小鬼，也就有了上面的女鬼报恩、小鬼助力、贡院将军之类的奇闻。放在现在，或许很多人不以为然，只当笑话段子来听，但是在古代，这可是关系到考生前途命运的人生重大事件，要格外慎重对待的。无论是求神拜佛，还是打点小鬼，无不从侧面反映了古代学子想通过科举考取功名的热切渴望。

29 科举的末路
——从废八股到废科举

◇ ……………

科举制度的创立，深深地改变了无数人的生活。科举制度甚至被外国人称为“中国第五大发明”，与火药、印刷术、造纸术、指南针一样有着重要的地位。科举制度在初创的时候，吸引了无数学子为之疯狂，唐太宗因此感慨：“天下英雄尽入我彀中！”好像只需要一点功名的诱饵，所有读书人都会自己投入科举的罗网中。科举发展到了清朝晚期，早已成为迟暮的老人，如同死水一般，生不出一点活力。它拖着沉重疲惫的身体，行走在日暮西山的紫禁城里，回忆自己辉煌无比的前世，慢慢走向末日。

一、科举的掘墓人——康梁维新变法

中国的科举从隋唐初创，发展到了清末，已经有近一千年的历

史了。这一人才选拔制度经过近千年的演化、发展，弊端丛生，引发世人无数争议。

首先是它的考试内容日益僵化，以前它考过诗赋、议论文、时政评论等等，文体不限，形式比较灵活，就像现在我们考试中的开放题，并没有什么标准答案，只要你能自圆其说，便能拿到高分。但是，到了明清时期，明代朱元璋发明了一种考试专用文体——八股文。八股文又叫“时文”“制艺”，它有严格的写作规范，由环环相扣的八部分构成，像律诗一样讲究格律和对仗。八股文分为破题、承题、起讲、入手、起股、中股、后股、束股八部分，八股是说后面的四股，每一股都是对称的两段，合起来就是八股。不只限定考试文体，连考试内容也做了死规定，只能在官方教科书朱熹编写的《四书集注》等书里出题，范围十分狭小，彻底禁锢了读书人的心灵。试想，若是学生花费了无数青春年华读的都是些迂腐的大道理，等到白发苍苍时，依旧一事无成，岂不是人生最大的悲剧？

当时有许多人讽刺八股文，清人徐大椿为此就专门写了一首打油诗《时文叹》，家喻户晓。诗中写道：“读书人，最不济，烂时文，烂如泥。国家本为求才计，谁知变作了欺人计。三句承题，两句破题，摆尾摇头，便道是圣门高第。可知《三通》《四史》是何等文字，汉祖、唐宗是哪朝皇帝。案头放高头讲章，店里买新科利器。读得来肩掌高低，口角嘘唏，甘蔗渣嚼了又嚼有何滋味？辜负光阴，白白孚迷一世。就叫他骗得高官，也是百姓朝廷的晦气。”这首诗生动地讽刺了那些醉心八股的读书人。当时还有一幅流行的漫画《八瞽图》，画了八个盲人，他们中有的写诗题字，有的鉴赏古玩，将读傻书的学子的丑态描绘得淋漓尽致。这些都说明了八股文到了晚清，已经成为腐朽的东西，有志之士只是把它当作进身之阶，当官之后以前那些时文早不知道丢到哪个犄角旮旯去了。

当然，这些八股文也不是全无优点，它为考试而生，具有严格的评判标准，排除了一切主观因素，更利于考官阅卷，大大加快了评卷效率，以前十分钟都看不完一份卷子，现在一分钟就可以看完三四份卷子，这对那些考官可是天大的福利，自然大受欢迎，这种文体便一直延续下去。当然，随着八股文的不断僵化，科举的另一个弊端逐渐显现，那就是考试的公平问题。科举的推行原本就是为了解决以前察举走后门不公正的问题，才采取公开考试的形式。一开始确实比较公正，但是到了后期，公平性就难以言说了，考试作弊已经成为公开的秘密，只要没有被捉到，就没有人追究。

清朝时期八股取士遭到了朝廷有识之士的普遍谴责，在剿灭太平天国起义后，洋务派就曾提出过改革科举，推行新式教育的主张。甲午战败之后，著名的翻译家严复严厉批判了中国的科举制度，说中国的惨败不是败在军事，而是败在中国文化，败在扼杀中国人灵性的科举制度上，他大声疾呼要求废除科举制度。但是由于科举制度牵涉到许多人的利益，牵一发而动全身，改革起来难度太大。因此，多年来议论归议论，仍然无人能撼动科举的神圣地位，即使是声讨科举最大声的人，也不得不蹉跎在漫长的科举征程中。这种废除科举制度的呼声，随着中日甲午战争的惨败日益高涨。其中呼声最大的要属以康有为、梁启超为代表的维新派，他们亲眼目睹“东亚病夫”的哀鸣，立志要变法自强。

康有为是广东南海人，是闻名遐迩的新文化学者，他对八股取士深恶痛绝，但是为了得到施展抱负的机会，不得不继续在科举这条老路上奋斗。他是个科场“愤青”，几次在考试卷中痛骂政府，主动向传统宣战，从而遭到保守派的围攻，屡次落第。梁启超是康有为的得意学生，梁启超比康有为中举早，按照科举规矩，应该是康有为的前辈，但他钦佩康有为的新思想，在1891年，已经考中举人的梁启超拜秀才康有为为师，从此忠心追随。梁启超比他的老师更加激进，在1895年的北京会试中，主考官是保守派徐桐，他十分厌恶锋芒毕露的康有为，吩咐手下一旦发现措词和文风疑似康有为的卷子一律封杀。在那次会试中，由于梁启超犀利的文笔和卓越的才华，被考官误认为是康有为的卷子，结果遭到封杀，康有为却因为中庸的文字躲过一劫，以第八名的好成绩高中。康有为中进士后，终于能一展抱负，他多次上书光绪皇帝，表达自己变法图强的决心，但是屡次投递不成。

康有为

光绪二十四年（1898），康有为终于得到了亲自面圣的机会，他连忙把握这难得一遇的机会，像个称职的推销员一样，只不过他推销的不是产品，而是他为之奋斗终生的变法主张。1898年的6月16日是一个历史性的时刻，两个郁郁不得志的青年在互诉衷肠后，决定大干一场，引起了一场震惊中外的革命。那天，光绪帝接见了有志青年康有为，康有为慷慨激昂地发表了一番高谈阔论，听得年轻的皇帝热血沸腾，当即决定废除八股取士。要知道，光绪皇帝并非慈禧太后亲生，而是慈禧的妹妹与醇亲王的儿子，在同治皇帝死后，年纪轻轻的光绪被慈禧收养，继任为帝，称慈禧为“亲爸爸”。光绪帝饱受慈禧钳制之苦，终于等来了亲政的机会，他正准备摩拳擦掌地大干一场，康有为激进的建议正好契合了他急于做出成就的心情，两个人一拍即合。

6月17日，康有为在皇帝的暗示下，公开写了一道奏折，拿自己的亲身经历举例，痛斥八股考试的弊端，再一次声明中国在甲午战争中之所以失败，并且屈辱割地赔款，根本的原因在于八股考试窒息了士人的心灵。他强烈呼吁政府立刻废除八股，改革科举制度，实行新式教育。当康有为在朝廷呼吁废八股的时候，梁启超也积极响应，紧跟老师的步伐，他以准考生的身份，积极联络其他青年学子联名上书，请求政府停止八股取士，推行经济特科，培养新式人才，以适应变幻莫测的世界新形势。

梁启超

但是，雷声大雨点小，广大学生要求教育改革的强大舆论并没有得到朝廷的积极响应，反而万民书一送到朝廷，就遭到保守派的猛烈抨击，说他们崇洋媚外，是洋鬼子的同谋，被丢到一边，无人理会。当时光绪皇帝已经亲政，慈禧太后虽然退居幕后，但仍然是实际上掌握着绝对权力的“太上皇”，废八股、改革科举这么大的事情不经过她首肯是不可能实现的。于是，废八股就这样僵持着。经过两派互相妥协后，决定三年后实行科举考试改革，废除八股，改为时政评论性质的策论考试。随着百日维新的失败，康、梁出逃，光绪被囚禁在瀛台，这场轰轰烈烈的教改运动还没有开始，就胎死腹中。

这次出师未捷身先死的科举改革运动虽然失败了，但是激起了愈来愈多的学子对八股取士的抵制，引起了广泛的社会共鸣。到了光绪二十七年（1901），就连老顽固慈禧太后也抵不住社会舆论的压力，为了标榜自己支持新鲜事物，决定废掉八股，推行经济特科。两年后，开始了迟来的经济特科，那年的主考官是晚清名臣张之洞。这次考试本来应该开新科举考试之先河，没想到却是挂着羊头卖狗肉。名士冒广生就是因为卷子中用了“卢梭”二字，便从前几名直接黜落。此举大大嘲弄了考生，因而其作诗自嘲：“博得南皮（张之洞，是直隶南皮人，因而又叫张南皮）又奈何，不该试卷用卢梭。”

二、末代状元刘春霖

八国联军侵华后，主张废除科举的声音顿时成为舆论主流，不只青年学生大力提倡，就连手握一方大权的封疆大吏也加入了这一阵营。光绪三十一年（1905），直隶总督袁世凯会同盛京将军赵尔巽、两江总督周馥、湖广总督张之洞、两广总督岑春煊、湖南巡抚端方等地方重臣联名上奏，请求废除科举，推行新式教育。此时，清朝政权已经摇摇欲坠，只得顺水推舟答应了地方实力派的要求，下旨于第二年开始废除科举制度，所以光绪三十年（1904）的甲辰科会试便成了最后一届科举考试，成为一个珍贵的纪念永远留在清代遗民心中。而这一届科举产生的状元刘春霖也成为科举制度的最后一个受益人，成为名副其实的中国历史上最后一名状元——“第一人中的最后一人”，得以名留史册。

刘春霖

刘春霖（1872—1944），字润琴，号石云，直隶肃宁人。他是清末最后一位状元，当时有名的书法家，特别擅长小楷，时人有“大楷学颜（真卿）、小楷学刘（春霖）”之说。他从小聪明伶俐，传说两三岁的时候就能把《三字经》倒背如流，尤其在书法上特别有造诣，4岁临字帖，七八岁时他的书法已经大有可观，算是名闻乡间的小神童。刘春霖的父亲刘魁书祖上三代务农，到了刘魁书这代才走上读书之路，由于入门晚，并没有取得什么成就，但是刘魁书在儿子身上看到了新的希望。刘魁书特别关心刘春霖的学业，因为担心自己的农民身份耽误了儿子的前程，就把爱子寄养在堂兄家，他们家有功名在身，这样更利于儿子的科举考试。

光绪十六年（1890），刘春霖考中秀才，赢得科举的第一步。之后进入保定莲池书院，师从古文大家吴汝纶。吴先生十分欣赏刘春霖，经常给他开小灶，因此，刘春霖的学业突飞猛进。经过十二年的学习，在几次乡试挫折后，刘春霖终于考中举人，又向成功迈进了坚实的一步。光绪二十九年（1903），刘春霖和他的哥哥同赴会试，由于考前准备不足，不幸落榜，他的哥哥勉强列入名单之末，中了三甲进士。在这科会试失败后，他并没有因此失望，决定继续留在京城备考，毕竟古代交通没有高速、高铁，往返一次需要消耗大量的时间和精力，十分不值当，况且他的哥哥也高中进士，正好两个人相互扶持，一举两得。

光绪三十年（1904）七月，清政府为了补上 1901 年因为八国联军侵华而被迫中断的辛丑科会试，特别召开临时会试。这次迟来三年的会试吸引了大批考生前来应试，刘春霖就是其中一员。在这末次科举考试中，刘春霖意外地中了状元，成为中国科举史上最后一位状元，他的状元之路颇具偶然性。

话说光绪甲辰科会试结束后，众考官经过认真挑选，把入选的试卷按名次排列，上呈“太上皇”慈禧太后圣裁。本来刘春霖的卷子是第二位推荐的，根本不是考官们众望所归的状元人选，但是幸运女神似乎在暗中关照刘春霖，他的命运因为慈禧的一句话改变了。

原来，当时清政府正处于风雨飘摇的危急关头，外有洋人虎视眈眈，内有革命党蠢蠢欲动，大清的掌舵人慈禧太后十分忧心，眼看自己七十大寿快要到了，万一国运断在自己手里，岂不是辜负了爱新觉罗的列祖列宗？慈禧太后一心想从科举中找到一点吉兆。她首先翻开第一名的推荐卷，觉得该卷文理兼备，字迹娟秀，是个不可多得的好卷子，暗道，我果然没有挑错考官，评卷很公正呀！正要夸奖他们的时候，目光扫向名字落款，心情陡然跌入万丈深渊，大发雷霆。原来，这份卷子是一个广东考生朱汝珍写的，其中惹恼慈禧的关键就是这个“珍”字。

光绪和珍妃

要知道，光绪皇帝并不是慈禧的亲生儿子，而是她妹妹的儿子，二人并无直接血缘关系。慈禧为了在光绪亲政以后继续遥控他，便把自己的侄女叶赫那拉氏强塞给光绪做皇后，就是那位隆裕皇后。由于隆裕皇后容貌不佳，身材瘦弱还有些驼背，光绪并不喜欢隆裕，反而迷上了容貌出众的南方女子珍妃。珍妃虽然也是满族人，但是她从小在广州长大，长得十分娇小可爱，人又十分活泼机灵，是光绪帝的心头所好。当时珍妃仗着皇帝的宠爱，天天与慈禧作对，后来戊戌变法失败后，随着光绪的倒台，珍妃也被慈禧幽禁在冷宫里。在八国联军侵华攻入紫禁城的时候，慈禧故意指使手下将珍妃丢到井里，自己仓皇西逃。自此之后，慈禧逢“珍”必怒，这次看到朱汝珍的名字，便想起了可恶的珍妃，怒火中烧。再加上朱汝珍又是广东人，她马上想起太平天国的洪秀全，维新派康有为、梁启超，高举反清大旗的孙中山，这些大清朝的头号钦犯全是该死的广东人，于是怀疑他是革命党，便将朱汝珍的试卷扔到一旁，再也不理会了。

慈禧太后

随后，慈禧又翻开第二份试卷，看到考生的名字，刚才愤怒的心情马上烟消云散。那第二份试卷正是直隶（今河北省）肃宁人刘春霖的考卷，“春霖”二字包含吉祥的寓意，春霖暗含着春风化雨、甘霖普降的好兆头。那一年，全国正闹旱灾，民变随时发生，受苦的广大老百姓急切盼望一场及时雨。再加上直隶地区是京畿要地，“肃宁”又象征肃静安宁的太平景象，这对烽火四起、摇摇欲坠的清王朝，自然是“吉祥”之兆。慈禧再看他的考卷，字写得真是好，文章也很有文采，对比前一个令人厌恶的名字，马上决定调换两人的名次。于是，刘春霖就这样从第二名上升为头名状元，名列榜首，真是幸运至极！刘春霖中状元后，不久科举制就被政府废除了，他幸运地搭上了科举的末班车，成为中国最后一位状元。

刘春霖状元及第后，被派往日本镀金，免试进入东京法政大学深造。光绪三十三年（1907）刘春霖回国，历任政府要职，在1928年激流勇退，辞官归隐。1944年因心脏病突发与世长辞，享年72岁。

刘春霖作为中国历史上的最后一名状元，他没有丢掉中国人的气节。日军侵占北平后想找些名人出来撑场面，以证明其政权的合法性。日军多次派人拉拢刘春霖，请他担任政府职位，但是刘春霖坚守民族气节，不管日本人如何威逼利诱也决不妥协。在这期间，发生了一件事，足以证明这位末代状元的民族气节。

在汉奸机构任职的王揖唐是刘春霖的老同学，他们不仅是同一科进士，还曾经一同去日本留学，两人可以说是交情深厚的铁哥们。1937年秋天，王揖唐西装革履，头戴日本军帽，带着贵重礼品，乘一辆锃亮的黑色轿车神气活现地去石附马大街刘府请老同学出山。王揖唐一进门，刘春霖就看到一顶刺眼的日本军帽，心中很为老同学的堕落而生气，但是出于俩人的交情，还是请他进了门。两位老同学先回忆了一番同学情，寒暄了一会儿，王揖唐便进入今天的正题："老兄身为我们甲辰科的状元领袖，才华胜小弟无数，如今时局如此颓败，百废待兴，正需要仰赖老兄这样的大才子来维持，希望老兄出山来帮助小弟，小弟不胜感激!"

王揖唐话音未落，刘春霖已忍无可忍蓦地从藤椅上站起来，将喝了一半的茶水直接泼到他的脸上，痛骂道："你已经不是我以前认识的那个忠厚的老同学了，你不要脸面地投靠小鬼子不要紧，不要拖我下水，我堂堂中国人是绝对不会依附外国侵略者的。你要想劝我当汉奸，就请免开尊口！如果你还要继续说的话，我们就此绝交。"说完，他拂袖而去，再也不理会王揖唐。王揖唐颜面尽失，最后只得灰溜溜地离开刘府。他恼羞成怒，对他的新主子极力诋毁刘春霖。

日伪当局听到王揖唐的回话恼羞成怒，第二天就派兵包围了刘府，抄走了刘家的全部财产，还将刘春霖收藏的书画珍宝洗劫一空，并将他们一家老小全部赶出家门。刘春霖气愤地说：“我宁愿做中国的乞丐，也绝不当汉奸！”刘春霖的遭遇被登上了各大报纸，引起了社会各界的广泛关注，每一个爱国志士都在声援刘状元。在社会舆论的强大压力下，王揖唐被迫允许刘春霖回家，赎回了他的全部财产。1944 年，刘春霖因病长辞人间，随着他的死亡，科举最后的象征也正式退出了历史舞台。

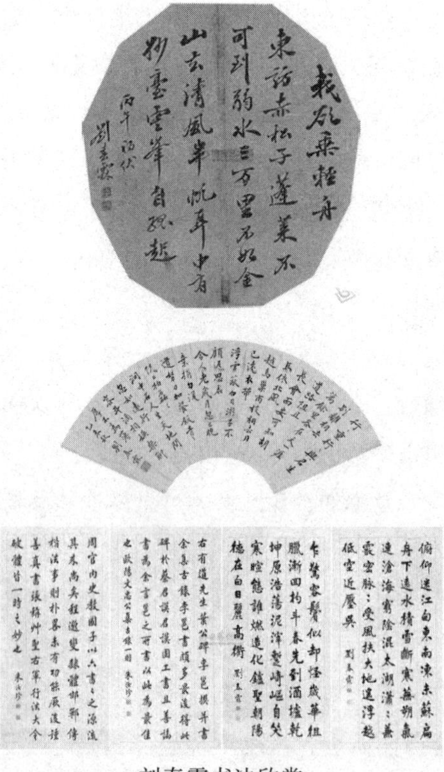

刘春霖书法欣赏

30 “万般皆下品，唯有读书高”
——科举对士子的影响

◇

唐代杜牧在一首诗中写道：“愿尔一祝后，读书日日忙。一日读十纸，一月读一箱。朝廷用文治，大开官职场。愿尔出门去，取官如驱羊。”这首诗中杜牧以一个过来人的身份，劝诫后人读书上进。杜牧是个风流才子，曾经在扬州艺术界闻名遐迩，留下了许多优美的诗篇，有诗云：“十年一觉扬州梦，赢得青楼薄幸名。”这样一位落魄才子，尚且对功名孜孜以求，可见古代把读书当成做官的手段的文人比比皆是，“十年寒窗无人问，一举成名天下知”是很多读书人的追求。

一、学而优则仕

“望子成龙”，是现代社会使用率颇高的一个成语，所有家长都希望自己的孩子能出人头地，有所作为。“望子成龙”是每一个家庭的心愿。其实这个成语最早出自唐朝大文学家韩愈之口。

韩愈是唐朝有名的大文豪，是唐代古文运动的倡导者，宋代人十分佩服韩愈，称他为“文起八代之衰”，明代人更是盛赞他为“唐宋八大家”之首。说到韩愈，他的故事可真是不少，他大力提携后辈，不遗余力，真可以说是不折不扣的唐代好师长的代表。曾经有一次，文坛后辈贾岛因为痴迷作诗，冲撞了他的车驾，但是当韩愈听到贾岛的绝妙诗歌后，非但没有责怪贾岛，反而赏了他一笔钱，鼓励他继续上进。在韩愈的鼓励下，科举考试屡次落榜的大龄考生贾岛终于考上了梦寐以求的进士。

就是这样一个大度宽容、提携后辈的大文豪韩愈，却为他的儿子操碎了心。韩愈的一个儿子（长子），名叫韩昶。韩昶的小名叫符，因为韩昶出生在徐州附近的符离集，那个地方以美味的烧鸡出名。可能是韩愈儿子的小名没有取好，韩昶小时候十分贪吃，尤其喜欢吃烧鸡，真是暗合了他的小名——符。由于韩昶贪吃，小时候就成了当地有名的小胖子，经常因为偷吃零食，被老师罚站，所以成绩在班里总垫底，十分丢他爹韩愈的面子。要知道，韩愈可是唐代有名的大文豪，诗文、作画、书法无一不精，却生出了这样一个不爱学习的儿子。

韩愈在他的许多文章中都提到了他的胖儿子，对儿子抱有很大的期望，多次劝诫儿子好好学习，将来考中进士，做大官。但是，希望越大，失望越大。当对儿子寄予厚望的韩愈听说儿子在学堂的斑斑劣迹后，气得暴跳如雷。为了纠正儿子的不良饮食习惯，他想了很多办法，但是都不奏效。为此，韩愈专门写了一首名叫《符读书城南》的诗来警戒儿子。他在诗中举出了两个截然相反的例子：从前，在一个小山村里，有两个十分聪明的孩子，他们是从小玩到大、很要好的邻居。但是，由于一个努力读书，另一个没有读书，最后两个智力接近的小伙伴走上了两条截然不同的道路，用韩愈自己的话来说就是：“三十骨骼成，乃一龙一猪。”那个努力读书的小朋友鲤鱼跃龙门，最后位列公卿；另外那个没有读书的孩子，成了“马前卒”，成天替人赶马驾车，沦为仆役的命运。

正所谓读书改变命运，自古皆然。两个一样聪明的小孩儿就因为读书的多少，从此命运不同。韩愈写这首诗就是为了警戒儿子，一定要好好读书，这样才能“飞黄腾踏去”，否则就是替人赶马驾车的命运。父亲在的时候还能照顾你，但是如果有一天老父亲驾鹤西去，你就惨啦！这个比喻实在很生动，后人就把韩愈诗中的意思精练为“望子成龙”，这句成语影响了一代代殷殷期盼孩子成才的家长。

韩昶看到父亲这首情真意切的劝学诗，十分感动，发誓要奋发读书。终于在韩愈去世那年的春天，韩昶考中了进士，成为朝廷官员。韩愈看到爱子终于成了人中龙凤，老怀大慰，最后含笑九泉，再不留遗憾。韩昶中进士的时候，韩愈当时已经高居吏部侍郎（相当于现在的国家组织部副部长），想必凭着韩家的官场人脉，韩昶是可以在朝廷谋个一官半职的，绝不会只停留在“望”字上。连堂堂的大文豪韩愈都对儿子参加科举念念不忘，可见科举对封建士人的影响之大。当然，现在人们口中的“龙”不仅仅指读书考试方面，在各种人生道路上取得成就的年轻人，同样可以称之为“龙”。

科举制度自隋唐创立以来，就吸引了大批青年才俊报名考试，乃至有这样一句话：“太宗皇帝真长策，赚得英雄尽白头。”由于科举与选拔官员是一体的，科举考试是做官的第一步，封建社会等级森严，“士农工商”的排序，使得考取功名成为众多学子矢志不渝的追求。科举制度发展到了宋代，已经日臻完善，录取的人数比唐代高出百倍，各方面也形成了正式的制度，这样一来报名的人数更是与日俱增，每次的科举考试都称得上是一次没有硝烟的战争。

宋代统治者十分重视科举，许多宰相等重臣都是进士出身，这一做官捷径刺激了更多士子报名参加科举。宋太祖赵匡胤陈桥兵变，黄袍加身，建立了宋王朝，这是大家都知道的事情。由于宋太祖是被武将推上台的，所以他十分警惕武官参政，以至出台了一项变态的规定，那就是全国地方长官一律任用文官。要知道，在宋以前的五代，战乱时期枪杆子里出政权，谁手上有先进的武器和可敌万人的武将，他就称霸一方了。在那样一个时代，人人以习武为重，不爱读书，只喜欢武枪弄棒，所以文人数量少得可怜。到了宋初，朝廷为了鼓励士子弃武从文，制定了各种优惠政策，同时进行大量舆论宣传，这时候宋真宗赵恒以皇帝的身份御笔亲作的诗也新鲜出炉了，诱惑了数千万学子为之奋斗。

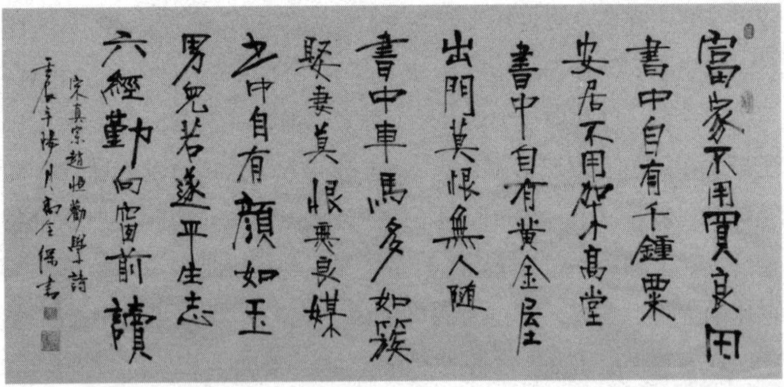

宋真宗《劝学诗》

宋真宗曾经作过一首有名的《劝学诗》，鼓励学子通过读书报效国家，其中许多句子家喻户晓。《劝学诗》全文是这样的：

“富家不用买良田，书中自有千钟粟。安居不用架高堂，书中自有黄金屋。出门莫恨无人随，书中车马多如簇。娶妻莫恨无良媒，书中自有颜如玉。男儿若遂平生志，六经勤向窗前读。"

这首诗为迷茫中的年轻人指明了一条绝佳的出路，那就是通过用功读书考取功名，报效祖国，服务人民。

李白一生痴迷仕途，可惜始终无缘科场，时常纵情诗酒，借酒浇愁

"十年窗下无人问，一举成名天下闻。"众多学子孜孜以求一心想要通过科举考试追求功名利禄。就连大名鼎鼎的诗仙李白都不甘心只做一个诗人，渴望着有朝一日可以施展自己的政治才能，一展抱负。他被高力士陷害离开京城后，浪迹天涯，即使落魄如此，李白仍然忘不了追求功名。在安史之乱爆发的时候，李白不甘寂寞，投向逆臣永王李璘的幕府，永王事败后自杀，李白也受到池鱼之殃，被关进监狱，虽然没有被处死，但是被流放到夜郎郡（今贵州桐梓一带）那个荒凉凄苦之地，晚年凄凉。

二、疯狂的科举

隋唐初创科举时期，士人追求功名的心理还算积极健康，但是随着统治的腐败，科举到了明清时期，已经渐渐成为腐蚀学子心灵的甜美毒药。科举把读书和仕途绑在一起，使士人成为政治的附庸，不再具有独立性，同时科举制度进一步腐蚀以至掏空了士人的灵魂，扼杀了学子的想象力和创造力。清代学子把科举视为改变卑微命运的唯一途径，并为之奋斗终生，所以在清代出现了“白发童生”“寿星举人”的奇异现象，年过半百，不在家中颐养天年，反而奔波于考试途中，实在辛苦得很。疯狂的科举不仅把学子折磨得“老病不堪心力倦”，它还有一种让人疯、让人死的极大魔力，让无数学子欲罢不能。下面就来听我讲述几段疯狂的科举故事。

吴敬梓是清初伟大的文学家，他也是一个失意的大龄落榜生，他以自己数年来亲眼目睹的科场经历写出了巨著《儒林外史》，书中辛辣地讽刺了被八股文腐蚀的学子的种种丑态，其中以周进和范进为典型。

周进是一个屡试不第的老童生，已经六十多岁了，还是一个小学在读生，苦读多年似乎永远看不到毕业的希望。周进就这样浑浑噩噩地过了六十多年，但是他依然没有绝望，因为他至少还有可以糊口的工作。周进在县里一个地主家教书，虽然薪水微薄，但是填饱肚子还是绰绰有余的，所以周进依旧信心满满地边教书边考试。他的学生顾小舍人都高中秀才了，他依然是区区一个童生，学生比老师学历高，自然没脸再教下去，周进只好辞职另谋高就。好在他运气不错，找到了另一家私塾，继续干着老本行。

在东家请客吃饭的时候，周进遭遇到了天大的羞辱，在饭桌上，新进秀才梅玖和举人王惠仗着自己学历比周进高，作了一首一字到七字的打油诗给周进：“呆！秀才，吃长斋，胡须满腮，经书不揭开，纸笔自己安排，明年不请我自来！”借此诗嘲笑周进多年不中秀才，是个呆子。周进听了这首诗，羞得脸上红一块，白一块，为人师表的颜面都丢尽了。周进也是个要脸面的老人，酒席散了之后，他便向东家提出辞职，悄悄地离开了。就这样，周进在教书这一行业彻底坏了名声，没有一家私塾愿意要周进，他只得转行做了账房先生。

又到了一年乡试的季节，那天周进正好路过省城的贡院，他停下了脚步，回忆起当年赶考的青春岁月，便想进去看一下，但是他只是个童生，根本没有资格进入这样高等的地方。周进想试一试，他刚一迈进贡院的大门就遭到了门房的鞭子，被赶了出来，他不禁悲从中来。这时一位他以前考中秀才的同学正好经过贡院，周老先生估计是被刺激过头了，连忙跪下恳求老同学带他进贡院看一下，老同学拗不过面子最后带他进了这个他梦寐以求的圣地。进入之后，周进做了一个惊人之举，他打算死也要死在这里，于是他一头撞向考试的号板（科举考试时，考棚里供考生答卷兼睡觉用的木板），顿时不省人事。过了好久周进被人救醒，他号啕大哭，这一场景被几个好心的商人看到了，他们出资为周进捐了一个监生，周进终于可以参加乡试了。

周进竟然凭着拿钱买来的监生中了举人，真可谓一步登天。后来老来发力更是中了进士，这时曾经奚落他的梅玖还是个秀才，梅秀才居然厚着脸皮认周进为老师，连周进早年在私塾写的对联都被裱了起来，甚至有人还为周老爷做了一个金字的长生牌位。周进中进士后，官授广东学道，在广州，他发现了同是天涯沦落人的范进，他帮助了范进，并将范进取为秀才。这个范秀才后来也上演了一幕和周进一样的滑稽的悲喜剧，当范进知道自己中举后，差一点高兴得发了疯，这就是著名的范进中举的故事，这里就不赘述了。

科举能让人发疯，也能让人寻死，甚至有些人死之后还念念不忘要继续奋战科举。这不，在蒲松龄的《聊斋志异》中就记载了这么一则鬼魂报恩代人答题圆梦的故事。

河南淮阳有一个姓叶的秀才，名字不清楚，我们暂且叫他叶生。叶生家境贫寒，但是才高八斗，文章词赋都是当时一流的水准，但是就是考试运气不好，每次一到正式考试的时候就发挥失常，就像现在许多好学生一样，平时模拟测验的时候次次考高分，但是一到正式考试就掉链子，发挥失常，连平常成绩的一半都达不到，每每遗恨考场。叶生就这样多年奋战在科举的考场上，屡败屡战。

又到了一年一度考试季，叶生做好了参加考试的准备。本来他以为自己会这样失败地过一生，没想到这回他遇到了影响他一生的大恩人——丁乘鹤。丁乘鹤那年正好出任淮阳县令，有一次他在巡视县学的时候，看到了优秀的叶生，十分欣赏叶生的才华，亲自接见了这位秀才，二人交谈甚欢，结下了深厚的师徒缘分。之后，丁县令十分照顾叶生，知道他家穷得都揭不开锅了，特意减免了他的学费，每个月还分给他一些助学金，保证他的基本生活。叶生十分感激恩师丁县令的帮助，从此更加努力学习，以期不负恩师的厚望。他的学业突飞猛进，在学校组织的毕业考试中，叶生名列榜首，这是他入学以来取得的最好成绩。叶生十分开心，他决定再接再厉，在接下来的正式考试中取得更加优异的成绩。

那一年科举考试，叶生发挥得不错，洋洋洒洒写了一篇长篇大论的文章，检查后觉得十分满意，便信心十足地交了卷。回到学校后，他找到自己的恩师丁县令，把考试的作文默写给老师看，丁乘鹤看后十分满意，认为他一定能中。没想到，那篇得意大作并没有赢得评卷官的青睐，他依旧名落孙山。叶生十分懊悔，觉得辜负了恩师的厚望，他本来身体就羸弱，所以一下子生了一场大病，卧床不起。丁大人时常来看他，还送了名贵的药材给他治病，可惜叶生的病势实在沉重，吃了很多副药也没有效果。就在这时丁大人的任期将满，要离开淮阳回家乡了，丁大人写了封信给叶生，要带他一起走，可惜叶生病得不能下床了。

数月后，就在丁大人打点行装准备回乡的时候，原本病殃殃的叶生竟然春光满面地来了，丁大人十分惊讶，很为叶生高兴，就这样叶生跟着丁大人去了他的家乡，还做了他儿子丁再昌的老师。经过叶生和丁大人的教导，丁公子不到一年就中了秀才，在乡试的时候，叶生将自己以前的习得倾囊相授给丁公子，丁公子不负众望，乡试连传捷报。丁大人为了报答叶生对儿子的教导之恩，特别嘱咐丁公子，如果他会试成功，一定要为叶老师捐一个监生，让他圆了科举的梦想。后来，丁公子果然高中进士，他还把叶生安排到国立大学国子监去读书镀金。一般国子监的监生科举成功率会更高一些。叶生镀金之后，参加了顺天府乡试，顺利考中举人。

叶生高中举人后，丁公子带着他回到了他的家乡淮阳。来到叶生的老家，敲开房门，竟然看到不可思议的一幕。丁家宅院荒草丛生，好像没有人住过的样子，这还不是最奇怪的事情，诡异的是后院里竟然停放着一口棺材，棺材上还有一个灵牌写着叶生的名字。这时再看叶生，他对着目瞪口呆的妻子说了一声：“夫人，我没有辜负你的希望，终于高中举人了！”刚说完，衣服帽子就散落一地，人化为一缕青烟随风远去了。这时候，丁公子才知道陪伴自己这几年读书的叶老师竟然不是人。

原来，叶生在丁大人准备回乡的时候已经药石无医，离开人世，但是他为了报答丁大人的知遇之恩，也为了圆自己的举人之梦，硬是用强大的信念灵魂出窍，跟随丁大人回乡，做了丁公子的老师，直到报了恩也圆了梦才彻底离开人世，回到地府。丁公子知道了叶老师的一番遭遇后，十分悲痛，他以举人之礼安葬了叶生，还特别照顾他的儿子。叶生的儿子高中秀才全靠丁公子的推荐，想必叶生看到这一切也可以含笑九泉了。

古代科举真是一剂令天下学子疯狂的毒药，周进为了秀才之名不惜求死，范进中举后险些发疯，而叶生的故事更是离谱，生前不能中举，死后化为鬼魂还是念念不忘科举，直到圆梦之后才肯安心九泉，不疯魔不成活，实在是可悲可叹。伴随着1905年废科举的钟声敲响，这封建末期疯狂的科举终于落幕了。